社会化媒体不实信息的群体干预模式研究

Research on the Group
Intervention Model of Unconfirmed
Information on Social Media

夏志杰　著

经济管理出版社
ECONOMY & MANAGEMENT PUBLISHING HOUSE

图书在版编目（CIP）数据

社会化媒体不实信息的群体干预模式研究／夏志杰著. —北京：经济管理出版社，2020.4

ISBN 978-7-5096-7082-8

Ⅰ.①社… Ⅱ.①夏… Ⅲ.①突发事件—信息—传播—研究 Ⅳ.①G206

中国版本图书馆 CIP 数据核字（2020）第 060687 号

组稿编辑：李红贤

责任编辑：李红贤

责任印制：黄章平

责任校对：张晓燕

出版发行：经济管理出版社

　　　　　（北京市海淀区北蜂窝 8 号中雅大厦 A 座 11 层　100038）

网　　　址：www. E-mp. com. cn

电　　　话：（010）51915602

印　　　刷：三河市延风印装有限公司

经　　　销：新华书店

开　　　本：720mm×1000mm /16

印　　　张：13.25

字　　　数：231 千字

版　　　次：2020 年 5 月第 1 版　　2020 年 5 月第 1 次印刷

书　　　号：ISBN 978-7-5096-7082-8

定　　　价：78.00 元

·版权所有　翻印必究·

凡购本社图书，如有印装错误，由本社读者服务部负责调换。

联系地址：北京阜外月坛北小街 2 号

电话：（010）68022974　　邮编：100836

前言

　　社会化媒体利用互联网和移动设备将技术、通信及社交整合起来进行文本、图像、视频和音频的生成、交互和传播，在非常规突发事件应急中有重要的应用，但同时也面临传播大量不实信息的挑战。在传播领域，不实信息被认为是需要在信息传播过程中被辨识或者被否定的信息，比虚假信息更具迷惑性。在非常规突发事件和 Web 2.0 技术快速发展的背景下，不实信息短期巨量爆发，各种真实报道、小道消息与虚假新闻等交织在一起，事实真相难以及时确认，考虑到干预成本和巨量异构数据实时分析技术的限制，目前还未找到有效的应对办法，这逐渐演变成一个世界性的难题。

　　面对这一难题，有研究开始讨论社会化媒体的自净化特性（也称自纠正特性或自调节特性），试图通过鼓励广大的社会化媒体用户有意识和无意识地协作，利用用户群体生成互补信息、纠错、举证及质疑来应对不实信息传播。已有较多的研究成果表明，这一低成本的应对思路是可行的，并有较好的干预效果，但目前这一领域的研究大部分是描述性和解释性的，缺乏系统和深度的探讨，用户群体间的协作关系及其对不实信息传播的复杂作用还未得到良好的刻画，因而难以更好地基于用户的群体智慧去应对社会化媒体不实信息的传播。

　　为弥补这一研究的不足，本书制定并完成了三个核心研究目标：首先，在非常规突发事件背景下，深入讨论利用社会化媒体用户的群体力量和群体智慧干预不实信息传播的必要性和有效性问题；其次，发掘和验证社会化媒体用户群体中蕴含的应对不实信息传播的"基因"，提炼出解决这一复杂问题的有一定规律性的有效方法，即群体干预模式，并深入理解其运作方式和内涵；最后，构建一个"3W1H"的分析框架，从四个不同角度（Who，Why，What，How）深入理解提出的群体干预模式，并讨论群体干预模式在应对不实信息传播中的具体应用方式。特别地，本书还讨论了群体迷思、群体极化等群体非理性因素对群体干预效能的影响。

　　围绕以上三个目标，本书主要得到了四个方面的研究成果：①非常突发事件中社会化媒体不实信息传播的环境、主体、影响因素及应对思路；②群体应对社会化媒体不实信息传播的机理、途径及效果；③社会化媒体不实信息传播群体干预模式及针对这一模式的"3W1H"（Who，Why，What，How）深入分析，并根据这四个方面提出了群体干预在应对社会化媒体不实信息传播中的具体应用及策略建议；④基于群体视角研究不实信息传播及应对的一些新的方法和手段。

本书针对非常规突发事件中社会化媒体信息量大、对应急时效性要求高等特点，通过引入众包理念，将激励、竞争和协作因素融入群体的质疑辨伪，使社会化媒体用户利用群体智慧在应对不实信息传播方面得到更好的应用，理念上有一定的创新；提出的群体干预模式整合了前人在应对不实信息传播研究领域中提出的公众参与、群体智慧、怀疑机制、众包方法等重要元素，讨论了实现群体干预的众包方法，部分弥补了前人研究的不足，同时为政府管理机构、社会化媒体平台等提出了针对性的策略建议和实施方案，有较好的理论价值和实践意义。

本书中的研究工作受国家社会科学基金一般项目资助（项目批准号：14BTQ026），课题组成员占欣、刘紫薇、王诣铭、滕捷、阮文翠等参与了部分研究和数据分析、文稿校对等工作。本书还参考了很多国内外专家的研究成果，在此一并表示感谢！

夏志杰

于上海工程技术大学

2020 年 2 月

目录

附　录 /198

第一章

非常规突发事件中社会化媒体
不实信息传播及应对

本章的主要目的首先是提出和讨论本书的研究主题，对研究报告中涉及的一些关键概念进行分析，并由此界定本书的研究边界和研究内容；其次对课题要解决的问题进行系统整体思考，分析非常规突发事件中的社会化媒体信息生态系统；最后讨论社会化媒体不实信息的应对主体、方法和策略。

一、研究问题与研究内容

（一）研究问题提出

2008 年我国汶川大地震、2011 年日本核泄漏事件以及近几年世界各国发生的极端恐怖袭击等事件让我们认识到非常规突发事件（Unconventional E-mergency）应急管理是非常有价值的研究课题。由于非常规突发事件的发生难以预测、演变过程不确定等特征，非常规突发事件应急所要求的管理方法与常规突发事件有很大的不同。博客（Blog）、社交网络服务（SNS）和及时通信（IM）等以 Web 2.0 技术为基础的社会化媒体（Social Media）的应用改变了传统信息资源管理的方式，在非常规突发事件应急中，利用互联网和移动设备将技术、通信及社会交往整合起来进行文本、图像、视频和音频的生成、交互和传播，政府和相关应急机构以事先无法规划但及时有效的方式去获取并传播事件的进展、安全地点和救援位置等信息，同时利用社会化媒体进行灾害及时预警、信息快速收集和发布；公众则利用社会化媒体及时获取和交流信息，相互进行情感慰藉，甚至人人得以参与到事件的应急中去，已引起应急管理的重大变革。

虽然社会化媒体作为信息传播和资源共享的重要平台，在非常规突发事件应急中发挥着重要作用，但同时也面临传播大量不实信息（Unconfirmed Information）、谣言（Rumour）和虚假信息（False Information）的挑战。在传播领域，不实信息被认为是需要在信息传播过程中被辨识的信息，其可能包含部分真实信息，且真假信息交织在一起，比虚假信息更具迷惑性。因为很多不实信息具有一般新闻所具有的要素，并具有一些共同特点，如比真实新闻更加新奇，因此其能够被生产和转发并快速引发社会关注。与传统媒体和口口传播相比，不实信息在社会化媒体环境下更容易传播，并在传播的过程中被放大和扭曲，甚至引发更大规模的危机事件。这一问题逐渐演变成一个世界性的难题，如 2018 年 3 月《科学》杂志上发表的一篇论文 *The spread of true and false news online* 也讨论了这一问题。

目前很多针对社会化媒体不实信息的研究将不实信息等同于谣言信息和虚假信息来讨论，采用努力阻止其传播和尽力传播真相两类方法来加以应对，如开发基于机器学习等分析技术，对社会化媒体信息进行实时监控、甄别与过滤等。但在非常规突发事件和 Web 2.0 技术快速发展的背景下，社会化媒体信息短期巨量爆发，各种真实报道、小道消息与虚假新闻等交织在一起，事实真相难以及时确认，考虑到干预成本和巨量数据实时分析技术的限制，有研究开始讨论如何利用社会化媒体的自净化（Self-purification）特性来应对不实信息传播（也有研究称之为自纠正（Self-correcting）特性或自调节（Self-regulating）特性）。在传统媒体和官方渠道，一些信息难以被证实，但社会化媒体可以通过鼓励用户生成内容（User Generated Content，UGC）实现信息的互补、纠错，以及对虚假信息进行举证、质疑应对不实信息的传播，同时，社会化媒体平台的一些特别功能也使利用群体应对不实信息传播变得更加容易。不少研究已从不同角度讨论了社会化媒体自净化机制实现的可能性。

虽然众多研究指出了利用公众的广泛参与和自净化机制应对社会化媒体平台不实信息传播的有效性，但实际效果还不是很理想，即这种机制还没有发挥其应有的作用。应对不实信息的传播受多种因素的影响，但在非常规突发事件中，由于受到决策时间短、心理恐慌等压力的影响，其传播机制受到群体理性意识和个性心理特征差异因素的影响比其他因素的影响更大，因此提升公众理性意识或应用集群意识以加大对个性心理的诱导，是应对非常规突发事件中不实信息传播的更好思路。融合众包方法，一方面快速动员公众大规模及时举证，另一方面基于社会化媒体平台的既有功能和机制，鼓励公众在"接收—转发"过程中添加自己的判断、评价，可以实现让不实信息产生于群体又自净化于群体。

在人工智能技术取得突破性发展之前，社会化媒体背景下涌现的巨大超量和异构的数据让我们很难在解决某一复杂问题时把"机器智能"推向极致，在可预见的未来，智能技术更多的应用模式可能是人机的交互和协同，或者是在信息技术支持下的人人协同。这些研究思路的形成促成了本书研究的两个基本想法：一是从社会—技术的双重视角寻找解决复杂问题的方法，比单纯从某一角度得到的解决方法更具有效性；二是利用信息技术的社会化为媒介，以计算为助力的人人协同来解决非常规突发事件中不实信息传播的复杂问题。基于这些想法，本书拟借助群体智慧（Collective Intelligence），融入众包方法，通过群体干预的方式更好地发挥社会化媒体的自净化机制，以应对不实信息传播。

（二）研究内容

基于以上提出的研究问题，本书有三个核心研究目标：①在非常规突发事件背景下，利用社会化媒体用户的群体力量和群体智慧干预不实信息传播的必要性和有效性问题；②发掘和验证社会化媒体用户群体中蕴含的应对不实信息传播的"基因"，提炼出解决这一复杂问题的有一定规律性的有效方法，即群体干预模式；③如何深入理解并更好地运用群体干预模式应对社会化媒体不实信息传播。

围绕这三个核心研究目标，本书将讨论以下四个方面的问题：

1. 非常规突发事件中社会化媒体不实信息传播的环境、主体及应对思路

此部分的研究将为整体的研究提供系统、全面的视角，研究内容包括：①非常规突发事件中的信息生态环境，即非常规突发事件中，基于社会化媒体平台公众如何集中地创造、描述、理解和利用信息？不实信息是如何产生的？②影响不实信息传播的因素、干预主体及干预的难点和困难。③目前应对不实信息传播的一般思路和策略。这一部分的讨论主要集中在本书的第一章。

2. 群体干预应对社会化媒体不实信息传播的机理研究

借助案例分析和扎根理论分析，发掘群体智慧中能够抑制不实信息传播的"基因"，通过对"基因"内在工作方式及其在非常规突发事件应急条件

下相互联系、相互作用的运行原理的研究，讨论群体应对社会化媒体不实信息传播的实现路径。研究内容包括：①不实信息传播过程中群体如何形成的？群体成员是如何进行群体互动和群体行为产生群体智慧的？②群体智慧中应对社会化媒体不实信息传播的"基因"和途径分析。③以上"基因"对不实信息传播作用机理的理论模型研究（关注实现方式的整体方向）。④群体应对社会化媒体不实信息传播的行为学研究（关注实现方式的细节过程）。这一部分的内容将主要在本书的第二章和第三章体现。

3. 社会化媒体不实信息传播群体干预模式的提出和深入理解

在完成群体干预应对社会化媒体不实信息传播的机理研究以后，本书第三章将正式提出并深入分析群体干预模式和内涵。借鉴麻省理工学院 Malone 等提出的众包系统应用的四个基础性问题（Who，Why，What，How）研究框架，对群体干预模式涉及的四个要素进行深入讨论：谁执行干预任务？他们为什么会执行？任务是如何被执行的？任务的执行结果是什么？以上四个要素中，"谁执行干预任务"和"任务的执行结果"这两个要素将在第四章结合起来进行讨论。群体干预模式的具体实现有两个重要的方面：一方面激励更多的用户参与，这样才能形成"群体"，这涉及群体干预模式的基础；另一方面是群体干预模式如何具体地应用，本书将借用在商业领域已应用相对成熟的众包方法来具体应用群体干预模式。以上两个要素将在第五章和第六章分别讨论。

4. 群体非理性因素对群体干预模式的影响

群体并不总是产生群体智慧，群体在形成和互动的过程中的非理性因素将会影响群体干预的实施效果，如群体迷失、群体极化、回音室效应等。对这一问题的讨论将在第七章体现。

二、关键概念界定

（一）突发事件与非常规突发事件

不同的定义主体（如政府、公众、记者、研究人员等）对突发事件使用不同的定义规则，但都认为其包含突然发生、具有社会危害性的共有特征。

突发事件按危害程度又可分为常规突发事件和非常规突发事件，近年来，非常规突发事件的应急管理和有效应对成为热点问题，从2009年开始，中国国家自然科学基金委员会制订了"非常规突发事件应急管理研究"重大研究计划并连续几年高强度资助。对"非常规突发事件"的描述为"发生前没有可以捕捉的明显信号和确定性特征，演化过程中存在潜在的次生灾害，破坏性和影响范围无法预估，常规和程序化的管理方式失效"。与常规突发事件相比，非常规突发事件在事件发生概率，日常管理措施，次生、衍生灾害，应急决策救援方面都存在明显的不同（见表1-1）。

表1-1　常规突发事件与非常规突发事件的区别

	常规突发事件	非常规突发事件
发生概率	发生的概率相对高	发生的概率低，甚至是从未发生
日常管理措施	一般有相应决策规则和经验可以依循与借鉴	缺乏对该事件演化规律的认识与处置经验，甚至完全是空白
次生、衍生灾害	次生、衍生灾害不严重，涉及范围小	可能有非常严重的和大范围次生灾害，事件的发展可能会被扭曲，形成另一个重大事件
应急决策救援	可以根据事件发展态势迅速采取救援行动	需要考虑多个目标，应急信息难以获得，决策时难以采取最优的处置措施

　　本书将研究主题置于"非常规突发事件"这一特定环境，是考虑到非常规突发事件背景下应急管理的机制、方式和方法都有较大的不同，本书研究的开展一方面可以部分弥补目前在这一领域的研究的不足，另一方面突出"群体干预"的思路在非常规突发事件背景下提出更有其必要性。事实上，在大部分情形下，该模式的讨论对常规突发事件情形下的社会化媒体不实信息传播也同样适用。

　　还需要说明的是，在研究的过程中，由于数据收集的困难，在一些问题的讨论中，考虑到这些问题的讨论对于是否在非常规突发事件的背景下并没有较大的区别，或者为了让研究的结论更具有一般性，且便于收集数据，我们没有限定在特定的非常规突发事件环境下进行讨论，在此提前说明，在后续的研究中，遇到这种情形还将详细介绍其中的原因。

（二）社会化媒体、社交媒体与新媒体

社会化媒体（Social Media）是在线社会网络（Online Social Networks）与传统媒体相结合的产物。2007 年，Antony Mayfield 在 *What is Social Media* 一书中首次定义社会化媒体是一种"新型的给予使用者极大参与自由空间的在线媒体"，包含了社交网络、博客、维基、播客、论坛、内容社区和微博七大基本形态。万维网创始人 Tim Bemers-Lee 等则从技术视角定义社会化媒体是一系列能够促进个体共享信息、协作创建在线社区的软件工具的集合。

社交媒体是指以 SNS、Blog、Mini-blog、BBS、IM、Email 等一系列互联网信息传播工具为载体，以人的关系、信息及时流动、平台间的开放共享为核心，并且由众多用户根据自己的专业、喜好、价值观等对内容过滤加工后进行传播的平台，其主要功能特征有分享、沟通、社会服务、互联网、智能商务、社会关系。

新媒体的概念在 1967 年被首次提出时主要指有线电视技术，随着信息传播技术和社会化媒体的快速发展，新媒体这一概念主要强调媒体的"数字化"和"互动性"特征。

比较三者的概念：社交媒体偏重于帮助人们加强相互的交流和建立社会关系，如目前中国公众比较常用的微信、微博就是典型的社交媒体平台。而社会化媒体的定义更广，其不仅包含了社交媒体，还包括论坛、维基等其他基于 Web 2.0 技术的几乎所有在线媒体。新媒体强调的是新技术给传统媒体带来的改变，社会化媒体也属于新媒体，不过新闻传播和媒体相关研究领域更倾向于"新媒体"这一概念。目前国内学者在研究中由于研究者背景和研究侧重点不同，使用了不同的名称表达，在本书的研究过程中，特别是引用他人研究观点时，不可避免地要接触到各类相关概念，为避免讨论时概念混乱的情况，将本书所讨论的社会化媒体的定义统一界定为：一种基于 Web 2.0 技术的信息工具，利用这一工具，用户可以自由生产、消费信息和分享观点，并能相互建立联系、交流协作，使自身需求满足的同时对他人产生影响。

（三）不实信息、虚假信息与谣言

目前对"不实信息"（Unconfirmed Information）一词还没有严格的界定，

不实信息从字面上可理解为未经证实的、不符合实际的信息，但又与虚假信息有所区别，不实信息既包含真实信息的成分，同时也包含虚假信息的元素，它是对真实信息的扭曲。霍良安在其博士学位论文中对不实信息的定义为"未经证实的、对某一事件或者事物的一般属性与真实情况不符的描述或展示"。"不实信息"的概念与"虚假信息"的概念有区别，虚假信息是指不真实的、有着很大负面影响的信息。在突发事件特别是非常规突发事件发生的初期，由于相关事件权威信息的缺乏，通过社会化媒体传播的各类不确定的信息有一定的新闻性，在一定程度上满足了公众在紧张和焦虑的情况下渴求信息的需求。在突发事件发生后，随之而来的各种有关事件本身的信息有突发事件本身的真实信息，也有个体随机杜撰的未经证实的虚假信息，信息传播过程中也是真实信息和虚假信息传播竞争的一种过程。因此，"不实信息"可以刻画突发事件情形下各类信息并存的复杂状况。

与"不实信息"相似且非常接近的概念是"谣言"（Rumour），大部分研究定义"谣言"为"没有事实根据的传闻、捏造的消息"，但一部分研究将"谣言"定义成虚假信息，并等同于"传播者蓄意发布并传播的虚假信息"。虽然近年来有国外的研究对"Rumour"的定义做了较精确的定义，纠正了将其等同于"虚假信息"这一错误用法，并得到了大部分研究者的认可，但在国内，"谣言"这一词语的实际运用中带有明显贬义，相比之下，"不实信息"的概念则比较中性，即使它最终证明为虚假信息，也不强调发布者蓄意的主观性。

基于以上的理解，可以用真实情况对"不实信息"进行分类：最终被证明的真实情况，包括"证明为真、证明为假和未被证实"，或者用可信度的高低对其分类，这里的可信度有时是个主观的概念，如用户感知到某条信息的可信度高或低。

综上所述，本书的研究对象"不实信息"与"虚假信息"有明显区别，在很多时候跟"谣言"的定义比较接近，但考虑到"谣言"的定义有认为传播者主观故意传播未经证实消息的倾向，本书把研究对象界定为"不实信息"主要是考虑以下两点：①在非常规突发事件中传播的很多事件相关信息，真实信息和虚假信息交织在一起，不实信息并不是完全的虚假信息，它包含少量真实信息；②传播者在传播中不一定是主观故意要传播虚假信息，而是在非常规突发事件发生后，公众由于恐慌、迷茫等原因，对事件相关信息有本能的需要，使用"不实信息"这一概念比"谣言"更有代表性和普遍性。本书在"不实信息"前添加了一个"社会化媒体"的限定，即主要讨论以社会化媒体为传播媒介传播的不实信息。

还需要界定的是，本书研究的对象主要是话题（Topic）信息，即那些具有一定新闻价值（Newsworthy）的信息，社会化媒体用户间的一般沟通交流产生的没有新闻性的信息将不做考虑。

三、非常规突发事件中社会化媒体应用
及其信息生态系统

（一） 社会化媒体在非常规突发事件中的应用

社会化媒体在非常规突发事件应急管理中有很多重要的应用。在事件初发期，社会化媒体的实时交互功能使应急预警变得更加容易。在事件发展蔓延阶段，各种众包和社会化媒体参与工具有效疏导危险区域附近的公众，能阻止危害的进一步扩散。由于社会化媒体开放性的特点，所有在应急管理中共享的数据和信息都极易检索，应急沟通透明度大大提高，更多的决策细节被公众所掌握，决策过程能得到更广泛范围的公众理解与参与。在事件恢复阶段，社会化媒体不仅是一个传达信息和知识的平台，还发挥着更多的社会功能。基于社会化媒体的应急沟通建立起理解、信任、合作，改善了个人、群体、组织和社会的关系，增加了公众对于事件结果的认可和接受程度。同时，由于社会化媒体的信息包含了详细的时间、视频、照片等，管理者和公众可以在事后进行全面的非常规突发事件回顾和分析，有效学习和总结经验，以进一步丰富应急管理的理论建设与实践指南。

1. 预警信息快速分享和传播

与一般突发事件相比，非常规突发事件的发生更具突然性，产生的危害也更大，因此，预警信息的快速分享和传播在应急管理的过程中十分重要，能使局面从被动应急转换为主动防范，从事后处理转换为常态监控，达到有效规避非常规突发事件衍生风险、防止风险堆积的目的。近年来，手机短信、微博、微信、手机客户端等使信息发布渠道更为多元。微博如 Twitter，此类平台上的信息具有篇幅短、时效快、发布与阅读公开的特点，用户常利用它进行简洁、持续、目的性明确的交流。

在非常规突发事件发生后，社会化媒体用户的共享行为使应急管理过程中的关键信息的流动速度加快、覆盖范围更为广泛。应急管理机构和部门在社区虚拟数据库的基础之上，设计一个综合应用社会化媒体信息和传统应急管理信息资源的信息系统，可以大大增进突发事件中公共部门和私人组织间的信息交流。例如，日本 Sakaki 团队开发了一个利用 Twitter 上信息的地震侦测和警报系统能侦测到 96% 的震级为 3 级以上的地震，发布警报的速度明显快于日本气象厅的地震广播。

2. 辅助救援

非常规突发事件发生后，需要有关部门派出救援人员，对事发地点进行应急救援。应急救援是政府在处理非常规突发事件中的重要工作。在救援过程中，有许多信息需要处理，这些信息包括等待救援的人员的信息（包括他们的地理位置、所处环境和身体状况），事故现场的信息（包括事件影响级别和影响范围等），救灾人员的有关信息（包括人员技能和地理位置等），救灾资源的有关信息（包括来源和运输途径和状态等），供水、供电、通信、道路情况等的信息。如果不能有效地集成信息，有组织的救援就无从谈起，应急救援会陷入十分被动的局面。突发事件发生时，无论是受灾者还是救援者，都处在一个信息不对称的环境中。突发事件现场的受灾群众可能会由于控制感丧失而陷入恐慌状态中，进而可能产生一些非理性的行为，而群体极化效应会使这些消极行为的危害性扩大。救援者和决策者制订救援计划和开展行动时也会被信息不对称带来的问题所影响。非常规突发事件的应急救援所需资源具有需求波动性大难以预测、所需种类无法确定、资源筹集与输送时限较短等特点，因此救援过程中会出现某些资源冗余而某些资源短缺的现象。在信息未能有效集成的情况下，决策者可能很难制定决策或者所做决策反复变动，从长远来看会危害到决策机构的公信力。应急救援高效和有序地开展离不开总体布局、部门分工、合理统筹规划、及时协调与合作，在突发事件发生后争取时间十分重要，决策者只有尽快了解情况，根据情况的变动迅速部署与调整，才能抢占救援的最优决策时点。

在应急救援的过程中，主要的作用主体是政府部门，政府部门具有其他组织和机构所没有的公信力和影响力，随着通信技术的发展与治理观念的转变，政府部门开始逐步把社会化媒体作为一种工具来使用，突发事件发生后通过社会化媒体应急平台向公众发布信息，以及时响应反馈，对突发事件衍生的谣言与虚假信息进行澄清与治理，根据救援活动的进展进行实况信息发布以安抚焦虑状态下的受灾群众，实时更新接收救援地区的物资的供求信息便于资源有效调度等。不仅如此，传统的政府治理文化也因为以社会化媒体为代表的 Web 2.0 工具而有所改变。掌握网络时代话语权的民众有空前的热情，只有占据信息公开制高点，而非封闭信息传播渠道，政府在非常规突发事件应急中才能树立起可靠负责、与群众共患难的形象。

社会化媒体作为一种独特的信息来源渠道，公众不仅可以参与到政府主导的应急响应体系中去，也能利用信息的分流，基于手机和网络平台的技术支持自发组织形成一个在线应急响应平台。社会化媒体的特征同时也促进了广大群众的理性参与。社会化媒体用户通过上传照片、视频使所发布的应急救援信息更具有可信度和说服力，信息在大规模参与者共同关注的条件下能通过互动、留言、反馈的形式得到证实或更正。用户同时也能对救援活动发表建议，传播与救援相关的知识，贡献自身智慧。在突发事件发生后，微博上出现了一批引导民间救援资源的捐赠与投放的"意见领袖"，使紧缺物资能有效筹集，相对充足的资源作为后续储备，保证了救援的有序性。

救援活动的顺利开展在于首先解决两个问题：谁需要救援（Who）和需要救援的人在哪里（Where）。社会化媒体的实时性、参与性等特点能很好地解决这两个问题。例如，在弗吉尼亚理工大学校园枪击案中，事发后学生们立即行动起来，在网上搜集、整理遇难者信息并相互核对，比官方提早 24 小时给出了遇难者名单，且最终显示与官方给出的名单一致。社会化媒体平台使用户在发布信息时能通过 GPS 识别、主观描述位置多种方式提供地理位置信息，在 2010 年的海地地震中，专业技术人员和志愿者利用一些先进应用工具实现了对这些信息的快速更新与全面整合覆盖。

3. 事件发展态势评估与应急决策

社会化媒体环境下的事件发展态势评估和应急决策的参与主体比传统参与主体更加多元，政府机构、专家、现场目击者、突发事件受影响者、大众新闻媒体等为主要的一手信息发布者，通过媒体与媒体之间的相互传送和突发事件利益相关者、意见领袖等的信息加工与传播，普通公众在非常规突发事件发生短时间内也能掌握大量的信息。例如，基于 Web 2.0 技术和数据挖掘技术的工具和应用，基于社会化媒体的救灾平台 Sahana 管理信息系统可以对社会化媒体上的海量数据进行内容和意义分析，有助于公众和决策者更准确地把握事件的态势。

社会化媒体在应急沟通中能够高效整合多方资源，赢得广泛理解和支持，提升公众参与度，吸纳整个社会的智慧而不是单纯依靠专家的建议，政府、非营利组织、企业、社会群众之间的相互依存度加深，应急救援与决策能更顺利、更有效地落实，应急管理过程更加透明和公正。决策者能利用社会化媒体了解公众对于突发事件衍生风险的接受程度与认知状况，有助于提高决策质量。

应急决策的科学制定离不开对多源异构、实时巨量在线信息的高效及时的处理。Viktor Slavkovikj 认为，移动技术的支持和社会化媒体用户的参与使灾难发生后涌现出与灾情相关的数据洪流，并给出了利用这些数据支持应急决策的框架（见图 1-1）。

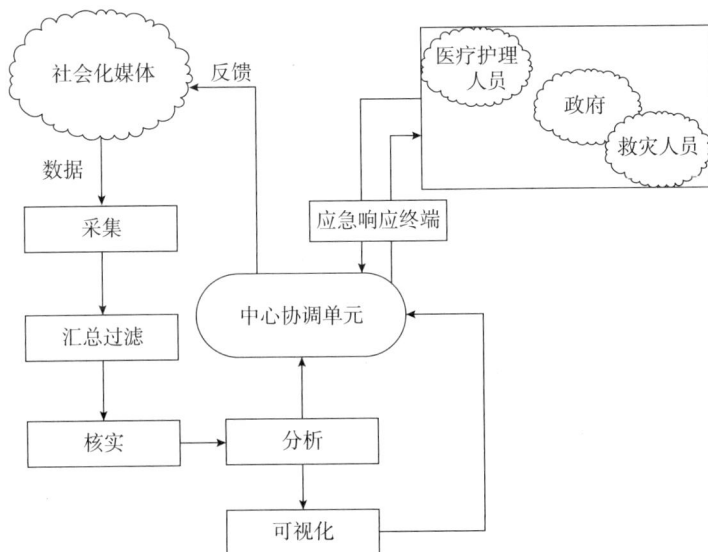

图 1-1　社会化媒体数据的应用框架

社会化媒体上的信息具有海量、非结构化、存在冗余的典型特征，仅靠人工手段对这些信息进行加工处理成本高昂且效率低下，研究者引入了与文本挖掘相关的技术及方法，如支持向量机、决策树聚类、朴素贝叶斯分类器等，在有效分析网络数据的基础上，向公众和应急管理机构提供了愈趋精确的避难所位置、救灾人员和待救援灾民地理位置分布、救援物资需求等信息。但考虑到采纳新技术的成本与产生的责任问题，应急管理机构可能在采纳社会化媒体的程度上有所滞后和保留，要想将社会化媒体纳入整个非常规突发事件应急管理体系，全面提升应急救援决策能力，如绘制众包地图、安排救援志愿者等，就需要引进更先进的网络通信技术，改善基础设施，培训一批社会化媒体信息处理技术和数据挖掘的人才，同时应急管理机构还必须权衡成本和收益，确定使用社会化媒体参与非常规突发事件应急决策的具体方式。

4. 获得社会联系与情感支持

社会化媒体作为一种促进个体与多方联系的工具，使大众的信息沟通与实时交互能力大大提升，在非常规突发事件中，社会化媒体在公众沟通交流中的作用也非常明显。有研究表明，地震后人们倾向于使用 Twitter 等发布和传播更多的信息，灾民通过发布 Twitter 等与外界进行沟通，任何看到信息的陌生人都可以将信息扩散或直接进行救援，加强了公众与外界的社会联系。

社会化媒体在应急救援中的应用使人们在突发事件发生后的情感需求得到满足。社会化媒体作为一种沟通工具，使突发事件中公众与亲朋好友之间可以进行多方对话，及时得到救援的用户可以通过平台发布自己从事件中恢复的感悟，公众的情绪交流与宣泄动机都得到满足，公众发布的积极情绪信息还能加强社会在应对非常规突发事件中的信心与凝聚力，从而降低不确定性引发的不安与焦虑，事件发生后遗留的心理创伤能及时平复。Liu 等通过调查发现，社交媒体 Facebook 用户好友参与应急救援的行为具有榜样效应，会激励更多的人参与到应急救援中去。与事件无关的社会化媒体用户可以通过社会化媒体关注事件进展，并与事件关联者互动交流、表达慰问，产生的社区归属感能使大范围的公众得到情感上的支持，救援活动变得更容易开展。

社会化媒体同样在灾后恢复过程中起到了安抚群众情绪、提供情感支持的作用，如 Cao 等调查了 2008 年中国汶川地震期间使用社交网络的用户，发现网络论坛信息的质量对个人和集体的幸福感有显著影响。捐赠的组织与动员是灾后恢复阶段的重要组成部分，社会化媒体上大量与捐赠活动相关的信息使这一过程进展得更为顺利，有研究表明突发事件中社会化媒体的报道与捐款额度呈正相关关系。

（二）社会化媒体信息生态系统及失衡问题

在非常规突发事件背景下，基于社会化媒体平台的信息本体在一定的信息技术、信息政策和管理机制等信息环境下相互作用形成的具有信息流转和信息共享等功能的社会技术系统，我们称为非常规突发事件中社会化媒体信息生态系统。

社会化媒体信息生态系统的主体为应急信息生产者、传递者、消费者和分解者，包括人或组织结构。应急信息生产者是指生产并发布应急信息内容的个人或组织，由于社会化媒体的大量普及，突发事件中应急信息生产者数量急剧增长，生产出大量与事件相关的信息。应急信息传递者则是传播这些信息媒介，由社会化媒体平台和社会化媒体用户两部分组成。应急信息消费者基于信息需求动机，浏览、阅读、使用社会化媒体平台上的信息（包括图片、文字、音乐、视频等），同时也与信息生产者或传播者形成一定的互动，如微信朋友圈的点赞。应急信息分解者对信息进行解释、完善、评价，是信息生态系统的监督、纠偏和重要的净化力量。

社会化媒体信息生态系统中，信息主体在一定的外界环境下共同作用于信息，构成了一个信息生态循环，如图 1-2 所示。

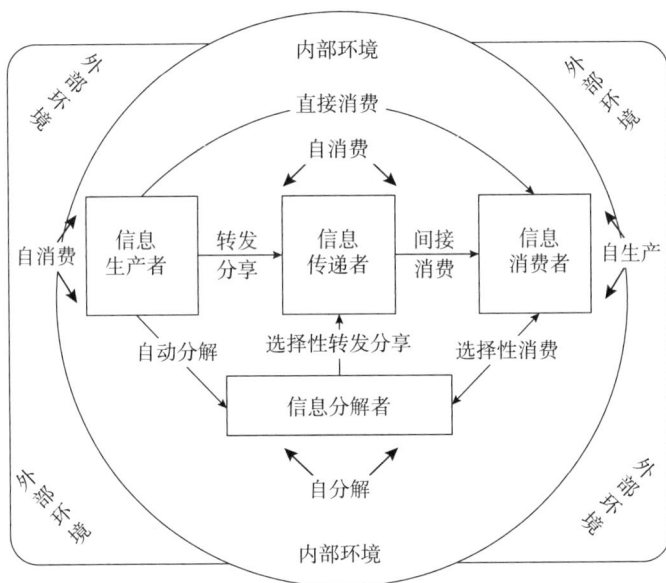

图 1-2　应急信息生态系统平衡

非常规突发事件的突然发生让社会化媒体与事件相关的信息输入和传播在短时间内遭受较大的冲击，使社会化媒体信息生态系统的自我调节能力无法正常发挥，就可能会出现失衡现象，主要表现为信息超载、信息污染甚至信息攻击（如网名通过社会化媒体发起的人肉搜索和网络人身攻击）等衍生事件的发生。本书虽然主要关注的是信息污染中的不实信息传播问题，但与应急信息生态系统其他失衡问题存在千丝万缕的关系，如信息过载让不实信息的辨别变得更加困难，公众对信息安全的顾虑可能让公众不愿意在干预不实信息传播中采取更多的行动。虽然本书已经在前文提出了社会化媒体的不实信息传播问题，但仍然在这一部分从应急信息生态系统的整体高度引出社会化媒体的不实信息传播问题，是试图在非常规突发事件背景下，讨论社会化媒体信息生产者、信息传递者、信息加工者、信息消费者之间的关系，使我们在正式讨论社会化媒体不实信息传播问题之前，对其有系统整体的思考。在第二章，还将基于若干具体的不实信息传播事件的分析，理解社会化媒体平台下公众是如何围绕一个话题，集中地创造、描述、理解、传播和评论信息的。

四、社会化媒体不实信息传播的应对与干预

本章第一部分已经提出了非常规突发事件中社会化媒体的不实信息传播问题及其产生的危害，下面将介绍在应对这一问题方面的研究进展。

（一）影响不实信息传播的行为主体及博弈

社会化媒体不实信息传播是一个复杂非线性的动态过程，不实信息传播过程中，用户、媒体平台、政府管理部门等各因素相互作用和相互影响，共同构建了一个社会化媒体不实信息传播系统。本部分将归纳影响社会化媒体不实信息传播的主体，并讨论影响这些主体参与控制不实信息传播的因素。

一般情况下，影响社会化媒体不实信息传播的主体主要包括三类：政府管理部门、社会化媒体平台、社会化媒体用户。在应对不实信息传播的过程中，它们三者之间形成了一定的博弈关系。

1. 政府管理部门

政府管理部门由于其管理职责，会制定各种互联网信息传播相关法律法规，在不实信息传播事件中努力查明事实真相并向公众公布，或通过其管理手段要求社会化媒体平台干预不实信息传播，但也可能会由于干预时机不成熟、干预所需的资源缺乏、干预的能力不够等原因对某些不实信息的传播采取放任状态。本书所讨论的政府干预，不是简单地抑制不实信息传播，而是对不实信息传播的综合应对。比如突发事件中，缺少信息传播会引起公众恐慌，政府不能简单地切断不实信息的传播，同时管理部门对公众所产生的信息进行验证是一件困难的工作，干预需要大量的资源和成本，因此，不是任何一

次不实信息的传播政府管理部门都会采取干预措施。

依据社会化媒体不实信息传播主体之间的关系，结合经济学分析发现，政府虽然应该对不实信息进行干预，但是由于政府干预一方面会带来网络环境的净化，另一方面也会产生管理成本，政府管理不是简单的一次管理，会随着时间的变化而变化，政府管理的成本也是关于时间的函数。因此，讨论影响政府管理不实信息的因素时，要分两方面讨论：一方面是从政府自身出发，分析影响政府行为的因素；另一方面是从政府对平台与用户的影响出发，讨论政府干预时会给平台和用户带来额外收益，政府不干预时会给平台和用户带来损失。

2. 社会化媒体平台

社会化媒体平台本身只是一个客观的信息技术应用，但追求收益的平台创建者和管理者创建的平台功能、制定的平台运营政策以及自身的控制意愿直接影响了不实信息的传播。据泰勒等的研究发现，由于怀疑信息的真实和有效性，公众中只有少部分人（占比约6%）完全依赖于社会化媒体来获取信息，因此社会化媒体平台的管理者需要控制虚假信息的传播，并提供高质量的信息来获得用户的信任，增强用户粘性。但很多虚假信息在内容上都很新奇，短时间内能吸引流量，获取更多用户关注等，使平台不愿对不实信息的传播采取控制措施。因此，平台的管理者或运营者主要在以下两方面进行权衡：一方面是平台本身控制和不控制都会产生收益或者成本；另一方面是政府对平台的奖励或者惩罚，用户给平台带来的额外收益或者间接损失。

3. 社会化媒体用户

社会化媒体用户是一个广泛的概念，很多政府管理部门也是社会化媒体平台的用户，如政府部门在微博上建立的公共信息发布平台，从行为主体的博弈关系上将它们归类为前面的政府管理部门这一主体比较合适。因此，这里社会化媒体用户主要指一般的公众用户。社会化媒体用户可能会由于责任感、利他主义、社交需要等动机，采取反驳、质疑等信息行为应对不实信息传播；也可能由于费时费力、担心隐私问题等原因不参与应对。

用户是博弈的三类行为主体中数量最大的群体。在分析影响用户是否会参与应对不实信息传播的影响因素时，不能将用户作为单独的个体来考虑，而应该将用户放在群体中去考虑，下一章将从群体视角分析社会化媒体不实信息传播问题。用户对社会化媒体不实信息传播控制的影响因素主要归纳为以下三个方面：用户参与应对不实信息获得的收益、用户参与应对不实信息产生的成本（如时间、精力成本）、用户参与应对不实信息产生的可能风险

（如隐私风险）。

（二）社会化媒体不实信息传播应对策略综述

社会化媒体技术的快速发展和广泛应用，在给人们生活带来便利的同时，也带来了谣言传播快速的弊端，严重妨碍人们的正常生活和扰乱了社会的安定，如何应对和干预社会化媒体不实信息传播并减少和降低虚假信息传播危害，已经成为政府应急管理部门和该领域研究学者极为关注的问题。根据前文对核心概念的界定，"不实信息""虚假信息"和"谣言"的概念是不同的，但在实际研究和应用中，这些概念经常会混淆使用，而且大部分研究者讨论的是"谣言"的应对策略，在前人的众多研究中，把研究对象定义成"不实信息"的比较少，因此，我们在梳理社会化媒体不实信息传播的应对策略时，收集到的绝大部分资料都是讨论如何抑制"谣言"的传播，这与本书的研究对象和研究目标有一定的区别（本书的研究目标是在非常规突发事件背景下，鼓励不实信息广为传播和共享以增强社会化媒体在非常规突发事件应急中的应用，虚假信息得到抑制，因此前人研究的抑制"谣言"传播也是本书非常重要的一部分）。为了表述的客观性，在引用他人研究时仍然采用原文的概念。

在非常规突发事件应急背景下，目前应对社会化媒体不实信息的策略和方法大致可以分为以下三类：

第一，开发基于机器学习、实体抽取、文本分类的分析技术，对社会化媒体信息进行实时监控、甄别与过滤。近年来，基于自然语言处理技术的内容分析方法逐渐成熟，理论上通过实时分析技术解决社会化媒体信息的信任问题是可行的。通过对不实信息传播的研究，Rosnow 将不实信息的传播分为孕育期、散播期和控制期三个阶段，不同的传播阶段，社会化媒体环境中生成和传播的信息本身包含允许评估其可信度的各种特征，这些特征可能是基于主题、用户或传播特点的，谣言的特征研究是进行实时监控、甄别与过滤的前提，国内外学者对此都做了较多研究，但在非常规突发事件中，由于内容生成源头的不确定性、传播的快速性和裂变性等因素，虚假信息的实时识别变得异常复杂，实践中对技术实现的要求较高，再考虑到社会化媒体实时产生的巨量和异构数据，单纯从技术角度实现对不实信息的甄别和过滤不仅成本高昂，而且难以实现。

第二，融合传播学、管理学及心理学等学科领域的研究范式，借助数学模型、行为学分析、实证研究等手段，刻画不实信息的生成、传播规律及影响因素，讨论不同节点、不同方法干预不实信息传播的效果，并对应地给出干预对策。具体包括以下两个方面的研究（以下引用文献进行阐述时在定义上尊重原文）：

一是对传播过程和网络结构特征进行干预策略研究。汪小帆等对无标度网络中的聚类系数对谣言传播过程的影响进行了研究，根据研究结果得到了在无标度网络中通过增大网络聚类系数可以达到有效抑制谣言传播的结论。刘星宏等对实际短信的往来网络的特点进行了研究，并基于此研究给出一种短信网络的加权演化模型，建立了加权网络上的短信谣言传播模型，研究结果表明，通过边权引入认可概率和提高边权的弥散程度都可有效地抑制短信谣言的传播。杨帆等在群体网络中研究了群体化程度和群体属性对谣言传播全过程的影响，研究结果表明，群落化程度越高，谣言传播越肆虐；群体属性参数越高，谣言传播率越大，造成谣言传播规模越大。所以，在群落网络中，可以通过降低群落化程度和群体属性的参数来有效地管控谣言传播。

二是施行外部干预策略的研究。由于谣言的传播过程类似疾病传播，所以谣言传播的外界干预策略可以借鉴传染病的随机免疫策略、目标免疫策略和熟人免疫策略。在传染病中，免疫的节点不会传播传染病，也不会被传染病传染。完全随机地选取网络中的节点进行的免疫称为随机免疫，随机免疫对网络度大和度小的节点平等看待。有选择性地对少量关键节点进行的免疫称为目标免疫，与其他方法相比，目标免疫比较有效，但是在使用目标免疫之前需要知道网络的全部信息。熟人免疫指的是从网络的节点中随机选择一定比例的节点，然后从选出节点中选择一个邻居节点进行免疫的过程。熟人免疫策略仅仅需要知道被随机选择的节点和被选择出邻居节点的情况，并不需要了解网络的全面信息。很多学者对传染病中的各种免疫策略进行了相关研究，并取得了较丰富的成果。进一步地，Huang 和 Jin 把免疫策略引入到了谣言传播的研究中，并研究了在小世界网络中实施随机免疫策略和目标免疫策略两种不同的免疫策略对谣言传播的影响，研究结果表明，小世界网络的平均度很大程度上影响着免疫策略的效果。Zhang 等研究了谣言传播和危机事件二者之间的关系，在此基础上构建了谣言传播和危机事件发展之间的互动模型，研究结果表明，谣言传播会影响危机情况下的决策，而公共行为会影响危机事件的发展；研究中利用微分方程组分析了谣言在控制社会损失方面的积极作用，针对权威机构的作用给出了一个控制谣言传播的策略。顾亦然和夏玲玲研究了在线社会网络中谣言的传播与抑制。张芳等结合博弈理论，建立了考虑个体间沟通因素的谣言传播模型，研究结果表明，及时的信息公开，并与公众有效沟通，树立谨慎对待谣言的态度，是政府应对谣言传播的有效方式。

这类研究对于帮助人们认识社会化媒体不实信息传播的规律有很大的作用，但通常给出的策略建议都比较宽泛，一般可分为两类：抑制虚假信息传播和尽力传播真相，但实践中可操作性差，存在成本高、真相难以及时确认、外部采取干预行动时虚假信息已经大量传播等问题。例如，很多研究建议在不实信息传播事件发生后，政府要尽快发布权威信息进行干预，有些研究还测算出在某一节点之前的干预效果最好，但在非常规突发事件背景下，政府本身也不是万能的，也很难及时获取针对某一事件相关的准确信息。

第三，利用公众的批判性思考，通过众多用户生成内容的互相补充、纠错、印证和延伸的结构性关系，自发地接近事实真相，并把这种现象称之为社会化媒体的自净化（Self-purification）。社会化媒体的自净化特性也称自纠正（Self-correcting）特性或自调节（Self-regulating）特性，即试图通过鼓励社会化媒体用户有意识和无意识地协作，利用用户生成互补信息、纠错、举证及质疑来应对不实信息传播。由于前面描述的两类方法存在较严重的局限性，这种基于社会化媒体用户群体智慧（Collective Intelligence）和模仿自然生态自净化机制的应对不实信息传播的思路已经开始得到越来越多的研究者的重视，并出现了越来越多的研究成果。国内外不少研究已从不同角度证实了这一思路的有效性，如 Li H 等通过实验验证了群体用户的群体互动和互相影响能抑制虚假信息的传播。具体地，王国华等分析了不实信息进行纠偏的作用机制；陈艳红等以群体协作视角研究不实信息治理过程，利用意识网建模方法绘制了不实信息治理的意识网络图；应用案例层面，黄雅兰介绍了国外 First Draft 公众新闻众包平台利用公众的群体力量应对不实信息传播的有效性。

但社会化媒体自净化功能的实现存在很多阻滞因素，在实践中的效果有限，如用户缺乏干预不实信息的心理动力、社会化媒体信息生态环境中缺乏"主持人、裁判和执法者"等使社会化媒体自净化机制暂时还不能更好地运作。例如，新浪微博中的"微博小秘书"就鼓励用户举报虚假信息并提供纠偏信息，但相比庞大的微博用户群，"微博小秘书"平台影响力非常有限。另外，目前关于社会化媒体自净化机制的研究也比较分散，基于规律性和机理性的系统研究还比较缺乏，更缺少具体的解决方案，这正是本书研究的切入点。

本章小结

    本章提出了研究问题，通过对关键概念的剖析界定了研究边界和研究内容。在第三部分，通过研究非常规突发事件应急中的信息生态系统，介绍这一问题的背景，使读者对即将要解决的问题有系统的思考。第四部分主要介绍了目前应对社会化媒体不实信息的不同行为主体、应对方法和策略，通过对目前这些策略存在的不足进行分析，找到了针对解决这一问题新的切入点——利用社会化媒体用户信息行为形成的群体智慧和群体力量来应对不实信息传播。

第二章

社会化媒体不实信息传播及应对的群体视角

本书第一章讨论了非常规突发事件中社会化媒体不实信息传播的危害、目前应对方法和策略，以及这些方法策略的局限和不足之处。在这一背景下，本章将试图探索一种新的应对思路：利用信息技术的社会化为媒介，基于人人协同的群体力量来解决这类复杂问题。但在正式提出本书讨论的群体干预模式之前，需要做一系列的准备工作，本章将探索社会化媒体用户群体的形成和互动问题。

讨论这一问题非常重要，因为在很多针对群体智慧应对不实信息传播的研究中，更多的是经验研究，在正式提出群体干预模式之前，我们至少要了解三个问题：①在不实信息传播事件中，社会化媒体平台下公众是如何围绕一个话题，集中地创造、描述、理解、传播和评论信息的？关于这一传播事件的群体是如何形成的？②在不实信息传播过程中，群体是如何进行互动的？③用户群体的形成互动和演化影响不实信息的传播，这种影响能帮助我们实现对不实信息传播的干预吗？本章将讨论前两个问题，第三个问题在第三章进行讨论。

一、社会化媒体不实信息传播事件中的用户群体

（一）社会化媒体用户群体、群体行为与群体互动

关于群体的内涵，不同学者有着不同的看法，如 Le Bon 提出，群体是人们没有规律和目的的集合，在这个集合中，群体会表现出单独个体所没有的

特征；波普诺认为，群体是"有着共同的关注点而临时聚集到一起的人群"。综合专家观点，本书定义的社会化媒体用户群体为：非常规突发事件中，在线社会网络用户由于不同的动机和原因参与到事件相关话题的生成、讨论、点评、转发、传播，而临时通过社会化媒体平台聚集在一起的人群。借助不同社会化媒体平台的特定功能，群体成员之间可以实现相互交流、作用和影响。

　　群体行为是很多个体的行为相互影响，形成互动的行为。群体动力学认为，在群体中，一个人的思想会受到其他人的影响，即群体行为的形成不是孤立的，会受到环境变化以及群体其他成员等各个方面的影响。群体由兴趣爱好不相同的人构成，在群体人员不稳定的状况下，其行为表现是无规则的和不断变化的，因此由这些个体暂时组成的集合形成的群体行为和群体规则，存在较大的不确定性和不可预测性。塞缪尔认为，群体行为的形成受到群体成员心理状态和动机的影响，是一个博弈的过程。刚开始，群体成员会根据自己的思想和他人的作用发生一定的变化，接着群体成员会将其个人行为与群体中其他成员的行为和群体形成行为进行比较，并进行自我调整，使行为更加符合群体行为一致性。由于群体环境是开放的和动态变化的，群体成员有很大的自由性，在互动的过程中可调整自己的行为方式，所以群体行为具有一定的复杂性和不稳定性。

　　Huth 和 Wissel 认为，在群体中，用户个体既有斥力也有吸引力，这说明群体成员之间的相互影响过程是一个复杂的过程。在群体中，个体进行自我评价的结果一部分依赖于群体中其他成员的观点，另一部分来自群体认同，成员在与其他成员一起讨论时容易发表与他人相同或者相似的言论和观点，所以群体成员之间存在从众现象。如果在一个群体中存在着差异，则成员可能会采取一定的措施来减少这种差异的存在，即群体中存在模仿与传染现象。

　　如图 2-1 所示，群体成员之间相互作用，相互模仿和感染，最终形成群体行为，显然群体行为并不是简单的个人用户行为的叠加，而是群体成员复杂关系的结合体。由于人们在模棱两可的情况下，倾向于通过将自身的知识和外界获得的信息相结合以求解决问题，从而建立起对相关问题的共同理解并采取协调一致的行动，因此群体行为一旦形成，又会通过群体互动反过来影响个体行为。

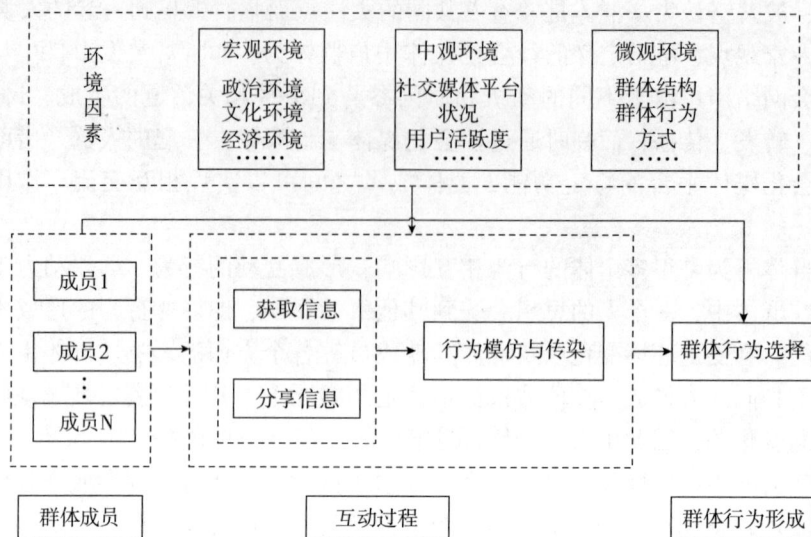

图 2-1　群体成员互动过程

　　社会化媒体用户群体互动是指群体成员通过社会化媒体平台进行沟通交流、分享资源等，这种交流受到环境、心理因素、教育程度、年龄等多种因素的影响。社会化媒体用户可以根据自己的需求进行各种话题的讨论，群体成员来源广泛，且可以采取线上、线下的方式，通过图片、视频等进行互动。群体互动一般可分成两类：话题互动和人际互动。话题互动主要是指群体成员基于特定的话题进行交流和沟通，交流和沟通的结果会影响到对信息的认知和对事情的判断，这和群体行为密切相关；人际互动是指群体成员基于人际沟通和情感交流的目的，通过社会化媒体平台进行联系，会使成员对他人的认同产生影响。

（二）不实信息传播事件中社会化媒体用户群体的动态刻画

　　前文讨论了有关社会化媒体群体的基本概念，本部分将讨论不实信息传播事件中社会化媒体群体的刻画方法，这种刻画有助于社会化媒体用户群体的动态认识。具体地，以微博这一典型的社会化媒体为例进行说明。
　　不实信息传播事件传播主体主要由传播者、事件主体、接收者构成。将发布者和转发者（用户）定义为节点，用户之间的转发关系定义为节点关联形成的边，把抽象的传播网络具体化成一种有向网络图。用户会通过文本、图片或网址链接的方式来发布或转发不实信息，大量的用户自发地对不实信息进行发布、转发、评论、点赞和收藏等行为，共同推动不实信息传播事件的演化发展。依据用户对不实信息所采取的不同行为及行为动机划分为不同集合体，即用户群体。信息扩散的主要方式为用户的转发，即用户将由其他用户发布的信息再次发布的行为，而用户转发行为直接影响了用户群体的形成，用户群体是伴随着不实信息扩散而形成和发展的。基于此，本书将用户转发其他用户发布的信息从而形成的一种传播结构定义为级联（Cascades）。级联是信息传播微观表现中最具代表性的一种结构，通过分析级联在数量和结构上的变化，能够获知不实信息传播事件中用户群体的形成过程和特点。

　　不实信息的扩散过程可以被描述为一个或多个级联，图 2-2 展示了一个具有共同和单一来源的新浪微博某一不实信息传播事件转发链。级联提供了关于信息传播的几个重要的可度量的指标，主要包括级联大小、级联深度和级联最大广度，基于此，将级联刻画成三个指标，分别为级联大小（Size）、级联深度（Depth）和级联最大广度（Max-Breadth）。

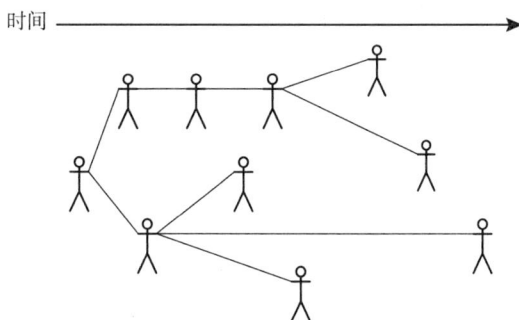

图 2-2　级联案例图

　　级联大小、级联深度和级联最大广度都是静态指标，可将图 2-2 进行简化（见图 2-3）。根据图 2-3，三个静态指标的计算方法如下：

　　（1）级联大小。级联大小对应着用户与用户之间关联的边的数量，也就是用户转发不实信息的总次数，用户转发的关系是相互的，这种情况下会造成转发数量大于用户数量。本书定义级联的大小是参与不实信息传播事件相关转发的所有次数，则图 2-3 中，Size=9。

　　（2）级联深度。用户节点 i 的深度 D_i 就是从根节点到该节点之间边的数量，级联的深度就是级联中最大的用户节点的深度，该指标反映了信息的渗

时间 ⟶

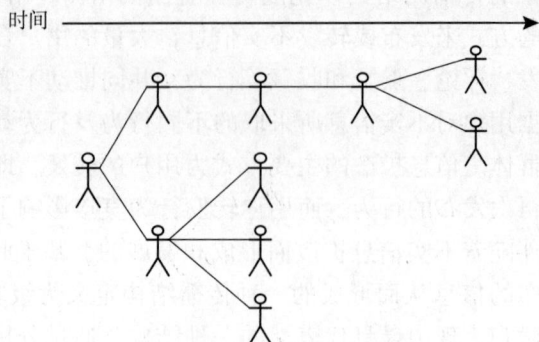

图 2-3　级联案例简化图

透能力。有 n 个节点的级联的深度为：

$$Depth = Max(D_i), \quad 0 \leq i \leq n \tag{2-1}$$

则图 2-3 中，级联的深度为 4。

（3）级联最大广度。级联的广度 B_j 是级联深度的函数，深度为 j 的级联其广度是该层深度下用户的数量，因此级联最大广度为所有深度中级联广度的最大值。即深度为 D 的级联最大广度为：

$$Max-Breadth = Max(B_j), \quad 0 \leq j \leq D \tag{2-2}$$

则图 2-3 中，级联的最大广度为 4。

下面借助这些指标来考虑级联结构。根据 2017 年新浪微博的 9 个不实信息传播事件，借助网络爬虫软件分别对转发数超过 500 次的原创微博进行转发数据的抓取，将处理后的原创微博用户的个人数据和转发数据导入社会网络分析软件 Gephi，得到这 9 个不实信息传播事件的传播网络图。对不实信息传播事件传播结构进行归纳和分类，得出单条微博不实信息传播结构可划分为三类：单层级联结构、多层级联结构、病毒式结构。在获取到的 88 条原创微博中，有 75 条可以归纳到这三种传播结构中，占比约 85.2%，如图 2-4 所示。

（a）单层级联结构。如果级联深度主要为 1，那么称该结构为单层级联传播结构。该传播结构由微博原创用户带动级联深度为 1 的转发用户。不实信息由影响力较大的原创用户向外扩散，传播结构呈现出发散状，扩散规模较小，且每个级联深度比较短，大多数用户的级联深度为 1，少数用户超过了 1。该网络中的转发关系主要集中在微博原创用户和直接转发者之间，而转发用户一般是普通微博用户，信息基本上停留在级联深度为 1 的位置就结束扩散。

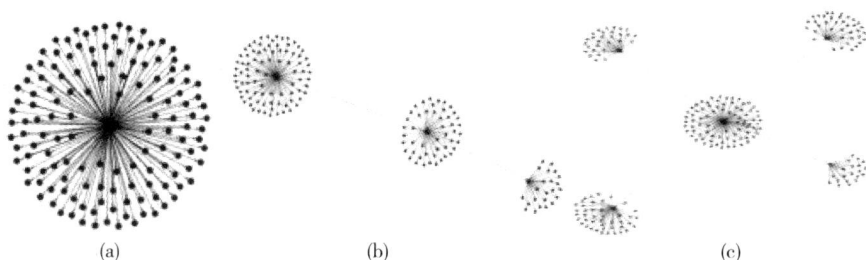

图 2-4　不实信息传播结构

注：（a）（b）（c）分别为单层级联结构、多层级联结构和病毒式结构。

（b）多层级联结构。该传播结构主要由微博原创用户向外扩散，在直接转发原创微博的部分用户中，其自身具有一定程度的影响力，因此会带动其粉丝对该微博进行再次转发，从而扩展了微博传播的深度和广度。该结构中不仅存在着对原创微博的直接转发行为，还有大量对转发微博的转发，称该转发微博的对应用户为活跃转发点。与单层级联结构相比，此类微博拥有多个活跃转发点和更长的生命周期，该结构中的转发大部分来自原创用户和活跃转发点。每个活跃转发点的转发级联都具有单层级联结构的特点：大多数转发用户的级联深度为 1，围绕着活跃转发点呈现出发散状，少数用户形成了级联深度大于 1 的间接转发层。可见，多层级联结构是由单层级联结构叠加形成的。

（c）病毒式结构。病毒式结构指微博中信息大范围且迅速地转发而扩散，在整个事件的生命周期中产生了巨大的转发数量，类似病毒传播。这种结构由微博原创用户向周围扩散，并且直接转发原创微博的用户中有多个活跃转发点，形成新一轮的扩散，整个扩散结构呈现出较复杂的辐射状。相较于单层级联结构和多层级联结构，病毒式结构比较容易形成大规模的不实信息传播事件。

社会化媒体不实信息的传播具有特定的网络结构特点，因此还可借助社会网络分析的很多经典概念和模型研究不实信息的传播网络，主要包括网络密度（Density）、平均点度（Average Degree）、入度（Input Degree）、出度（Output Degree）、点度中心度（Degree Centrality）和中间中心度（Betweenness Centrality）等指标。

假设某传播事件组成的有向网络 $G=(U, V)$，其中 $U=\{u_1, u_2, \cdots, u_n\}$ 为用户节点集合，表示参与该事件的全部用户；$V \subseteq U \times U$ 为边集合，表示该事件中用户间的转发关系。

（1）网络密度。网络密度是指网络 G 中节点间的密切程度，即用户间的转发关系越密切，网络密度越大。网络密度的计算方法是网络 G 中实际存在的转发数 m 与最大可能存在的转发数 n(n-1) 之比，即为：

$$D = \frac{m}{n(n-1)} \tag{2-3}$$

（2）平均点度。平均点度是指网络 G 中所有用户节点的点度的平均值，该值反映的是用户微博转发行为的频繁程度。假设该网络 G 的邻接矩阵 X = $(x_{ij})_{n \times n}$，则平均点度的计算方法为：

$$Ad = \sum_{j=1}^{n} x_{ij} \tag{2-4}$$

（3）入度与出度。入度是指该用户发布的微博被转发的次数，而出度是指该用户转发他人微博的次数。这两个指标可以用来衡量用户之间的互动情况，但是在网络中关键用户的识别方面，入度的重要性明显高于出度，因为入度值高可以说明该用户的微博被转发次数多，而出度值高仅仅表明该用户转发他人微博的次数多，因此入度值高才可以说明该用户影响力大。

（4）点度中心度。点度中心度指与该用户直接相连的其他用户的数量，也就是用户转发与被转发数量之和，即该用户节点入度和出度的和。点度中心度越高，说明该用户越接近于网络的中心，与他人互动能力越强，该用户可能在网络中拥有较大的地位和影响力。

（5）中间中心度。中间中心度指某用户在该网络 G 中传播信息的重要程度的指标，高中间中心度的用户在网络信息传播中承担着重要的角色，一旦该用户消失，则会影响整个信息传播链。假定该网络 G 中用户 a 到用户 b 的最短路径数量为 N_{ab}，从用户 a 到用户 b 的这些路径中经过用户 i 的最短路径的数量为 N_{ab}^{i}，则中间中心度的计算公式为：

$$BC_i = \sum_{a \neq i \neq b} \frac{N_{ab}^{i}}{N_{ab}} \tag{2-5}$$

二、不实信息传播事件中的社会化媒体
用户群体形成与演化

在定义了以上概念和分析指标后，就可以来讨论不实信息传播事件中社会化媒体用户群体的形成和演化过程。

(一) 数据抓取与处理

本书通过单案例分析来对不实信息传播事件中微博用户群体的形成过程和特点进行研究，因此选定的案例样本需具有典型性。研究选取《新闻记者》杂志公布的 2017 年十大假新闻之一——河南大学生娶同学妈妈事件，该不实信息传播事件发生于 2017 年 1 月 2 日，据多家媒体报道，一个 21 岁的河南大学生娶了其大学同学的母亲——一位 55 岁的中年大妈。2017 年 1 月 3 日，河南省公安厅官方微博"平安中原"发布了相关的辟谣微博。实际上，类似不实信息已在多个城市传播多年，内容大多涉及美容项目或某种保养品，涉嫌恶意营销。

根据研究预期目标，数据样本应具有实时性和情景性才能有效地分析出微博用户群体的形成过程。本书选择新浪微博中该不实信息传播事件下参与用户的个人信息和转发信息作为实验数据，个人信息包括微博用户名，转发信息包括用户转发时间和转发关系。采用网络爬虫软件抓取了该不实信息传播事件的所有微博及其用户信息和转发信息。此外，本书以"转发数量超过100"作为限定条件进行筛选，在数据预处理阶段，筛选了转发数量大于 100 的微博，对剩下的微博进行抽取率为 10% 的随机抽样。最终得到的数据作为研究的数据样本（见表 2-1）。

表 2-1　数据抓取结果

微博用户名	用户数	级联大小
人民网	1189	1213
中国日报	1067	1091
中国青年网	954	965
网易新闻客户端	705	719
全球热门精选榜	632	639
命理叔	563	575
樱荼	449	456
总计	5559	5658

在已获取数据样本的基础上构建不实信息的转发级联，采取有向图来表示，节点表示参与本话题生成和传播的用户，节点相连的边表示用户间的一次转发行为，根据上述规则，得到每一条微博的级联。级联由多个树结构组成，在每个树结构中处于中心位置的节点表示该微博的原创用户节点，原创用户发布相关微博后，其他用户相继对其进行转发，转发用户中的活跃转发点会带来微博的新一轮转发。

下面首先进行该不实信息传播事件用户形成过程的实时演化分析，包括用户的数量、级联大小、级联深度和级联最大广度；其次从该不实信息传播事件的网络传播结构和用户节点的中心性这两个层次分析用户群体的结构。

（二）不实信息传播的用户群体实时演化分析

该不实信息传播事件的生命周期起止时间是从 2017 年 1 月 2 日 8 点 35 分"中国青年网"发布的第一条不实信息至 1 月 4 日 8 点 23 分"朱力芳"的最后一条转发微博，生命周期长度约为 48 个小时，该过程中的一个关键时间点是 2017 年 1 月 3 日 16 点 31 分"平安中原"通过发布事实真相来澄清这一虚假消息。本章根据该不实信息传播事件的生命周期长度设定时间间隔为两个小时，对该不实信息传播的实时演化从用户数量、级联大小、级联深度和级联最大广度四个维度进行分析。

1. 用户数量和级联大小变化

图 2-5 反映的是该不实信息传播事件下参与用户的数量随着时间的变化过程，图 2-6 刻画的是该不实信息传播事件下用户转发次数随着时间的变化过程。二者的演化曲线基本上保持一致，1 月 2 日 14 时 30 分至 16 时 30 分、1 月 3 日 8 时 30 分至 10 时 30 分以及 1 月 3 日 14 时 30 分至 16 时 30 分这三个时间段，该不实信息用户参与数量和转发数量达到了顶峰，且都是在原创微博发布后大约两小时引发的高潮。在 1 月 3 日 16 时 31 分"平安中原"发布真实新闻后，该不实信息用户参与数量和转发数量迅速下降，由此进入衰退期。因此，不管不实信息传播处于生命周期的哪个阶段，及时进行澄清始终是最有效的抑制虚假信息传播的方法。即使当不实信息传播规模很大时，通过发布真实新闻，虚假信息也会在用户的频繁互动下逐渐消亡。

本书的研究共抓取该不实信息传播事件相关的原创微博 7 条，用户参与数量为 5559 人，转发次数为 5658 次。根据前人对微博生命周期的定义，选

（人）

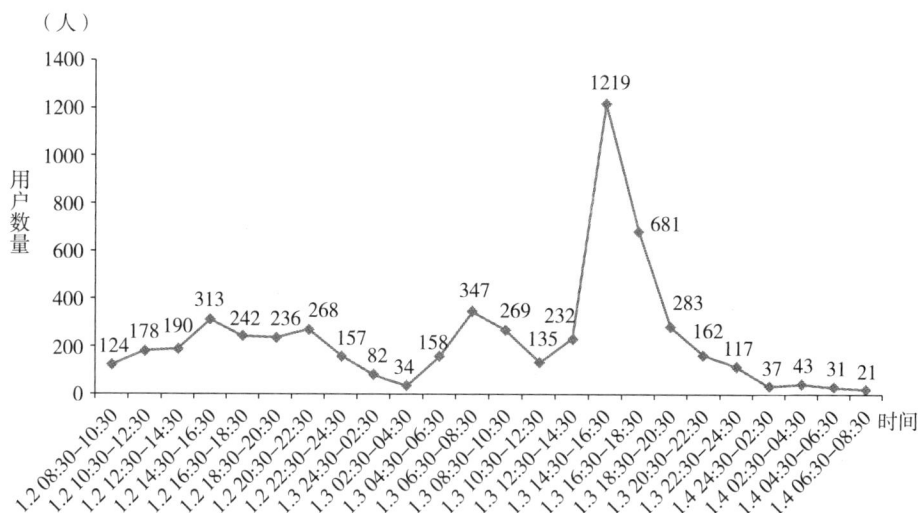

图 2-5 用户数量随时间变化情况

（次）

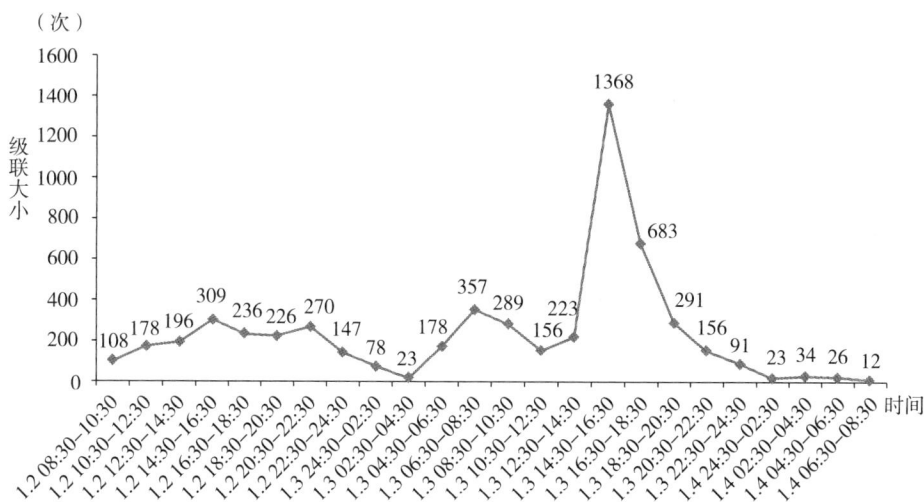

图 2-6 级联大小随时间变化情况

取前 95% 微博所用的转发时间的时段作为微博生命周期的长度，本研究选定的不实信息最后一条微博转发时间为 2017 年 1 月 4 日 8 时 09 分，来自于"朱力芳"对"凤凰网视频"的转发。因为本研究将该不实信息传播网络的用户数据和转发数据的结束时间都设定为整个事件过程中的最后一条不实信息转发时间，因而无法显示衰退阶段，所以本研究将该不实信息传播网络的生命周期定义为初始阶段、扩散阶段和爆发阶段，不包括衰退阶段，但是可通过该不实信息传播数量指标的变化曲线，根据相关指标的演化趋势预测该事件的衰退期。

由图 2-5 和图 2-6 可知，该不实信息传播的初始阶段是从 1 月 2 日 8 时 35 分"中国青年网"发布相关微博到 20 时 30 分"人民网"再次发布该微博，其间相隔 12 个小时。在这一时段内，级联大小为 1523，也就是用户转发次数达 1523。不实信息传播的初始阶段是应对不实信息的最佳时期，此时相关部门应该对该不实信息进行有效辟谣或采取相关行动，不实信息将会被遏制在初始传播阶段，该事件带来的危害将会降到最低，避免了该不实信息的大规模扩散甚至演化成严重的不实信息传播事件。

该不实信息传播的扩散阶段是以 1 月 3 日 6 时 30 分《中国日报》媒体机构的参与为标志。从"中国日报"发布到 12 时 30 分微博集中爆发阶段之前，期间总共持续约 5 个小时。在这一时间段内，级联大小为 1025。量化用户影响力的常用指标就是用户的粉丝数量，"人民网"和《中国日报》是分别拥有 4041 万和 3095 万粉丝的媒体微博，这两个用户的微博影响力比较高。因此，在一定程度上，这两家新闻媒体的相关报道将间接导致不实信息的集中爆发。此时相关部门应该及时有效地干预该不实信息的扩散，但是根据实际情况来看，相关部门并没有对该不实信息采取有效措施。

在该不实信息传播的集中爆发阶段，媒体"网易新闻客户端"以及自媒体"全球热门精选榜""命理叔""樱萘"等相继加入。此时微博的级联大小达到 2684，不实信息处于全面爆发状态，即使监管部门使用对关键词屏蔽等方法，用户依然可以通过各种方法和手段将文字转化为图片等形式躲避监管，因此对该新闻相关微博的屏蔽、删除等方法已经难以阻止其继续扩散，而目前应对该事件最好的方法就是及时公布真相。从实际情况来看，1 月 3 日 16 时 31 分"平安中原"微博辟谣以后，该不实信息传播实时演化的各项指标呈现出了明显的下降趋势。

2. 级联深度变化

图 2-7 是该不实信息级联深度随时间的变化情况，级联深度反映了该不实信息传播事件的传播深度，级联深度越大事件的传播深度越深。1 月 2 日 20 时 30 分、1 月 3 日 6 时 30 分，由于"人民网"和《中国日报》纷纷刊发相关博文，该事件级联深度迅速增大，同时在这两个时间段微博转发数量也迅速增加，因此级联深度与传播规模呈正相关，但该级联深度是指网络中最

大的深度，因为在网络中可能某条微博转发链的深度较长，而其他微博转发链较短，这两个概念有所差别。

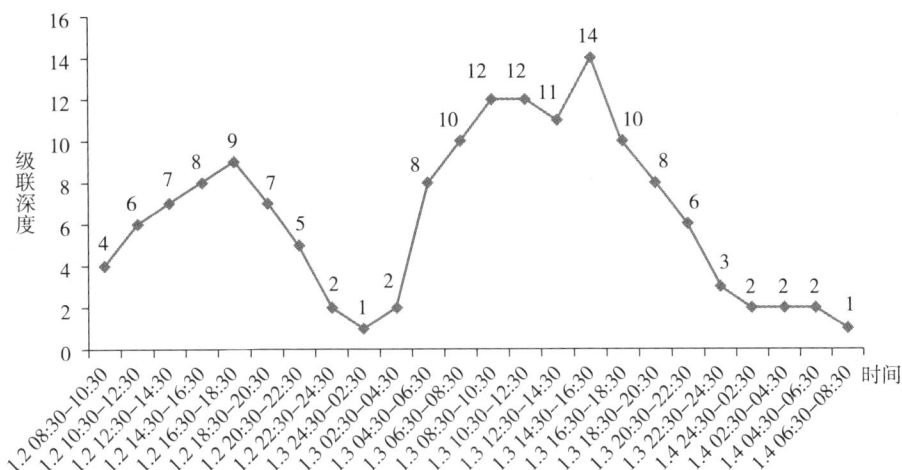

图 2-7　级联深度随时间变化情况

该不实信息传播的初始阶段级联深度达 9，传播深度较深。扩散阶段级联深度达到 12。在不实信息传播的集中爆发阶段，级联深度达到整个传播过程中最大的深度 14。

3. 级联最大广度变化

图 2-8 反映的是该不实信息级联最大广度的变化情况，级联最大广度表征不实信息传播事件的传播广度，级联广度越大不实信息传播越广泛。1 月 2 日 8 时 35 分、20 时 30 分、1 月 3 日 6 时 30 分以及 12 时 30 分，由于"中国青年网""人民网""中国日报""网易新闻客户端"以及一些自媒体纷纷刊发相关博文，该事件级联广度迅速增大，也即事件传播得越来越广泛。在 1 月 3 日 16 时 31 分"平安中原"发布真相之后，该不实信息级联广度迅速下降，由此进入衰退期。

（三）不实信息传播的用户群体结构分析

在对该不实信息传播实时演化分析的基础上，分析该不实信息传播的结构特点。为了能对该不实信息传播结构有一个直观的认识，研究将预处理后的数据借助软件 Gephi 进行了可视化显示。将 7 条原微博的全部用户数据和

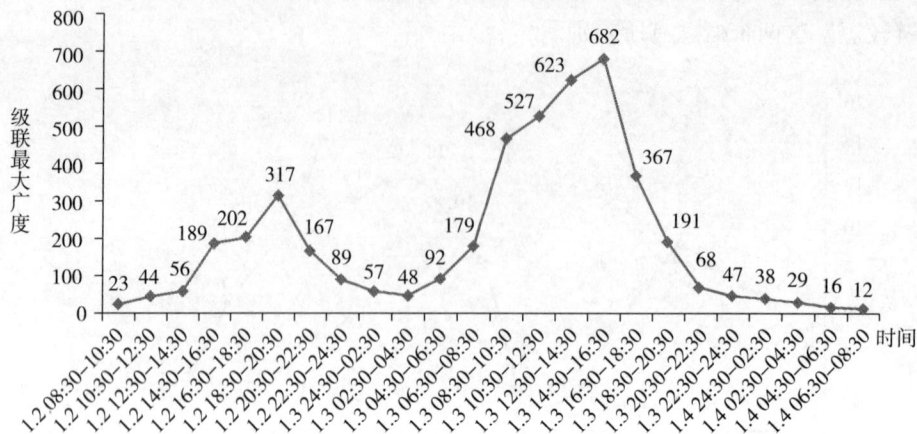

图 2-8　级联最大广度随时间变化情况

转发数据导入软件中，选择"Yifan Hu"布局并执行，得到转发数大于等于100 的原创微博不实信息传播网络图，结果如图 2-9 所示。由于该网络中用户节点数比较多，如果在图中全部显示微博用户名会使网络图比较杂乱，因此只显示了 7 个原创微博的用户名。

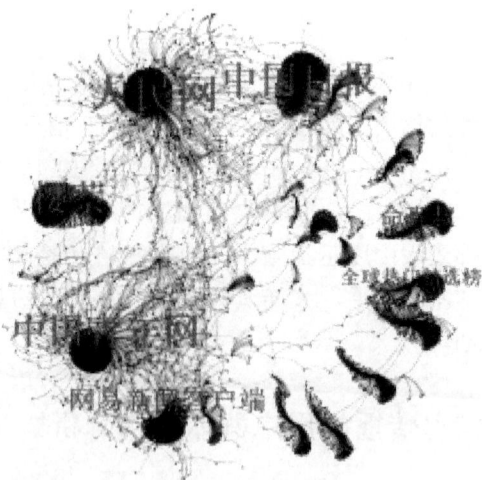

图 2-9　时间传播网络图

根据本章第一小节对同一条不实信息传播的结构分类结果可知，"河南大学生娶同学妈妈"不实信息的转发数量超过 100 的原创微博传播结构中，共有单层级联结构 1 个，多层级联机构 2 个，病毒式结构 4 个（见表 2-2）。研究将从每种结构中选出一个进行分析，并针对性地提出对策和建议。

表 2-2　原创微博传播结构分类

微博用户名	结构
中国青年网	病毒式
人民网	病毒式
中国日报	病毒式
网易新闻客户端	病毒式
全球热门精选榜	多层级联
命理叔	多层级联
樱荼	单层级联

1. 单层级联结构

单层级联结构选取的是网络红人用户"樱荼"于 2017 年 1 月 3 日 13 时发布的一条微博（http：//weibo.com/1277654753/Ep69pnfh2），传播结构如图 2-10 所示，共有 449 位微博用户进行了 456 次转发。网络密度为 0.0019，平均点度为 1.07，其中有 96.9% 的转发级联深度为 1，少数级联深度为 4，传播深度较浅，网络凝聚性较高，用户之间很容易产生互动。

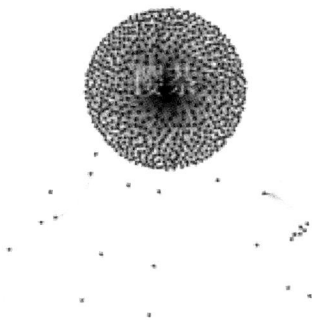

图 2-10　"樱荼"用户传播网络图

由图 2-10 可知，虽然该用户微博的级联大小较大，即转发数量较多，但大多数转发关系是位于信息源节点"樱萦"和其直接转发者之间，并且该博主发布的这条微博中含有抽奖信息，因此短时间内引发了 489 次直接转发。该网络中的转发级联深度不超过 5，并且没有其他的活跃转发点，从级联深度为 2 开始转发数量骤减，由此可知随着不实信息传播范围的扩大，转发强度迅速减弱，不实信息的扩散并不明显，影响力相对有限。我们建议，对单层级联传播结构的不实信息没有必要采取过多的介入，可根据该不实信息的传播趋势或者是否有活跃转发点加入来采取相应的干预措施。

2. 多层级联结构

多层级联结构选取的是知名搞笑幽默博主"全球热门精选榜"于 2017 年 1 月 3 日 14 时 34 分发布的一条微（http：//weibo.com/1742474850/Ep6LOsnnQ），传播结构如图 2-11 所示，共有 632 个用户进行了 639 次转发。网络密度为 0.0017，网络的平均点度为 1.03，深度为 1 的级联占比 41.7%，深度为 2 的级联占比 38.1%，深度为 3 的级联占比 20.2%，与"樱萦"相比，网络凝聚性稍低一些；级联深度为 8，用户之间比较容易产生互动。

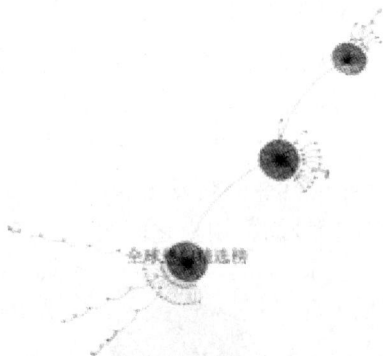

图 2-11　"全球热门精选榜"用户传播网络图

由图 2-11 可知，该用户微博的传播结构为多层级联结构，左下方的信息源为原创微博用户"全球热门精选榜"，另外两个信息源是该微博在传播过程中存在的两个活跃转发点，该网络中大多数转发是来自原创微博和活跃转发点，由活跃转发点向外扩散形成的网络结构具有单层级联结构的特点。进一步识别该网络中的关键节点，表 2-3 体现了该网络中用户入度、出度、点度中心度值排名前 5 的数据。在入度和点度中心度上，除了原创微博用户

"全球热门精选榜"之外，"柳小御"的微博转发数排名第二，该用户拥有273万以上的粉丝，是有较大影响力的博主；在出度上，"成都热门搜罗"总共转发了四次相关微博，对该不实信息参与比较积极。

表 2-3　"全球热门精选榜"微博入度、出度、点度中心度值

微博用户名	入度	微博用户名	出度	微博用户名	点度中心度
全球热门精选榜	302	成都热门搜罗	4	全球热门精选榜	302
柳小御	268	郭进	2	柳小御	269
猫扑	249	享重庆	2	猫扑	250
生活报	55	柳小御	1	生活报	56
东方今报	29	猫扑	1	东方今报	30

表 2-4 显示了该网络中间中心度值排名前 5 的用户，可以看出，"柳小御"的中介中心度值高于其他用户，表明其在促进该不实信息扩散方面起到了很大的作用。

表 2-4　"全球热门精选榜"微博中间中心度值

微博用户名	中间中心度
柳小御	0.0005
猫扑	0.0004
生活报	0.0002
东方今报	0.0002
郭进	0.0001

关于多层级联结构的不实信息传播现象，建议监管部门应该及时删除像"柳小御"这种高中间中心度的活跃转发点发布的相关微博，避免不实信息的进一步扩散。

3. 病毒式结构

病毒式结构选取的是"中国青年网"于 2017 年 1 月 2 日 8 时 30 分发布的一条微博（http://weibo.com/1497087080/Ep6JRk2Ok），传播结构如图 2-12 所示，该微博是引发该不实信息传播事件的信息源，共有 954 个用户进行了

984 次转发。网络密度为 0.0004，网络的平均点度为 1.05，因为该网络结构的微博转发数大于单层级联和多层级联结构的微博，不实信息传播规模相对来说比较大，所以该结构的网络凝聚性不高；级联深度达 14，传播度较深；该网络中用户之间的距离较疏散，不易产生互动。

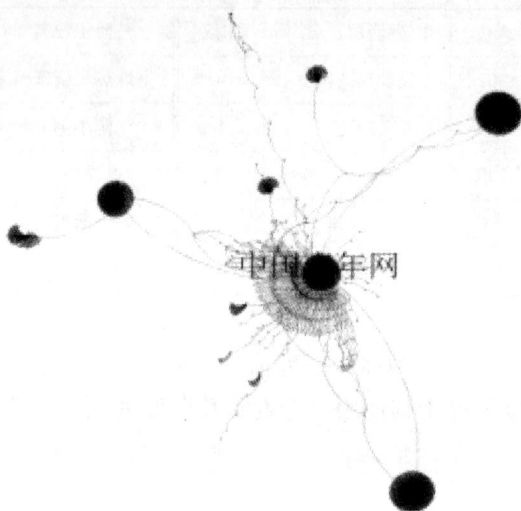

图 2-12 "中国青年网"用户传播网络图

表 2-5 是该传播网络中入度、出度、点度中心度值排名前 5 的用户，在入度和点度中心度上，排在第一位的并不是原创微博用户"中国青年网"，而是"人民网"，"最 IN 成都"转发数超过 200；在出度上，"命理叔"转发相关微博 3 次，原创用户"中国青年网"也转发了 1 次相关微博。

表 2-5 "中国青年网"微博入度、出度、点度中心度值

微博用户名	入度	微博用户名	出度	微博用户名	点度中心度
中国青年网	289	命理叔	3	人民网	503
人民网	502	wu 治水	2	中国日报	488
中国日报	487	中国青年网	2	中国青年网	230
网易新闻客户端	265	中国日报	1	最 IN 成都	253
最 IN 成都	253	人民网	1	中国网	167

表2-6为该网络中间中心度值排名前5的用户。由表2-6可知，"人民网"的中间中心度值明显要高于其他用户，表明该用户在不实信息传播的过程中起到了促进作用。

对于该传播结构的不实信息传播事件，因为存在多个活跃转发点，建议监管部门应及时删除"中国青年网"用户的原创微博从而将不实信息扼杀在初始传播阶段。但是，由表2-6可知，"中国青年网"不仅是该不实信息传播的源头，而且本身也参与了一次微博转发，因此，删除该用户的原创微博内容并不能阻碍其主动转发微博的趋势，监管部门还应该对其进行封号或禁言处理。

表2-6　"中国青年网"微博中间中心度值

微博用户名	中间中心度值
人民网	0.00054
中国日报	0.00048
命理叔	0.00021
wu治水	0.00011
网易新闻客户端	0.00010

表2-7包括了7条原创微博的社会网络分析指标值。由表可知，在网络的凝聚性上，参与微博转发的用户数、级联大小直接影响了网络密度的大小，而由于平均点度与网络规模没有直接的相关关系，因此平均点度更能体现出网络凝聚性的特点。在级联深度上，多层级联结构、病毒式结构的深度一般要长于单层级联结构，传播深度更深。单层级联结构因为其转发关系主要集中在原创用户和其粉丝之间，深度较短，微博扩散范围并不大。

表2-7　原创微博指标分析结果

微博用户名	用户数（人）	级联大小	级联深度	网络密度	平均点度	结构
人民网	1189	1213	13	0.0009	1.05	病毒式
中国日报	1067	1091	12	0.0010	1.03	病毒式
中国青年网	954	965	14	0.0011	1.05	病毒式

续表

微博用户名	用户数（人）	级联大小	级联深度	网络密度	平均点度	结构
网易新闻客户端	705	719	9	0.0014	1.02	病毒式
全球热门精选榜	632	639	3	0.0016	1.03	多层级联
命理叔	563	575	7	0.0018	1.04	多层级联
樱萘	449	456	6	0.0023	1.07	单层级联

三、群体视角下的社会化媒体不实信息传播干预

（一）不实信息传播的个体视角和群体视角

1. 个体视角

在早期和传统的不实信息和谣言传播研究中，部分学者将传播过程中的个体作为研究对象讨论其对不实信息和谣言的感知和传播行为，许多心理学和社会学研究者发现不实信息来源的可靠性、不实信息的相关度以及焦虑、不确定性等心理因素是个体相信和传播不实信息的关键因素。首先，研究人员指出不实信息的来源可靠性与其传播有很强的正相关关系，当不实信息背后的故事可信而不是难以置信时，不实信息就会更频繁地重复，且人们越是认为不实信息是真的，他们就越有可能传播不实信息。其次，当不实信息与个体的相关度较高时，无论个体是否相信这一信息，都可能会传播它；相反，当相关程度较低时，信任度本身可能不足以导致不实信息的传播。虽然这些结论非常有意义，但是信任度、相关度与不实信息传播之间的相互作用还没有完全得到证实。例如，Rosnow 认为，不实信息可信度对不实信息传播的影响可能会受到不实信息相关度的调节作用。同样，有研究发现，不实信息的重要性调节了最初信任度与不实信息传播之间的关系。另外，一些研究者认为不实信息的传播是由于人们的焦虑和不确定性引起的。例如，Esposito 发现情境焦虑（对不实信息产生的一般环境的焦虑）而不是信息焦虑（对不实信

息内容和后果的焦虑）影响了相关不实信息传播；Walker 和 Beckerle 的研究则表明，不管不实信息的特性如何，经过控制的情境焦虑的增加会导致更多的传播。但是，也有研究发现，没有证据表明人们的焦虑与不实信息传播之间有明显的相关性。

总的来说，大多数研究都是通过传统的针对个体的方式来研究影响不实信息传播的因素，因此在讨论应对方法时，也多从个体的角度来分析。典型的研究如基于传染病模型的虚假信息个体免疫策略，Singh 等在复杂网络中构建了传播率变化的虚假信息传播模型，在此新传播模型上考虑了随机免疫和目标免疫对不实信息传播过程的影响，并分别推导得到了在没有实施免疫、实施随机免疫和实施目标免疫下的传播阈值。此时研究的不实信息或谣言传播有重要作用，因为传统研究中很难在离线环境下立刻获得不实信息传播的实时信息。相比之下，互联网和社会化媒体的快速普及为研究人员提供了追踪不实信息传播细节的新机会，极大地支持了对该问题的深入研究。

2. 群体视角

社会化媒体，由于其匿名性、开放性和支持异步传输的能力，已经成为不实信息的"温床"。因此，社会化媒体的不实信息传播往往是一个群体活动的过程，这意味着在针对社会化媒体不实信息的研究中，不实信息的传播机制也发生了很大变化。例如，过去的研究表明，信息源可靠性影响不实信息的传播会受到不实信息与个体相关程度的调和影响，而对社会化媒体，这种不实信息传播机制并没有得到充分的说明，这是因为匿名性使用户难以实现识别不实信息传播者的身份，用户很难获得有价值的线索来证明信息的可靠性。但在 Web 2.0 技术的背景下，人们可以轻易通过观察他人的行为来判断和行动，并导致从众效应。这种现象在互联网和社会化媒体上很常见，已经被证实为一种"羊群行为"，如人们通过查看销售历史和其他顾客的评论来在线购买书籍。因此，从众效应也可能导致不实信息在互联网上迅速传播。同样，基于动态社会影响理论，最近的研究表明，如果他们属于同一个社交网络集群，人们对特定不实信息的关注和信仰的极化（如增强对不实信息的信任度）将会增强。人们对不实信息的看法可能会受到群体内同行的影响，他们对不实信息持有一致的意见，从而导致团体内部对不实信息达成共识。

基于群体的视角，还有一些研究是基于对不实信息内容的分析。例如，在群体的网络讨论中，不实信息传播作为一个集成大家意见并在互动中解决问题的过程，是融合了焦虑、不确定性和可信度这些因素共同完成的。不实信息传播不是对叙事的被动复述；相反，它是一个丰富的对话，涉及群体用户之间思想和观点的交流，同时存在大量的模仿和相互的行为调适。人们试图通过提供证实或否定不实信息的信息来说服别人相信或不相信不实信息。在社会化媒体中，用户选择性信息过滤的能力可以使不实信息在传播过程中吸引具有相似观点的人，这种观点来源于他们对事件或对象（如不实信息的传播主体）的态度。通过持有类似的观点，无论是积极的还是消极的，人们自然会以支持特定立场的意见群体的形式聚集在一起。通过进一步的讨论，他们将加强最初导致两极观点的观点。特别是社会化媒体用户更容易出现群体极化的趋势，因为社会化媒体的不实信息传播的可信度可能更加模糊。因此，用户在做出判断时会严重依赖他人的态度。事实上，有研究结果表明，在线发生群体极化的可能性是在离线环境中形成的两倍。但这种从众和极化现象在不实信息传播过程中很多时候会带来好的影响，如 Huaye Li 指出，在社会化媒体环境中，通过群体互动，人们传播信息会参考群体观点，而且在传播程度上会依赖于他们对信息类型的判断，即相对于真实的和有争议的信息，传播被群体认为是虚假信息的概率非常低。

因此，由于社会化媒体的匿名性，社会化媒体用户更倾向于通过观察他人的行为来判断和传播不实信息。当越来越多的人倾向于相信不实信息时，其他人很可能会跟风。这种"羊群效应"不仅影响了信息级联，使人们的观点越来越一致，还会加强群体讨论的观点，导致群体极化效应，但这种从众和极化效应可以被更好地利用来干预不实信息传播。

（二）社会化媒体环境下生成的群体智慧

群体智慧（Collective Intelligence）由 Dorigo 于 1991 年首次提出，不同学者对群体智慧的定义不尽相同，其侧重点也不同，有的学者注重群体获取信息的能力，有的强调群体智慧解决问题的效率，有的比较关注群体解决问题的优越性。虽然这些文献大体上都阐述了群体智慧的基本概念，但也存在细微的差异（见表 2-8）。

表 2-8　国内外群体智慧概念的相关研究

代表学者	术语	含义
John Smith （1994）	Collective Intelligence	在相同信念的带领下，以群体为单位的一群人在独立解决一个问题的过程中产生的极高的凝聚力和非凡的智慧

续表

代表学者	术语	含义
Bonabeau （1999）	Swarm Intelligence	一定数量有智慧的个体在相互协作和组织的作用下，表现出了群体智慧行为的特征，具有自组织和分布式特征
Craig Kaplan （2001）	Collective Intelligence	群体既有比个体解决问题更好的能力，做出的决策也比个体更加稳定和完善
Len Fisher （2009）	Swarm Intelligence	在没有带领的情况下，借助群体行为可以解决任何个体都不能解决的难题，利用这个过程产生的智慧可以做出群体最佳决策，这比简单的个体叠加更加强大
Jan Marco Leimeister （2010）	Collective Intelligence	群体中的个体通过自身的知识和经验学习、理解和适应环境，结合个体不同的看法和观点，得到问题的最佳解决方法
黄晓斌 （2011）	群体智慧	群体通过个体之间的相互协作、相互启迪、感知互动等共享机制，不断积极参与集体讨论，分享自身的知识、观点、经验、技巧等，最终形成优于任何个体的智慧

由表 2-8 可知，Swarm Intelligence 的概念是由自然界中蚁群、蜂群等通过协作表现出来的智能行为特征所启发得到的，Collective Intelligence 与 Collective Wisdom 意思相似，但 Collective Intelligence 注重群体相互协作、作决策的过程，而 Collective Wisdom 只是强调集体学习的过程。本书讨论的"群体智慧"偏向于 Collective Intelligence 的定义，具体到社会化媒体，其可以通过三类信息行为生成群体智慧：内容生成行为、内容评价行为和内容分享行为。

1. 内容生成行为

内容生成行为主要是指在社交媒体平台上，为了内容的丰富和完善，人们通过原创、评论、转发、协作创作等形式参与其中。内容生成有两种形式：一是单个主体创作式，二是集体协作式。单个主体创作式的社会化媒体平台主要是微博、微信、人人网、QQ 空间等，基于这些平台，用户可以随时记录自己的信息、发布自己的观点、共享不同的知识等。集体协作式是在明确的主题下，用户通过编辑、添加、删除等方式对内容进行扩充和修改，如维基百科、百度百科，这类社会化媒体平台使用户拥有较多的编辑权限，允许任何用户编辑页面和信息内容。

2. 内容评价行为

内容评价行为指的是为了达到内容序化的目的，通过点赞、投票、打分等方式对内容进行排序、分类。在以知乎、百度知道等为代表的社会化问答网站中，每条内容下都有很多选项，相当于一种投票的方式。这种方式使高质量信息或用户感兴趣的信息更加容易得以呈现，也便于用户更加容易搜索。

3. 内容分享行为

内容分享行为是通过加好友、加关注、分享、转发等方式将信息内容发送到需要该信息或者想传送的人手中，目的是内容传播与个人信息管理。随着微信、人人网、微博等社交媒体的涌现，内容分享行为越来越成为一种便捷、快速的方式。用户可以通过社交媒体分享和传播任何信息。社交媒体中的链接也是一种重要信息传播的方式。通过打开好友的链接、引用相关链接和对链接里的内容进行评论，使链接成为分享交流中重要的一种形式。

总之，用户基于社会化媒体这一平台，以原创、评论、协作创作等形式生成信息并完善，通过社会化媒体平台的标注、点赞、打分、投票等功能对信息内容进行分类、排序，比人类任何时期都能方便、迅速地形成其特有的群体智慧，再借助社会化媒体平台收藏、分享、链接、转发、关注、加好友等功能对这些形成的群体智慧进行信息管理并影响信息的传播。

（三）群体智慧在不实信息传播干预中的作用与启示

基于群体智慧的力量应对不实信息传播的想法是试图通过不断激励社会化媒体用户参与到不实信息的举证、质疑、反驳中来，在"接收—转发"过程中添加自己的意见表达，让不实信息产生于社会媒体，又被社会化媒体自身所净化。Yuko Tanaka 等通过实验得出，有一定批判能力的群体本身就是一个具有自纠偏能力的众包系统，在这个系统中，社会化媒体用户通过群体互动、个体之间的批判性思维可以相互提升，且会触发用户的质疑、反驳、纠偏举证等行为。研究发现，由于用户意见共享、质疑和证据具有众包的自我修正特性，因此社会化媒体 Twitter 能很好地抵制不准确的信息。例如，Castillo 等发现，在 2010 年智利地震中支持和驳斥虚假信息推文的比例是 1：1。在群体协作的机制下，不断刺激公众理性思考和搜索真实信息，同时在"接收—转发"信息的过程中添加自己的意见，使自身思考问题的角度更加专业，实现批判性思维能力的提升。

社会化媒体能聚合用户群体的判断能力，参加应对不实信息的主体之间存在知识不对称现象，"碎片化"的信息经过社会化媒体集中汇聚和自我纠偏之后，能形成对公众判断更有帮助的知识，群体之间通过加强公众之间的交互提高了公众应对不实信息传播的能力。例如，伦敦爆炸事件发生不久后，就有用户在维基百科上建立词条猜测爆炸原因，虽然内容只有寥寥数语，但短短的几小时内就有千余名用户在初始词条的基础上展开了修订和编辑工作，产生了突发事件相关的高质量信息，在一定程度上避免了虚假信息的传播。在前文节提及的救灾平台 Sahana 系统也可以获取社会化媒体上用户生成的海量数据，同时进行内容分析，为公众和决策者提供更准确的事件信息。虽然用户在贡献内容的时候也会生成大量不实信息，但 Zubiaga 等对九个突发新闻事件中流传的虚假信息的研究发现，尽管总体趋势是用户在早期阶段支持未经证实的不实信息，但随着时间的推移，用户会向支持真实信息和揭发虚假信息的趋势转变。

群体异质性也使群体在应对社会化媒体不实信息变得更加可能。群体成员的异质性是指群体由不同类型、不同身份背景和不同知识经验的个体组成。某些不实信息比较复杂，一个或一类人很难独立辨别，需要具有不同的知识和特长背景的人共同完成识别和纠偏的过程，由于不同成员为群体带来了多样性，即使群体单个成员只有有限的经验和能力，也能帮助群体变得更具批判思维。社会化媒体环境中，群体成员的异质性更容易获得，不实信息会受到多方举证和纠偏，可以防止沉默螺旋现象产生，避免群体极化现象的发生。

现在的问题在于：既然社会化媒体用户自发形成的群体智慧能够实现对不实信息的净化（社会化媒体的自净化机制，在第三章将有更加深入的分析），考虑到这种天然的自特性，那本书的研究对象和研究价值是什么呢？Procter 等在 2011 年英格兰骚乱期间对 Twitter 虚假信息传播的分析也得出了 Twitter 能自发抵制和净化虚假信息的结论，但同时指出这种自我纠正生效缓慢。相比之下，在对 2013 年波士顿马拉松爆炸案的研究中，Starbird 等也发现 Twitter 用户在区分真相和恶作剧方面表现不佳的结论。这些研究结果表明，群体智慧虽然具备干预不实信息传播和净化社会化媒体信息生态的潜力，但并没有更好地得到利用，这正是本书的研究逻辑和研究切入点。

综上所述，通过在群体视角下对社会化媒体不实信息传播和应对方法的分析，可以得到干预不实信息传播的若干启示：

启示一：群体会产生"群体智慧"。针对某一话题，群体经过互动会达到一个稳定状态，产生"群体智慧"，虽然产生的智慧不一定正确，但会形成一种力量影响某一话题的传播趋势，因此利用群体的力量去影响社会化媒体不实信息传播是可能的。不实信息的传播受多种因素的影响，但在非常规突发事件中，由于受到决策时间短、心理恐慌等压力的影响，其传播机制受群体理性意识和个性心理特征差异因素的影响比受其他因素的影响大，因此应用集群意识加大对个性心理的诱导是抑制非常规突发事件中不实信息传播的更好思路。

启示二：群体会相互影响，随着时间的推进，群体成员的行为与态度表现为"一边倒"的倾向，成员根据周围成员的状态改变自己的行为，以达到与其他成员行为与态度一致的目的，这表明群体成员在做出行为选择时表现出一定的从众性，从而产生极化现象。群体产生"群体智慧"不一定是真的智慧，因此，自发形成的"群体智慧"并不一定总能将社会化媒体不实信息传播往好的方向引导，需要讨论群体影响不实信息传播的机理，并加以引导，这也是提出本书研究主题的原因之一。

启示三：群体能否顺利形成影响不实信息传播的力量受各方面因素的影响，因此，在肯定群体通过群体互动和群体行为能够应对不实信息传播的基础上，需要更好地理解群体干预对不实信息传播影响的机理，并讨论一些模式和机制帮助群体更好地去实现这一目标。在正式提出群体干预模式之前，我们将采用模型和实证研究两类不同的方法进一步探讨群体干预对不实信息传播影响的机理。

综上所述，先前的研究表明，不实信息扩散主要是由事件的重要性和模糊性导致的，传播的主要途径是口口相传，并且大多数研究主要以个体为视角讨论影响不实信息传播的因素或动机，如可信度、情感因素或心理因素。与传统的不实信息传播形成鲜明对比，由于社会化媒体平台的匿名性、开放性和信息的海量性，社会化媒体不实信息传播机制从根本上转变成了基于群体基础的社交互动，而且群体互动会显著影响不实信息的传播规模和影响力。本书将侧重从群体视角讨论和提出社会化媒体不实信息传播的应对方法和策略。

本章小结

本章对不实信息传播事件中社会化媒体用户群体形成过程和特点进行了分析，既能丰富社会化媒体用户群体的研究体系，又能为即将提出的群体干预模式提供依据和参考。本章在提出社会化媒体用户群体概念后，以此为研究对象，以新浪微博为具体研究平台，将抽象的社会化媒体用户群体形成概念具体化为级联概念，讨论社会化媒体信息传播的一些重要的可度量的指标，包括级联大小、级联深度和级联最大广度，并试图通过这些指标来研究不实信息传播事件的用户群体规模、数量增长速率以及级联数量等变化特点，同时对其进行社会网络分析，进而了解不实信息传播事件中社会化媒体用户群体的形成过程和特点。

特别地，本章讨论了群体视角下的社会化媒体不实信息的传播和干预问题，更进一步阐述了本书的研究角度、研究必要性和研究的切入点，也为下一章正式提出群体干预模式进行了良好的铺垫。

第三章

社会化媒体不实信息传播的群体干预模式

在正式提出群体干预模式之前，需要做一系列的准备工作，本章讨论了不实信息传播事件中，社会化媒体用户群体是如何形成和互动的，以及对不实信息的传播过程的影响能否帮助我们实现对其传播结果的影响。本质上本章是探索社会化媒体用户群体在应对不实信息传播中的可行性问题。本章的讨论分两个方面，一方面是讨论社会化媒体用户群体是否有干预不实信息传播的潜力。实际上，这种潜力在前人的研究中也讨论过，即社会化媒体的自净化机制，但经常有虚假信息在社会化媒体平台大肆传播这一事实表明自净化机制在很多时候并没有很好地产生作用。因此，本章讨论的另一个方面是对社会化媒体的自净化机制进行分析，并得到群体干预模式构建的启示。

一、不实信息传播中社会化媒体用户群体意见对个体的影响实验

社会化媒体将用户的综合意见作为群体的观念展示出来，而这种智慧将会有助于解决一些复杂问题。有研究指出，人们在社会环境中会产生相互的社会影响，他们倾向于关注社会媒体中群体的意见，并利用群体的意见做出判断和决策。但是，这种社会影响在社会化媒体环境下的影响尚不清楚，且对判别信息真假和在社会化媒体环境下的转发意愿有什么作用也不知晓。

社会影响理论（Social Impact Theory）提出社会影响取决于三个方面的因素：他人的数量、他人的重要性和他人的亲近性，群体用户的数量越多、地位越重要、与个体关系越密切越会产生更大的社会影响。Festinger研究指出，社会影响的产生是因为人们有着将自己的观点和他人观点相比较的强烈的动

机；Bandura 发现，人们倾向于认为他人的意见是有用的，因为这些意见往往是自己本身不具备的；Cialdini 等认为，正是由于人们愿意相信群体意见的有用性，所以人们通常会跟随他人的行为。Granovetter 将个体的人"嵌入"社会网络中，认为个体的决策必然要受制于所"嵌入"的社会网络，即隶属于社会网络和群体中的个人，其行为、选择和决策等都会受到群体和所在的外界环境的影响。如果这个结论对社会化媒体的用户群体也成立，说明群体产生的群体观点对个体有重要影响，而向个体用户展示群体观点，就能影响个体用户判断和转发信息的行为。

前人的研究将群体对于个体产生社会影响的类型分成两种：第一种是信息性的社会影响，即当人们在不确定的情况下希望得到正确的答案时会参考群体意见。第二种是规范性的社会影响，即人们因为希望得到别人的肯定和喜爱而选择采纳群体意见。在消费者研究中，Berger 等提出了第三种类型——消极性的群体影响，即存在一些寻求唯一性的个体，往往会选择与群体意见不同的决策。这里，我们将基于社会影响理论的三种类型讨论社交媒体中，群体对信息真实性的判断如何影响个体对信息真实性的判断，以及群体的转发意愿如何影响个体的转发意愿。

根据本书对不实信息的定义，将不实信息分成了真实的、虚假的和有争议的三类。一个更深层次的、有意义的讨论问题是：假设以上两个假设成立，个体在判断某一话题信息真假和决定是否转发时，针对这三种不同类型的话题信息，其遵循群体观点的程度是否会不同？

回答这个问题非常有意义，比如，假设不向个体展现群体观点（此时的群体观点表现为群体对某一话题信息的转发偏好）时，个体转发这三类信息的概率都接近50%，但向个体展示群体观点后，真实信息的转发概率得到了很大提高，如达到了70%，而虚假信息的转发概率下降到30%，这就说明向社会化媒体用户展示真实的群体转发偏好能有效降低虚假信息的传播，且促进真实信息的传播。又比如，假如我们能验证当某条信息为有争议的信息时，个体遵循群体观点的可能性要高于那些被认为是真实或虚假的信息，这对我们讨论的非常规突发事件的背景就非常有意义，毕竟在非常规突发事件的环境下，很多信息都很难在短时间确定是真实的还是虚假的，而存在大量有争议的话题信息。

基于以上分析，本章将讨论以下两个问题，并形成若干研究假设：

问题一：社会化媒体用户群体对信息真实性的判断如何影响个体对信息真实性的判断？

根据信息性的社会影响，在社会化媒体中，当一条消息既不能判为是绝对真实也不能判定为绝对虚假的情况下，用户希望对这条信息的真实性做出准确的判断，因而会参考群体的意见。

H1a：在社会化媒体中，人们在判断信息的真实性时，只有在有争议的情况下才会去参考群体的意见。

根据规范性的社会影响，人们认为遵从群体的意见是正常和适当的行为，因此，即使人们知道这条信息是真实的或是虚假的，还是会选择遵循群体的意见。

H1b：在社会化媒体中，人们在判断信息的真实性时，不论信息是正确的、虚假的还是有争议的，都会去参考群体的意见。

根据消极性的社会影响，部分寻求唯一性的个体会选择做出与群体意见不同的决策，这一情况可能不适用于大多数的人，但也是存在的。

H1c：在社会化媒体中，人们在判断信息真实性时，将会选择违背群体的意见。

问题二：社会化媒体用户群体的信息转发意愿如何影响个体的转发意愿？

同样地，根据社会影响的三种类型对群体转发意愿对个体转发意愿影响这个问题提出了如下三个假设：

H2a：在社会化媒体中，人们在决定是否转发这条信息时，只有当信息有争议时才会考虑群体的分享意愿。

H2b：在社会化媒体中，人们在决定是否转发这条信息时，无论信息是正确的、虚假的还是有争议的，都会去参考群体的分享意愿。

H2c：在社会化媒体中，人们在决定是否转发这条信息时，会选择违背群体的转发意愿。

（一）实验设计

实验设计的基本思路是在社会化媒体上搜寻若干热门话题（Topic）信息，这些话题信息可能包含真实信息、有争议信息和虚假信息。首先，请专业人员对这三类信息的真假判断形成群体意见（如对于某一个话题，认为其是真实信息的百分比、愿意转发这条信息的百分比）；其次，将在社会化媒体用户中随机抽选的志愿者分成若干组，向他们展示同一批的三类话题信息，用是否展示专家群体意见为调节变量，选择是否为志愿者展示群体意见；最后，分析群体意见对他们自身对三类话题信息真实性判断的影响程度。

先设计调查问卷，通过社会化媒体平台收集公众关心的话题，然后咨询专业人员确定相关话题是否真实、有争议或者虚假。整理出 40 条真实信息、40 条虚假信息和 40 条有争议的信息共计 120 条，并且将这 120 条信息随机提供给被测试对象。注意到相关话题的选择没有要求一定是非常规突发事件发生后相关的新闻话题，这主要是考虑突发事件发生期间的相关话题非常有时效性，在短时间内容相关领域专业人士或专家也不能判断某一新闻话题是否真实，而随着时间的推移，很多突发事件不实信息被澄清并被公众所知晓，这类话题也就失去了让公众参与测试的价值。但本实验的设计是为了验证"群体意见对个人用户的影响"，不在非常规突发事件背景下讨论也不会影响本实验结果的有效性，具体到在非常规突发事件情形下的结论可能不同的情况，将进行区分分析。

按照对用户一定的要求，共征集到 309 位报名者，其中 235 位按要求完成了测试，被测试者信息的描述性统计如表 3-1 所示。

表 3-1　样本描述性统计分析

名称	类别	数量（人）	百分比（%）
性别	男	120	51.06
	女	115	48.94
年龄	<18 岁	10	4.26
	18~25 岁	87	37.92
	25~35 岁	99	42.13
	35~45 岁	31	13.19
	>45 岁	8	3.40
教育背景	高中以下	12	5.11
	高中	63	26.81
	大专及本科	102	43.40
	硕士及以上	58	24.68

将问卷设计为控制组、实验组 1、实验组 2 三种情形，受试者被分为三个测试组，通过控制是否向其展示专家的群体意见这一变量来研究群体意见对三类话题信息真实性判断的影响程度。用李克特 7 度量表度量相关话题真

实性的判断，其中 1 表示绝对虚假，7 表示绝对正确，中间值表示有争议。同样用李克特 7 度量表度量他们的转发意愿，其中 1 表示非常愿意转发，7 表示不愿意转发，中间值表示不确定。30 个语句依次呈现，每个受试者被随机分配到以下三个实验组中：

控制组：仅展示 30 条信息，不展示专家组的群体意见。

实验组 1：向受试者展示每条信息在控制组中测试出的群体意见，当面对有多种度量值的信息时，取平均数作为群体意见展示。

实验组 2：向受试者展示每条信息在控制组中测试出的相反的结果。

具体如何将控制组中测试出的群体意见展示给实验组 1 和实验组 2 中的受试者如表 3-2 所示。

表 3-2　控制组群体意见展示方式

控制组中的群体意见	使用到实验组 1	使用到实验组 2
1	1	7
2	2	6
3	3	5
4	4	1 或 7
5	5	3
6	6	2
7	7	1

测试结束后，整理控制组中每一份问卷的结果，得出关于"真实性判断"的李克特得分均值，然后根据均值的大小将 30 条信息依次分成 6 个类别：数值最低的 5 条信息为虚假信息，接下来的 5 条信息为较弱—虚假信息，以此规律根据分值接下来的信息依次归为有争议—虚假信息、有争议—真实信息、较弱—真实信息和真实信息。

（二）以真实性判断为变量的实验结果分析

为了探讨群体对信息真实性的判别如何影响个体对信息真实性判断，并验明相关假设，三个测试组中的实验被试者均对六类信息进行了真实性判别，其信息真实性判别的李克特均值如图 3-1 所示，置信区间为 95%。

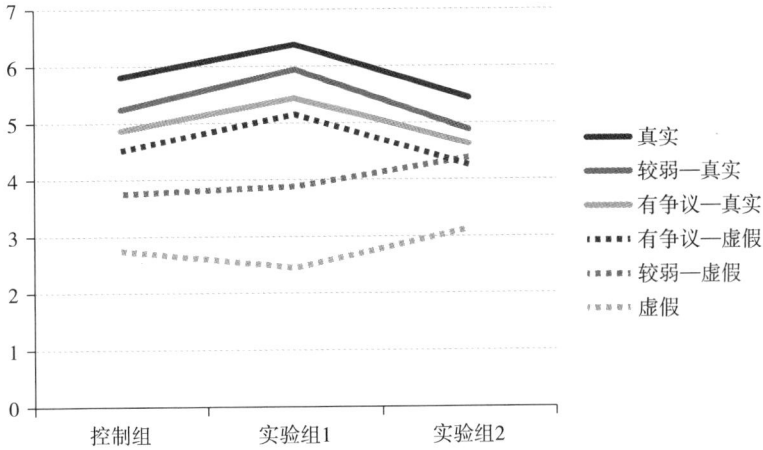

图 3-1 不同测试组对六类信息判别的李克特均值

表 3-3 各类型信息真实性判别的评分值

虚假	较弱—虚假	有争议—虚假	有争议—真实	较弱—真实	真实
3.54	3.94	4.24	4.21	4.57	4.76

再以信息真实判断的六种类型为因子，以实验组为因变量进行方差分析，来分析不同信息真实性判断的类型下，各实验组的判断是否有显著性差异，方差分析结果 F（2，228）= 43.83，p<0.001，评分均值如表 3-4 所示。

表 3-4 不同控制组信息真实性判别的评分

控制组	实验组 1	实验组 2
4.39	4.73	4.26

进一步，我们对每种语句类型中的实验组进行了单因素方差分析，具体分析结果如表 3-5 所示。

表 3-5 六种信息类型不同控制组真实性判断单因素方差分析

虚假	较弱—虚假	有争议—虚假	有争议—真实	较弱—真实	真实
F（2，38）= 13.07 P<0.001	F（2，38）= 3.91 P=0.029	F（2，38）= 29.93 P<0.001	F（2，38）= 30.63 P<0.001	F（2，38）= 52.83 P<0.001	F（2，38）= 46.21 P<0.001

在每种语句类型里，三个实验组都显示出了明显的统计差异。

以上的分析证明：①人们在判断信息真实性时会受到群体意见的影响；②这种群体影响无论是针对真实的、虚假的还是有争议的信息都存在，且影响程度相当。

1. 基于真实性判断为变量的单样本 t 检验

对实验组 1 和实验组 2 中的六个类别分别进行单样本 t 检验，对比数据分析整理得出表 3-6。

表 3-6　实验组 1、实验组 2 信息真实度评分单样本 t 检验

信息类别 实验组	虚假	较弱—虚假	有争议—虚假	有争议—真实	较弱—真实	真实
实验组 1	$t=2.911$ $p<0.009$	$t=-0.203$ $p=0.841$	$t=-4.544$ $p<0.001$	$t=-4.260$ $p<0.001$	$t=-6.157$ $p<0.001$	$t=-5.509$ $p<0.006$
实验组 2	$t=-2.412$ $p<0.027$	$T=-3.426$ $P<0.003$	$t=2.526$ $p<0.021$	$t=2.832$ $p<0.011$	$t=4.069$ $p<0.001$	$t=3.780$ $p<0.001$

由表 3-6 中的数据可知，无论是在实验组 1 的控制条件下还是在实验组 2 的控制条件下，各种类型信息的真实性判断都与控制组的真实性判断有显著性差异，其中实验组 1 中对于较弱—虚假类信息的判别受群体意见的影响较小。因此，t 检验验证了假设 H1b，即在社会化媒体中，人们在判断信息的真实性时，无论信息是正确的、虚假的还是有争议的，都会去参考群体的意见。

2. 不同信息类别的影响程度分析

将最初的 120 条信息进行分类，评分最低的 40 条为虚假信息，接下来的 40 条为有争议的信息，评分最高的 40 条为真实信息，根据每条信息的真实性判断均值，来分析不同类别信息对公众的影响程度。影响程度定义为实验组中对应信息类型的评分减去控制组中对应信息类型的评分，如图 3-2 所示。

3. 三组实验组之间的相关性分析

通过相关性分析我们发现，实验组 1 与控制组成高度的正相关关系，$r(38)=96$，$p<0.001$；实验组 2 与控制组成负相关关系，$r(38)=-0.54$，$p<0.001$。

实验组1

虚假信息

实验组2

虚假信息

有争议信息

有争议信息

真实信息

真实信息

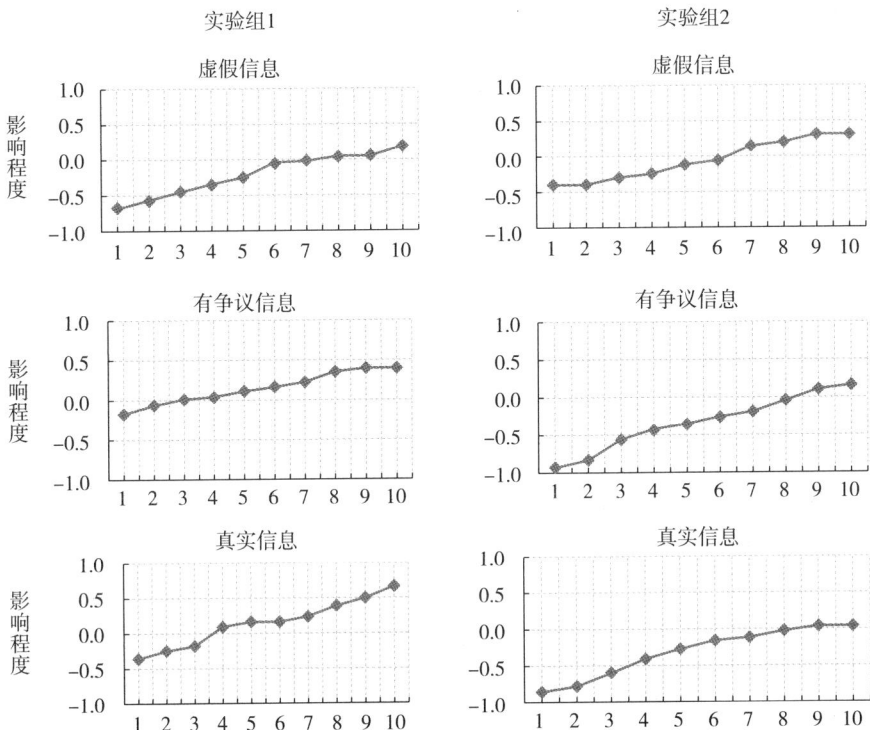

图 3-2　不同信息类别下真实性判断的影响程度

综上所述，从以真实性判断为变量的实验（实验 1）我们得出了如下结论：①当人们在社交媒体上对一则信息做出真实性判断时，无论信息是真实、虚假还是有争议，他们都倾向于参考群体的意见。②在社会化媒体中，人们不仅会参考群体意见，还有可能产生与已有群体意见不同的新观点。③从相关性分析发现，即使在实验组 2 中，人们没有完全参考经过反转的群体意见，但这还是影响了他们的判断，将他们的判断拉向了所接收到的观点一方。

（三）以转发概率为变量的实验结果分析

本实验设计的基本思路与上一个实验相同，在这里我们用李克特 7 度量表度量各实验组用户对一条信息的转发意愿。分别求出三个测试组中转发意愿的李克特均值如图 3-3 所示，置信区间为 95%。

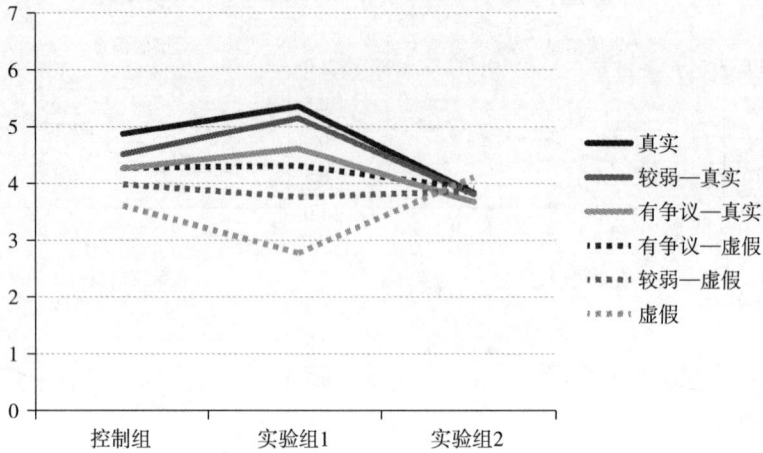

图 3-3 不同测试组对六类信息转发意愿的李克特均值

结果发现，①在控制组和实验组 1 中的受测试者更愿意转发他们认为真实的信息，同时通过对实验一和实验二的相关性分析发现：在控制组中，受测试者对真实性的判断和他们对这条信息的转发意愿存在正相关关系 [r(38)=0.65，p<0.001]；在实验组 1 中，受测试者对真实性的判断和他们对这条信息的转发意愿也存在着正相关关系 [r(38)=0.67，p<0.001]。这一检验结果证明人们更愿意转发他们认为正确的信息。②在实验组 2 中，当人们接收到了与真实转发意愿相反的群体意见时，他们选择接受了这样的意见，这种现象在真实和虚假两类信息中尤为明显，而对于那些争议信息则没有表现出较大的区别。

1. 基于转发意愿为变量的方差分析

首先以实验组为因子，以信息真实性判断的六种类型为因变量进行方差分析，来分析不同实验组下，被测试者对信息的转发意愿是否有显著性差异。方差分析结果为 F(5,114)=19.93，p<0.001，具体三个实验组的转发意愿方差分析如表 3-7 所示。

表 3-7 各类型信息转发意愿的评分

虚假	较弱—虚假	有争议—虚假	有争议—真实	较弱—真实	真实
3.54	3.94	4.24	4.21	4.57	4.76

再以信息真实判断的六种类型为因子，以实验组为因变量进行方差分析，来分析不同信息真实性判断的类型下，各实验组的转发意愿是否有显著性差异。方差分析结果为 $F(2, 228) = 13.45$，$p < 0.001$，评分均值如表3-8所示。

表3-8　不同控制组信息转发意愿的评分

控制组	实验组1	实验组2
4.27	4.39	3.96

进一步，基于受测试者对信息的转发意愿，我们对六种信息类型的社会影响进行了单因素方差分析，具体分析结果如表3-9所示。

表3-9　六种信息类型不同控制组转发意愿单因素方差分析

虚假	较弱—虚假	有争议—虚假	有争议—真实	较弱—真实	真实
$F(2, 38) = 14.78$ $P < 0.001$	$F(2, 38) = 0.30$ $P = 0.742$	$F(2, 38) = 8.81$ $P < 0.001$	$F(2, 38) = 1.31$ $P = 0.283$	$F(2, 38) = 63.49$ $P < 0.001$	$F(2, 38) = 65.94$ $P < 0.001$

由表3-9可以看出，虚假类、有争议—虚假、较弱—真实和真实这四类信息的转发意愿有显著性差异，而较弱—虚假和有争议—真实这两类信息在转发意愿上的统计数据无明显差异。

2. 基于转发意愿为变量的单样本t检验

分别对实验组1和实验组2中的六个信息类别进行单样本t检验，对比数据分析整理得出表3-10。

表3-10　实验组1、实验组2信息转发意愿评分单样本t检验

信息类别 / 实验组	虚假	较弱—虚假	有争议—虚假	有争议—真实	较弱—真实	真实
实验组1	$t = 4.122$ $p < 0.001$	$t = -1.294$ $p = 0.211$	$t = -2.458$ $p < 0.024$	$t = -0.153$ $p < 0.882$	$t = -6.721$ $p < 0.001$	$t = -5.488$ $p < 0.001$
实验组2	$t = -3.053$ $p < 0.007$	$t = 0.259$ $P = 0.798$	$t = 2.887$ $p < 0.009$	$t = 1.964$ $P = 0.064$	$t = 4.936$ $p < 0.001$	$t = 7.011$ $p < 0.001$

由表 3-10 可知，无论是在实验组 1 的控制条件下还是在实验组 2 的控制条件下，各种类型信息的转发意愿都与控制组的转发意愿有显著性差异，其中对于较弱—虚假类信息和有争议—真实类信息的影响较小。

3. 不同信息类别的社会影响程度分析

将最初的 120 条信息进行分类，评分最低的 40 条为虚假信息，接下来的 40 条为有争议的信息，评分最高的 40 条为真实信息，根据每条信息的转发意愿均值，分析不同类型（真实的、虚假的和有争议的）信息对公众的影响程度，影响程度为实验组中对应信息类型（真实的、虚假的和有争议的）的转发意愿评分减去控制组中对应信息类型的评分，如图 3-4 所示。

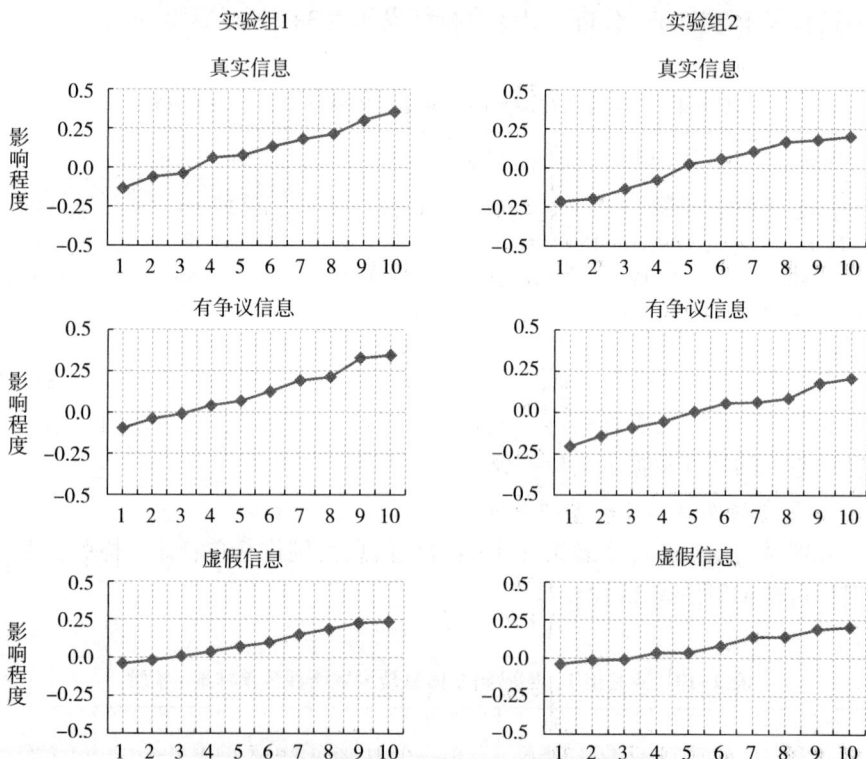

图 3-4　不同信息类别下转发行为的影响程度

由图 3-4 可知，群体关于转发意愿的社会影响在所有信息类型中都产生了。

4. 三个实验组的相关性分析

通过相关性分析发现，在实验组 1 中，人们的转发意愿与控制组中的转发意愿成正相关关系，$r(38) = 0.95$，$p<0.001$；在实验组 2 中，人们的转发意愿与控制组也呈正相关关系，$r(38) = 0.59$，$p<0.001$。从相关性分析可以看出，人们在决定是否转发时更愿意参考群体的意见。

综上所述，关于群体的转发意愿是否会影响个体转发的实验，我们得出如下结论：①在社会化媒体中，无论信息是真实的、虚假的还是有争议的，个体在决定是否转发时都会参考群体的意见；②人们更愿意去转发他们认为真实的信息；③在判断信息真实性和决定是否转发两种情况下，个体在决定是否转发时更倾向于参考群体的意见。

（四）结论与启示

本部分设置了一个实验，测试在社会化媒体环境中，群体意见通过社会影响对个体关于不同类型信息（真实的、虚假的和有争议的）真实性判断和转发意愿的影响，为后续提出社会化媒体不实信息传播群体干预模式提供参考。

在实验组 1 和实验组 2 中，个体在判断信息真实性和确定是否转发时都会参考群体的意见，但对于有争议的信息，群体意见对个体的影响对比真实信息和虚假信息这两种类型的影响更大。研究还显示，在对信息真实性判断和转发意愿中，公众不会为了显示自己的与众不同而刻意表现出与群体不同的行为。总之，在社会化媒体环境下，群体意见对个体在信息真实性判断和转发意愿方面都有较大的影响。研究发现，在没有群体意见参考的情况下，人们更愿意转发他们认为是真实的信息，而不愿意转发他们认为是虚假的信息。

从应用方面来看，可以至少得到以下两个启示：

首先，在社会化媒体环境下，向个体展示真实的群体观点会降低虚假信息的传播意愿，并同时提升个体传播真实信息的意愿。

其次，由于实验研究发现人们在转发有争议的信息时，群体意见对个体的影响尤为明显，因此非常规突发事件中出现大量的不确定信息时，可以通过展示群体较低的分享意愿来降低人们的转发行为，以干预不确定信息的传播。

对这些问题的考虑将在后续提出的群体干预模式中得到体现。

二、社会化媒体不实信息的自净化机制

根据上文的分析，在社会化媒体环境下，群体意见对个体在信息真实性判断和转发意愿方面都有较大的影响，对于这一问题客观规律的认识有助于了解群体意见在社会化媒体信息传播中的重要影响力，但这种影响力能实现社会化媒体平台不实信息的自净化吗？根据设想，不实信息在社会化媒体中传播的同时，随着大量用户自发地讨论、质疑、互补、纠错以及相关权威信息的发布与传播，事实得以彰显，虚假信息的影响力逐渐下降，并最终失去生命力，社会化媒体不实信息实现自净化。

目前关于社会化媒体不实信息自净化机制的相关研究大多是定性或案例研究，缺乏科学系统的定量分析，其复杂作用的演变过程暂时未能得到很好的刻画和描述，使决策者难以采用适当的策略，让这种自净化机制在应对社会化媒体不实信息传播上发挥其应有的作用。鉴于此，本部分在讨论虚假信息传播经典的 SIR 模型的基础上，引入净化者（Purifier）这一角色，构建考虑自净化机制的不实信息传播模型，并进行模拟仿真，以更好地理解社会化媒体不实信息自净化机制的作用机理，为后续利用这种机制提出群体干预模式应对社会化媒体不实信息传播提供思路。

（一）自净化机制模型构建

本部分构建的模型仍然基于经典的 SIR 模型。假设信息是在一个封闭的存在 N 个节点（总数不变）的混合均匀网络中传播，每个节点代表一个用户，信息为有向传播。信息传播示意图如图 3-5 所示，网络中用户分为无知者（Ignorant）、传播者（Spreader）、潜在净化者（Potential Purifier）、免疫者（Removal）、净化者（Purifier）五类。本部分通过免疫者最终密度衡量虚假信息传播的影响力，自净化过程中虚假信息传播遵守以下规则。

（1）当一个无知者遇到一个传播者时，若无知者相信并传播虚假信息，则以 λ 的概率转变为传播者；若无知者因个人认知水平等原因察觉了虚假信息或产生质疑，则以 γ 的概率转变为潜在虚假信息净化者；若无知者对虚假信息不感兴趣，则以 η 的概率转变为免疫者，$\lambda+\gamma+\eta=1$ 成立。

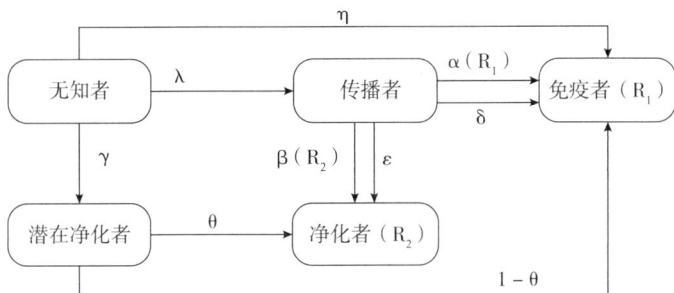

图 3-5　考虑自净化机制的虚假信息传播模型

（2）当一个潜在虚假信息净化者愿意辟谣时，则以 θ 的概率转变为虚假信息净化者，通过 θ 的取值来衡量潜在虚假信息净化者参与辟谣的意愿度；若潜在虚假信息净化者不愿意花费时间和精力来辟谣，则以 1-θ 的概率转变为免疫者。θ 受很多因素影响，如网络环境、虚假信息类型、社会化媒体平台是否提供激励机制和方便有效的净化手段等。

（3）当一个传播者遇到一个免疫者时，则以 α 的概率转变为免疫者；若因传播者自身对虚假信息遗忘、不感兴趣或注意力转移，则以 δ 的比率转变为免疫者。由于社会化媒体信息更新的快速性，遗忘机制对虚假信息传播的影响也很明显。

（4）社会化媒体环境下，当传播者传播信息后，其朋友圈会出现各种评论，如果传播者通过查看这些评论，意识到其传播的可能是虚假信息，则可能会转变为虚假信息净化者，不妨设概率为 ε；传播者除了传播虚假信息，也会传播举证和质疑信息，当其遇到一个净化者，若传播者愿意传播净化者的反驳和质疑信息，则可能转变为事实上的净化者，不妨设概率为 β，β 的取值可用来衡量净化者对传播者的影响力；若传播者并不相信虚假信息净化者，则仍处于传播虚假信息的状态。

需要说明的是，模型中 ε 和 β 两个参数的实际含义有较大不同，如在微博或微信平台上，其中 ε 是由关注自己的用户决定的，而 β 是由被自己关注的用户决定的，一般而言，自己关注的用户对其的影响会超过关注自己的用户对其的影响。

（5）虚假信息在传播过程中，不考虑社会化媒体用户的增加与减少。$I(t)$、$I'(t)$、$S(t)$、$R_1(t)$、$R_2(t)$ 分别表示无知者、潜在虚假信息净化者、传播者、免疫者、虚假信息净化者在 t 时刻的密度，$I(t)+I'(t)+S(t)+R_1(t)+R_2(t)=1$。构建平均场方程如下：

$$\frac{dI(t)}{dt}=-(\lambda+\gamma+\eta)<k>I(t)S(t) \tag{3-1}$$

$$\frac{dS(t)}{dt}=\lambda<k>I(t)S(t)-\beta<k>S(t)R_2(t)-\alpha<k>S(t)R_1(t)-\delta S(t)-\varepsilon S(t) \tag{3-2}$$

$$\frac{dR_1(t)}{dt}=\eta<k>I(t)S(t)+\alpha<k>S(t)R_1(t)+\delta S(t)+(1-\theta)I'(t) \tag{3-3}$$

$$\frac{dR_2(t)}{dt}=\beta<k>S(t)R_2(t)+\varepsilon S(t)+\theta I'(t) \tag{3-4}$$

$$\frac{dI'(t)}{dt}=\gamma<k>S(t)I(t)-I'(t) \tag{3-5}$$

式中，<k>为网络平均度。假设 $N=10^6$，初始状态只有一个传播者，即 $I(0)=\frac{10^6-1}{10^6}$，$S(0)=\frac{1}{10^6}$，$R_2(0)=R_1(0)=I'(t)=0$。信息终止传播时，网络中传播者密度为零，剩下免疫者、净化者以及少量的无知者，达到稳定状态。

$$\frac{dR_1(t)}{dI(t)}=\frac{\eta<k>I(t)S(t)+\alpha<k>S(t)R_1(t)+(1-\theta)\gamma<k>I(t)S(t)+\delta S(t)}{-<k>I(t)S(t)}$$

$$=-\eta-(1-\theta)\gamma-\frac{\alpha<k>R_1(t)+\delta}{<k>I(t)}$$

令 $R_1(t)=y$，$I(t)=x$，则 $\frac{dy}{dx}=-\eta-(1-\theta)\gamma-\frac{\alpha<k>y+\delta}{<k>x}$

令 $u=\frac{\alpha<k>y+\delta}{<k>x}$，则 $dy=\frac{1}{\alpha}(udx+xdu)$

$$\Rightarrow\frac{dy}{dx}=-\eta-(1-\theta)\gamma-u=\frac{1}{\alpha}\left(\frac{udx+xdu}{dx}\right)$$

$$\Rightarrow\frac{dx}{x}=-\frac{1}{\alpha+1}\frac{d(\alpha u+u+\alpha\eta+\alpha(1-\theta)\gamma)}{(\alpha u+u+\alpha\eta+\alpha(1-\theta)\gamma)}$$

$$\Rightarrow\ln C_1 x=-\frac{1}{\alpha+1}\ln(\alpha u+u+\alpha\eta+\alpha(1-\theta)\gamma)$$

$$\Rightarrow C_2 x^{-(\alpha+1)}=\alpha u+u+\alpha\eta+\alpha(1-\theta)\gamma>0$$

$$\Rightarrow R_1(t)=\dfrac{C_2 I(t)^{-\alpha}-[\alpha\eta+\alpha(1-\theta)\gamma]I(t)}{\alpha(\alpha+1)}-\dfrac{\delta}{\alpha<k>}$$

又在 $t=0$，$I(0)\approx1$，$R_1(0)=0$，则 $0=\dfrac{C_2-[\alpha\eta+\alpha(1-\theta)\gamma]}{\alpha(\alpha+1)}-\dfrac{\delta}{\alpha<k>}$

$$\Rightarrow C_2=\alpha\eta+\alpha(1-\theta)\gamma+\dfrac{\delta(\alpha+1)}{<k>}>0$$

$$\dfrac{dR_2(t)}{dI(t)}=\dfrac{\theta\gamma<k>I(t)S(t)+\beta<k>S(t)R_2(t)+\varepsilon S(t)}{-<k>I(t)S(t)}=-\theta\gamma-\dfrac{\beta<k>R_2(t)+\varepsilon}{<k>I(t)}$$

令 $R_2(t)=z$，则 $\dfrac{dz}{dx}=-\theta\gamma-\dfrac{\beta<k>z+\varepsilon}{<k>x}$

令 $m=\dfrac{\beta<k>z+\varepsilon}{<k>x}$，则 $dz=\dfrac{1}{\beta}(mdx+xdm)$

$$\Rightarrow \dfrac{dz}{dx}=-\theta\gamma-m=\dfrac{1}{\beta}\left(\dfrac{mdx+xdm}{dx}\right)$$

$$\Rightarrow \dfrac{dx}{x}=-\dfrac{1}{\beta+1}\dfrac{d(\beta\gamma\theta+m+m\beta)}{\beta\gamma\theta+m+m\beta}$$

$$\Rightarrow \ln C_3 x=-\dfrac{1}{\beta+1}\ln(\beta\gamma\theta+m+m\beta)$$

$$\Rightarrow C_4 x^{-(\beta+1)}=\beta\gamma\theta+m+m\beta>0$$

$$\Rightarrow R_2(t)=\dfrac{C_4 x^{-\beta}-\beta\gamma\theta x}{\beta(\beta+1)}-\dfrac{\varepsilon}{\beta<k>}$$

又在 $t=0$，$I(0)\approx1$，$R_2(0)=0$，则 $\dfrac{C_4-\beta\gamma\theta}{\beta(\beta+1)}-\dfrac{\varepsilon}{\beta<k>}=0$

$$\Rightarrow C_4=\dfrac{\varepsilon(\beta+1)}{<k>}+\beta\gamma\theta>0$$

假设传播结束时，无知者的密度 $I=I(\infty)=\lim\limits_{t\to\infty}I(t)$，知谣者的密度用 R 表示，$R=R_1(\infty)+R_2(\infty)=\lim\limits_{t\to\infty}R_1(t)+\lim\limits_{t\to\infty}R_2(t)$，有以下等式成立：

$$I=\lim_{t\to\infty}I(t)=1-\lim_{t\to\infty}R(t)=1-\lim_{t\to\infty}R_1(t)-\lim_{t\to\infty}R_2(t)$$

$$\therefore R=\dfrac{C_2(1-R)^{-\alpha}-[\alpha\eta+\alpha(1-\theta)\gamma](1-R)}{\alpha(\alpha+1)}-\dfrac{\delta}{\alpha<k>}+\dfrac{C_4(1-R)^{-\beta}-\beta\gamma\theta(1-R)}{\beta(\beta+1)}-\dfrac{\varepsilon}{\beta<k>}$$

设函数

$$f(R)=R-\dfrac{C_2(1-R)^{-\alpha}-[\alpha\eta+\alpha(1-\theta)\gamma](1-R)}{\alpha(\alpha+1)}+\dfrac{\delta}{\alpha<k>}-\dfrac{C_4(1-R)^{-\beta}-\beta\gamma\theta(1-R)}{\beta(\beta+1)}+\dfrac{\varepsilon}{\beta<k>}$$

对函数 f（R）求关于 R 的一阶导数和二阶导数可得：

$$f'(R)=1-\frac{C_2(1-R)^{-(\alpha+1)}+\eta+(1-\theta)\gamma}{\alpha+1}-\frac{C_4(1-R)^{-(\beta+1)}+\theta\gamma}{\beta+1}$$

$$f''(R)=-C_2(1-R)^{-(\alpha+2)}-C_4(1-R)^{-(\beta+2)}<0$$

又有：

$$f(0)=0-\frac{C_2-\alpha\eta-\alpha(1-\theta)\gamma}{\alpha(\alpha+1)}+\frac{\delta}{\alpha<k>}-\frac{C_4-\beta\gamma\theta}{\beta(\beta+1)}+\frac{\varepsilon}{\beta<k>}=0$$

$$f'(0)=1-\frac{C_2+\eta+(1-\theta)\gamma}{\alpha+1}-\frac{C_4-\theta\gamma}{\beta+1}=1-\eta-\gamma-\frac{\delta+\varepsilon}{<k>}=\lambda-\frac{\delta+\varepsilon}{<k>}$$

则：

$$\lim_{R\to1-}f(R)=\frac{\delta}{\alpha<k>}+\frac{\varepsilon}{\beta<k>}+R-\lim_{R\to1-}\frac{C_2(1-R)^{-\alpha}-[\alpha\eta+\alpha(1-\theta)\gamma](1-R)}{\alpha(\alpha+1)}-$$

$$\lim_{R\to1-}\frac{C_4(1-R)^{-\beta}-\beta\gamma\theta(1-R)}{\beta(\beta+1)}$$

$$=\frac{\delta}{\alpha<k>}+\frac{\varepsilon}{\beta<k>}+1-\infty-\infty=-\infty<0$$

所以，当 f'(0)>0 即 λ>(δ+ε)/(<k>)时，在（0,1）区域内存在一个非零解 R^*，使 $f(R^*)=0$，即 λc=(δ+ε)/(<k>) 为社会化媒体虚假信息自净化传播模型中虚假信息的传播阈值。

（二）模型的模拟仿真

下面分析了解真相用户辟谣的意愿、虚假信息净化者的影响力以及网络环境等对社会化媒体虚假信息自净化机制的影响。假设 $N=10^6$，初始状态时传播者只有一个，即 $I(0)=\frac{10^6-1}{10^6}$，$S(0)=\frac{1}{10^6}$，$R_2(0)=R_1(0)=I'(0)=0$。

在 λ=0.4，γ=0.5，η=0.1，β=0.3，α=0.2，<k>=10，δ=0.2，ε=0.1，θ=0.7 时网络中传播者、无知者、免疫者、净化者、潜在净化者五类人群密度随时间的变化趋势如图3-6所示。虚假信息在传播过程中，传播者密度和潜在净化者密度先增大，达到最大值后开始减小，最后为零；在用户辨识、质疑信息的能力和辟谣的积极性都很高，即 γ、θ 取值较大时，通过对比传播者和潜在净化者的密度曲线可知，反驳虚假信息的人群力量在很短时间内就超过了传播虚假信息的人群力量；虚假信息传播结束时，虚假信息净化者人群密度远大于免疫者密度，并且还有相当一部分无知者，使虚假信息在小范围内传播了很短一段时间就失去生命力。仿真结果表明，当满足一定条件时，社会化媒体虚假信息可以实现自净化。

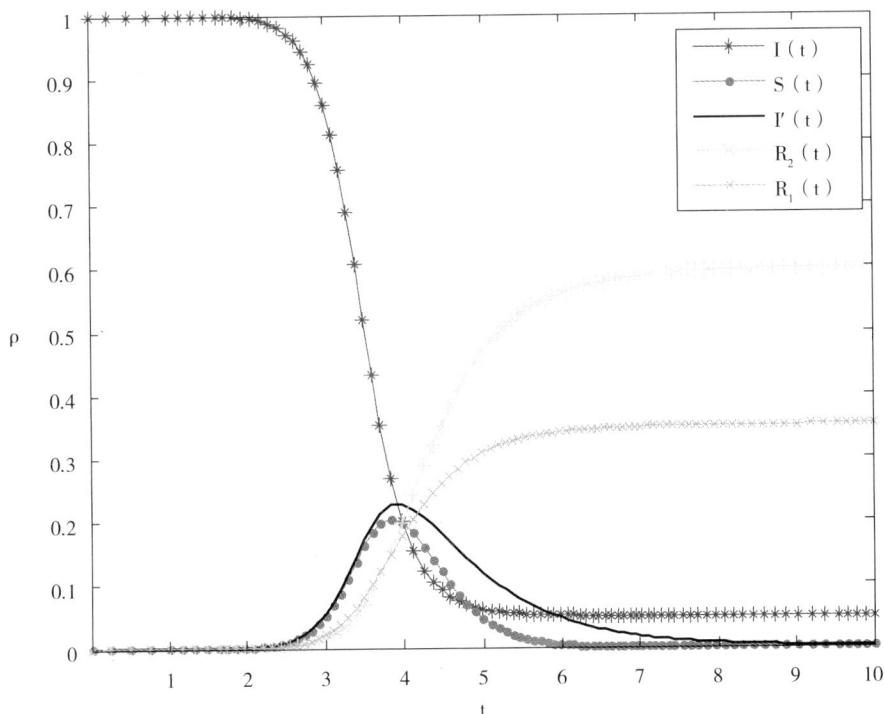

图3-6　人群密度随时间变化趋势

首先考虑潜在净化者参与净化的意愿参数 θ 自净化效果带来的影响。在 λ=0.5、γ=0.4、η=0.1、β=0.3、α=0.2、<k>=10、δ=0.1、ε=0.1 时网络中传播者（S）、虚假信息净化者（R_2）、免疫者（R_1）三类人群的密度随时间的变化如图3-7所示。仿真结果表明：随着潜在净化者参与纠正的意愿增大，传播者密度峰值有一定幅度的降低，免疫者密度有大幅度降低，虚假信息净化者人群密度有大幅度增加，θ 对社会化媒体虚假信息自净化的最终效果有重要影响。

其次考虑净化者影响力参数 β 对自净化结果的影响。在 λ=0.6、

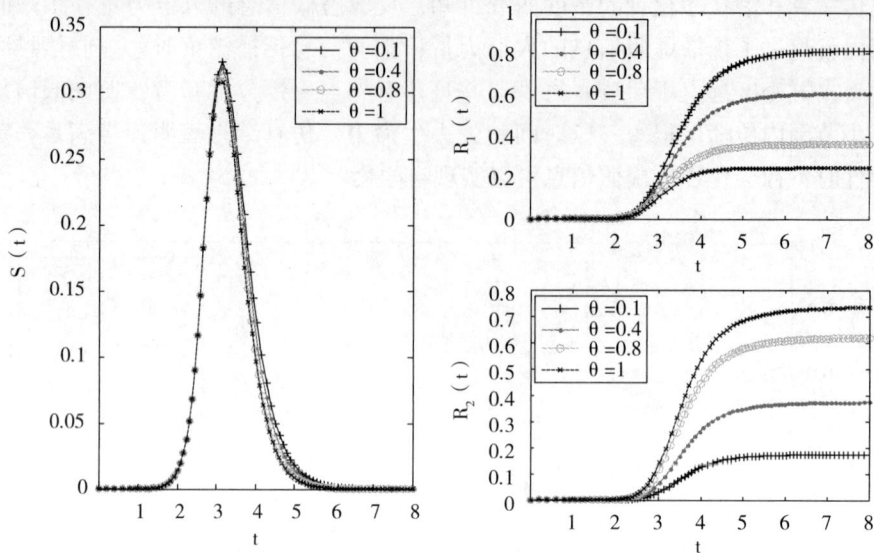

图 3-7　不同 θ 值下人群密度随时间变化趋势

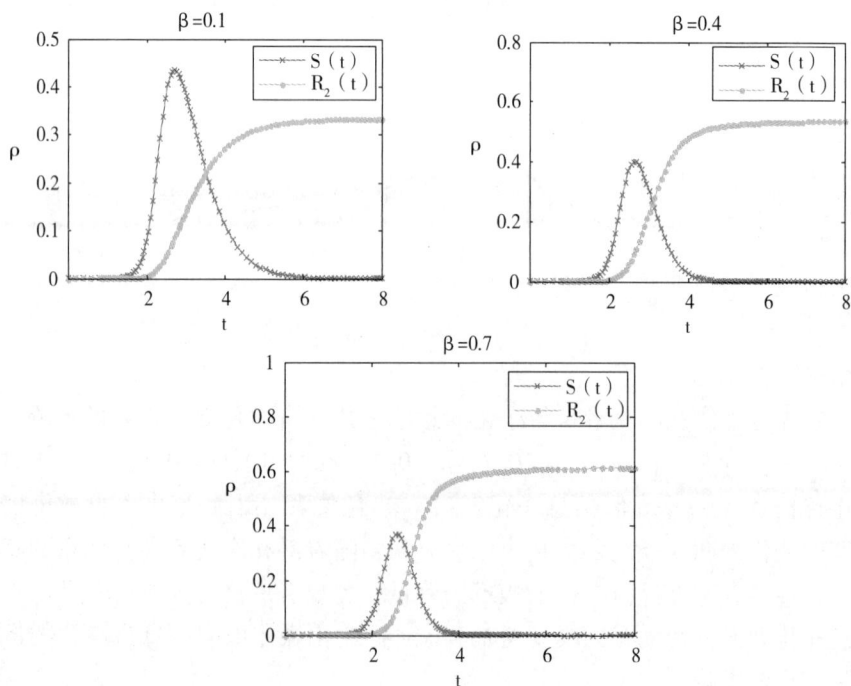

图 3-8　不同 β 值下传播者及净化者人群密度随时间变化趋势

$\gamma=0.3$、$\eta=0.1$、$\alpha=0.2$、$\varepsilon=0.1$、$\theta=0.6$、$<k>=10$、$\delta=0.1$ 时，由图 3-8 可知，随着虚假信息净化者影响力的增大，虚假信息传播的时间在逐渐缩短。在净化主体影响力较小时，传播者密度峰值远大于净化者密度峰值，虚假信息大范围传播，传播时间较长，社会化媒体虚假信息的自净化很难实现，即使此时用户参与辟谣的积极性较高（$\theta=0.6$）。仿真结果表明，净化者影响力参数 β 对自净化结果有显著影响。

最后考虑社会化媒体朋友圈对传播者的影响参数 ε 对自净化结果的影响。在 $\lambda=0.6$、$\gamma=0.3$、$\eta=0.1$、$\alpha=0.2$、$\beta=0.4$、$\theta=0.4$、$<k>=10$、$\delta=0.1$ 时，由图 3-9 可知，在环境影响力较小时，净化者力量不及传播者，社会化媒体虚假信息无法自净化；随着网络环境影响力的增大，虚假信息传播结束时，虚假信息净化者密度最大值不断增大，免疫者密度最大值不断减小，此时虽然净化者力量大于传播者，但差距并不大。仿真结果表明，ε 的改变对虚假信息自净化效果影响不太明显。

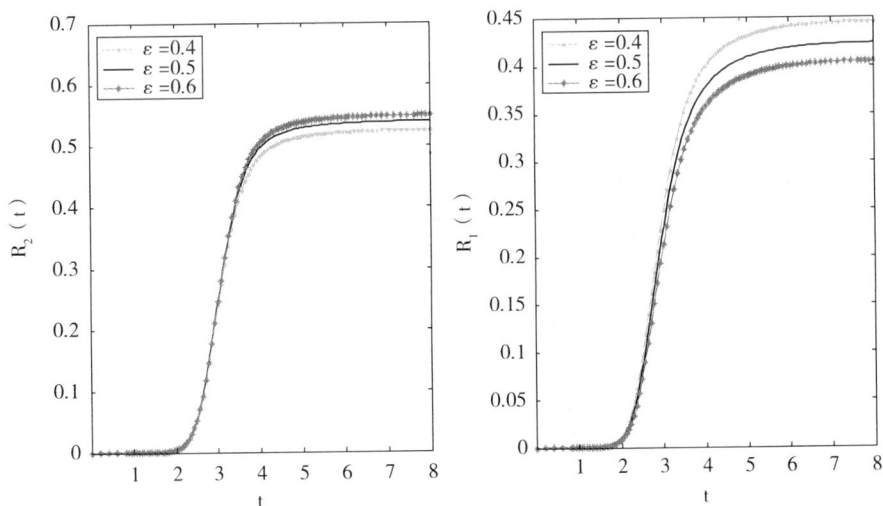

图 3-9　不同 ε 值下传播者、免疫者及净化者人群密度随时间变化趋势

（三）结论与启示

根据本部分构建的模型及对模型的模拟仿真可知，社会化媒体虚假信息有自净化的可能，其效果决定于用户的辨别能力、批判性思维习惯、潜在净化者的净化参与意愿及其影响力等。针对社会化媒体虚假信息传播的应对策

略，很多研究都提出了类似的建议，如提升网民对虚假信息的免疫能力、鼓励意见领袖参与辟谣等。这些建议对本部分的研究同样适合，考虑本部分的研究主题，融合以上研究结论，针对社会化媒体平台提出更多建议。

首先，增加潜在净化者的相对人数，即增大模型中的 γ。本部分提出的潜在净化者不仅包括反驳者，还包括所有对虚假信息提出质疑的人，虽然具备对一条虚假信息直接反驳的能力的人相对较少，很多研究开始讨论虚假信息具有一定的特征，如基于用户的特征、基于来源的特征和基于内容的特征等。如果社会化媒体在其平台上显著的位置提供这些知识信息，让用户有能力认识到哪些消息可能是虚假信息，将会帮助更多的用户成为潜在净化者。

其次，让更多的潜在净化者成为真正的净化者，即采取策略增大模型中的 θ。影响潜在净化者成为真正净化者的因素很多，类似的研究如讨论社会化媒体用户是否愿意转发信息的影响因素，如易用性（Ease of use）、利他主义（Altruism）和提高个人声誉（Reputation）等。建议社会化媒体平台管理者让平台提供一些激励机制（如新浪微博的"打赏"机制），或提高用户界面的易用性，让潜在净化者更加愿意和容易及时发出与虚假信息相矛盾的证据或质疑信息。

再次，增加净化者在辟谣过程中的影响力，即增大模型中的 β，同时也尽可能增大 ε。在很多社会化媒体平台中，一则消息只能出现"关注"了的人的评论（如微博），但由于一个人的社交圈具有同质性，这减小了其在自己社交圈中发现反对意见的概率，这也是模型中 ε 通常对自净化效果影响有限的原因之一。因此，社会化媒体平台有选择地提供一些信息，鼓励用户更多地关注权威用户是部分解决这一问题的一个策略，社会化媒体中有影响力的净化者一般"关注者"会比较多，评论也会很多，一些重要的信息容易被忽略，因此，建议社会化媒体平台对内容相似的评论进行聚类，尽可能多地出现不同的观点，这会提高净化者影响用户的概率。

最后，更好地利用社会化媒体用户的群体智慧。社会化媒体的一个非常有用的功能是能够收集和展示群体观点，而个体可以从群体观点中学习并获取其不了解的知识。在应对社会化媒体虚假信息的过程中，更好地利用群体智慧对模型中的四个参数 γ、θ、β 和 ε 形成正向影响，如鼓励用户进行批判性思考是应对虚假信息的一种策略，利用少数具备这种能力形成的群体智慧可以让更多的人成为潜在的虚假信息净化者；同样，加强群体间的信息共享和协同，更好地形成和利用群体智慧可以让虚假信息净化者的影响力变得更大。

三、社会化媒体不实信息群体干预模式的提出

在完成了一系列的准备工作后，本部分将提出本书探讨的"群体干预"模式。

(一)"群体干预"的界定和内涵分析

本书将社会化媒体不实信息"群体干预"定义为：基于群体智慧思想，依靠社会化媒体用户的群体互动，充分利用、挖掘和优化社会化媒体平台已有功能及机制，借助众包方法，通过单干、协作和竞争的形式，实现对不实信息的快速举证、纠偏、反驳和质疑，并将由此形成的群体智慧对其他群体成员进行有效展示，使纠偏信息广泛传播，虚假信息得到抑制，争议信息得到理性思考和质疑。

关于这个定义，有以下内涵：

第一，群体干预的核心思想包括两个方面：一方面是更好地生成群体智慧；另一方面是向用户个体更好地传播和展现群体智慧。本书这一核心思想跟前人的研究有所不同，非常规突发事件背景下，难以证实的信息在短时间爆发，在任何个体和官方结构都难以干预的情况下，鼓励利用社会化媒体平台生成的群体智慧去干预不实信息的传播。社会化媒体平台通过既有的功能和机制能够形成和传播群体智慧，本章前文已经说明了群体智慧能够干预不实信息的传播，那么，当本书正式提出"群体干预"的概念后，研究的关注点将集中到两个问题：如何更好地产生群体智慧？如何更好地传播和展现群体智慧？

第二，不实信息不一定是虚假信息或谣言，其可能是真实信息或包含一定的真实信息，考虑到非常规突发事件发生后，公众会非常渴求相关事件的消息，这些未经证实信息的传播在一定程度上能缓解公众的焦虑心理。因此，本书把群体干预的目标定义为"应对"或"干预"不实信息的传播，而不是"阻止""抑制"或"消灭"不实信息的传播。这里的"应对"或"干预"包含两层含义：一是让"不实信息"中的真实信息部分变得更加清晰，并努力使其广泛传播；二是抑制"不实信息"中的虚假和谣言信息，尽可能快速

降低其传播的广度和深度。而对于"不实信息"中一时难辨真假的"争议信息"，则在传播中增加群体的理性思考和质疑，在满足公众信息需求的同时尽力降低其不利影响。

第三，基于上一条的考虑，本书的研究目标不仅仅是"干预不实信息传播"，而且兼顾在非常规突发事件应急中鼓励应用社会化媒体作为应急工具积极的一面，如鼓励其作为提供预警、信息收集、信息共享的重要平台。这与前人的研究有较大的不同，在前人的众多研究中，把研究对象定义成"不实信息"的比较少，大部分都是讨论如何抑制和减少"谣言"的传播，较少考虑到非常规突发事件中公众对信息的渴求和社会化媒体本身在突发事件应急中的重要作用。

第四，本书提出的"群体干预"中的"群体"的含义。前人的大部分研究把一般公众当成信息传播的被动角色，强调政府、应急机构、社会化媒体平台针对不实信息的传播采取积极措施，本书把一般社会化媒体用户作为"应对不实信息传播"的主动角色。虽然本书定义的"群体"侧重于强调一般社会化媒体用户和公众的参与，但仍然包含政府、应急机构、社会化媒体平台，如社会化媒体平台中活跃的传统媒体、社会化媒体中的政府信息发布平台、社会化辟谣平台等，他们与一般公众有效协作，帮助公众形成"群体智慧"并有效应对不实信息传播。因此，在后面的讨论中，在需要进行区分讨论时，我们将一般公众的群体参与和政府应急结构、社会化媒体平台作为"群体用户"参与"群体干预"分开来进行分析。

第五，从上面的定义可以看出，本书提出的"群体干预"是要更好地应用群体在应对不实信息传播中的积极因素，同时还要避免群体在不实信息传播中的消极因素（如群体极化、群体迷思等）。需要解决两个核心问题：一是在非常规突发事件社会化媒体环境下，如何发掘和验证群体智慧中能够应对不实信息传播的"基因"；二是讨论一种模式能系统整合这些"基因"以实现群体干预的目标，并避免群体互动的消极因素对干预目标的影响。为了回答这两个重要问题，下文在简单讨论群体干预在应对社会化媒体不实信息传播中的优势后，将提出一个概念框架，将这两个问题整合到这个框架中并分成四个核心要素进行深入讨论，最后讨论群体互动负面因素对群体干预目标的影响。

（二）群体干预模式的实现模型

本部分正式提出了"群体干预"这一概念，并对这一概念做了较全面的剖析，但本书的核心重点是要讨论群体干预的模式。根据对"模式"一词含义的理解，讨论社会化媒体不实信息群体干预模式的根本目的是在理论和实践之间的中介环节，找到一种具有一般性、简单性、重复性、结构性、稳定性、可操作性特征的方法，让不实信息应对的利益相关者能够根据这个方法，更好地应对社会化媒体不实信息的传播。

根据前文对群体干预的界定，群体干预模式的研究本质上就是讨论在干预社会化媒体不实信息传播这一复杂问题上，群体智慧效能的实现路径。麻省理工学院（MIT）的 Malone 等提出了由 What、Who、Why、How 四个问题组成的利用群体智慧解决复杂问题的概念框架，被认为是目前最为经典、最为简便易行的群体智慧实现模型。基于此，本书将借助这个经典框架讨论本研究所针对对象的群体干预模式，如图 3-10 所示。

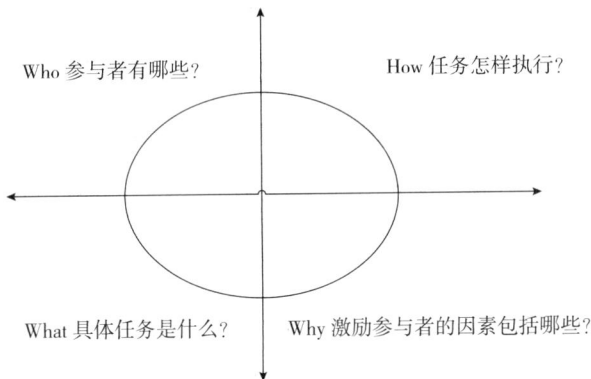

图 3-10　群体干预模式概念框架

Malone 的经典框架从系统整体的高度讨论了利用群体和群体智慧解决复杂问题的四个关联问题，这些问题能帮助理解本书中群体干预模式的四个基本要素：

模式要素一：群体干预的任务内容（What）。群体干预的具体任务是什么？针对本书是生产创造真实信息（或称为纠偏信息），还是态度判断（如表示对某一信息的质疑或部分事实反驳），或者是行为决策（如转发、不转发，或带着质疑转发）？这一问题将在第四章做深入分析。

模式要素二：群体干预的参与者（Who）。参与干预的群体到底包含哪些对象？他们可能是普通公众，也可能是特定群体，针对不同的不实信息类型和不同环境背景可能对应不同的群体对象进行干预。这一问题将同样在第四章做深入讨论。

模式要素三：群体干预的参与者动因（Why）。以上提出的群体对象为什么会去参与干预？社会化媒体用户可能基于不同的动因而参与应对不实信息传播，针对不同类型的用户的不同动因可以实施多样的激励策略，让更多符合第一条要求的对象愿意成为群体的一员。这一问题将在第五章做深入讨论。

模式要素四：群体干预的任务执行方式（How）。群体怎样去执行目标任务？这是讨论"群体干预"而不是"个体干预"的一个关键性问题。以上提出的三条针对"个体"也可以讨论，但本书讨论的是如何利用"群体"和"群体智慧"的力量去解决复杂问题，因此讨论"群体"执行任务的方式非常重要。这些方式包括单干、竞争和合作，其中竞争和合作又有可能包括多种类型。这一问题将在第六章做深入讨论。

本章小结

本章内容对于本书非常关键，起着承上启下的作用。首先，为了为本书提出的"群体干预"模式提供理论依据和更多启示，分别从定量的模拟仿真和实证分析两个方面部分讨论了第一部分提炼出的两类内容确实能够应对不实信息的传播，即实现机理问题，本章第一部分则设计了一个实验验证群体观点确实能够影响社会化媒体用户个体对不实信息的传播，而第二部分借助一个在经典信息传播 SIR 模型的基础上改造后的模型对群体干预实现不实信息自净化效果进行模拟仿真。每一角度的讨论都得到了结论与启示，基于这些，第三部分正式提出社会化媒体不实信息传播的群体干预模式。同时，为了更好地阐述群体干预模式，本章在最后提出了一个讨论的框架，其中包含四个讨论要素，接下来的三章，将分别对这四个要素进行深入的讨论。

第四章

群体干预模式的目标任务和群体构成

本章讨论群体干预模式中的"What"和"Who"的问题，即探讨本书提出的群体干预模式的目标任务是什么？社会化媒体用户中的哪些群体可以完成这些目标任务？由于这两者有着密切的联系，本书将两者放在同一个章节融合分析。特别地，本章将讨论用户承担不同群体干预任务时在不同的群体角色间的转变。

一、基于用户信息行为的群体干预目标和任务

群体干预模式中的"What"的问题，即为了实现应对社会化媒体不实信息传播这一目标，群体干预的具体任务和内容是什么。根据群体干预模式核心思想的两个方面：更好地生成群体智慧、更好地传播和展现群体智慧，为应对非常规突发事件背景下社会化媒体平台的不实信息，本书提出的"群体干预"的具体目标任务包括三个互为关联的方面：一是快速生成纠偏信息，即针对不实信息的及时举证或反驳；二是积极地评价，这个评价是很广义的，包括质疑、反驳、转发及带着评价的转发、点赞、投票等；三是将前两个方式形成的群体智慧充分展现给个体用户，即更好地分享。这三个方面互相联系，并有部分重合，如对某一话题信息的反驳其实也是评价，对某一话题转发量的统计可以一定程度上视为对这一话题的评价，而带着质疑等评价的转发实际上也是分享群体智慧的一种形式。

以上三个目标反映到群体用户层面，可以具体分为两类任务，但都需要通过用户的信息行为得以具体实现，因此我们首先讨论影响不实信息传播的社会化媒体用户信息行为。

（一）影响不实信息传播的社会化媒体用户信息行为

当前社会化媒体用户行为主要分为信息搜寻行为、信息发布行为、信息选择行为、信息利用行为、信息交流行为五种行为（见表4-1）。信息搜寻行为主要包括信息检索和信息浏览两种行为。信息检索是指通过网上信息检索工具查找用户所需要的信息，以满足用户的信息需求。信息浏览是指用户按照自己的需求在不同节点间进行自由移动的信息检索行为。用户信息搜寻行为受到用户自身的学识、心理状况、信息素养以及所处环境的影响。信息发布行为是指用户在社会化媒体平台上根据自己的兴趣爱好和习惯发布一些文字、图片、视频、音频等，如在微博主页发布视频、在QQ空间发表说说、在天涯上发布信息等。信息选择行为是用户根据自己的判断标准对搜寻的信息进行筛选和过滤的行为。信息利用行为是用户在获取信息之后，对信息内容进行判断、加工、删减，然后吸收利用的行为，将有用的信息转化为自己知识的一部分，用以解决生活中遇到的问题。信息交流行为是用户通过社会化媒体平台与其他用户进行一对一、一对多或者多对多的在线交流信息的行为。

表 4-1　社会化媒体用户行为分类

用户行为类型	具体行为细分
信息搜寻行为	浏览、检索
信息发布行为	转发、发布图片、视频等信息
信息选择行为	删除、编辑、添加、修改
信息利用行为	收藏、关注用户、关注话题
信息交流行为	链接、分享、评论、点赞、赞同、反对

无论是哪一类型的社会化媒体用户，都必须通过信息行为实现对不实信息传播的干预，这种干预有时是直接干预，每位用户的信息行为都会对信息的传播产生直接的影响，但有时需要通过有意识或无意识的群体协作实现。

社会化媒体的驱动模式可分为基于用户的和基于内容的。用户驱动的社会化媒体侧重于用户关系管理，典型代表如Facebook、微信，其用户信息行为包括加好友、关注、喜欢、点赞、转发、链接、分享等，这些行为建立和维护用户之间的关系网络（如用户之间通过"关注"和"被关注"建立关系，通过"点赞"和"被点赞"维护关系），而信息通过关系网络流动和扩散；内容驱动的社会化媒体侧重于内容的生成和处理，强调用户的参与性，典型代表有 Wiki、YouTube、知乎等，其用户信息行为主要有添加、编辑、修改、评论、打分、投票、标签等，通过这些行为用户贡献内容资源（如用户编辑修改 Wiki 词条，知乎用户回答问题），并参与到内容的持续完善中。具体如表4-2所示。

表4-2 不同社会化媒体平台用户信息行为及其对不实信息生成传播的影响

社会化媒体类型	代表平台	社会化媒体用户信息行为																			
		添加	编辑	修改	删除	评论	标签	列表	喜欢	点赞	赞同	反对	打分	投票	收藏	转发	分享	链接	关注用户	关注话题	加好友
社交网络	Facebook 人人网	√				√	√	√	√	√					√	√	√	√			
微博	Twitter 微博	√				√	√		√	√					√	√	√	√			
即时通信	QQ 微信	√				√				√					√	√	√		√		√
论坛	百度贴吧	√				√							√		√	√	√				√
评论	豆瓣大众点评	√				√	√						√	√	√	√	√	√			
社会化问答	知乎百度知道	√	√	√		√				√	√	√			√	√	√	√			
视频	YouTube 优酷	√				√			√		√	√			√	√	√		√		
Wiki	Wikipedia 百度百科	√	√	√	√					√					√		√	√			
对不实信息传播过程产生的影响		内容生成、补充、完善与评论					通过对内容的态度的表达实现内容的分类与序化，并影响其他用户									决定是否对内容进行传播，并决定传播对象和被谁传播						

表4-2 把社会化媒体用户信息行为对不实信息生成和传播过程产生的直接影响主要分为三个方面，但用户可以组合使用这些信息行为，如针对某一个话题转发带有质疑的评论，根据前面的讨论，其可以生成和传播纠偏信息和真实信息，抑制虚假信息的传播。

Surowiecki 和 Thomas Malone 将群体智慧的表现形式分为群体认知、群体协作和群体合作三种。群体认知是指群体中的每个个体通过认识与分析做出判断与预测，进而在群体的范围内挑选提炼出最佳答案。群体协作与群体合作既有联系又有区别，群体协作是通过群体中个体的行为协作，汇集出一股实现目标的合力，最知名的案例如 Wikipedia 的编辑与修改。但在庞大的社会化媒体用户中，能通过信息行为参与到协作的用户相对占比不高。群体合作则定义更为宽泛和开放，它鼓励群体中的任何个体都可以提出自己的构想和判断，在形式上类似于"点子汇"，如目前有一些社会媒体平台让用户对自己认为是不实信息的消息进行标注，然后把标注最多的消息进行排序。根据这三种表现形式，结合本书的研究对象，把不实信息传播的群体干预的目标任务分为两类：一是群体协作生成纠偏信息并广泛传播；二是判断评价生成群体观点并影响其他用户。

（二）目标任务一：群体协作生成纠偏信息并广泛传播

社会化媒体用户参与应对不实信息的一个重要体现是大量用户通过有意识和无意识的协作，可以生成能对不实信息起到纠偏作用的内容，并实时、充分传播，包括源信息介绍、反驳的提出、信息的采集与校对、事实真相的描述四个方面。

源信息介绍是指对某一信息的源头信息尽可能地做客观描述，这在不实信息传播的干预中往往会被忽视。在前人对不实信息的内容特征的研究中，就讨论了一条社会化媒体话题中包含的主题标签 Hashtag、是否包含@符号、URL 数量、情感词数量、事件发生地点等是判断这一话题信息是否虚假信息的重要方面，从中可以发现"主题标签 Hashtag""URL 数量""事件发生地点"等都跟源信息的介绍非常相关。

反驳是对虚假信息的直接纠偏，在前人的研究中这种方式的讨论也最为普遍，如曾有人在国外的社会化媒体上传播"纽约布鲁克林大桥倒塌了"的不实信息，但很快住在布鲁克林大桥旁的社会化媒体用户拍了很多大桥完好无损的照片并上传在社会化媒体上，这种不实信息很快就得到强有力的反驳而不再传播。但问题在于，在很多社会化媒体传播的不实信息中，只有少数能得到这样直接和强有力的反驳，很多不实信息的反驳需要专业知识、苛刻的现场条件及大量信息的收集和分析。

信息的采集与校对直接关系到公众所生产的纠偏信息的质量，关系到用户在纠偏的同时是不是又生成了另一种"不实信息"。在非常规突发事件背景下，传统的由官方主导的信息采集和校对非常困难，尤其是大规模灾害事件中，很多应急信息收集与反馈需要社会化媒体用户的群体协作才能完成。社会化媒体这种"目击媒体"的普及使传统传媒的影响力大大下降，但不能忽视的是传统媒体仍然具有优势，很多时候承担了信息校对的重任，即"把关人"的角色。因此，在后续的章节，本书的社会化用户群体中，把社会化媒体平台中活跃的传统媒体单独作为一个重要的用户类别进行考虑。

事实真相的描述是不实信息应对任务中极为关键的部分，是指社会化媒体用户在通过其他用户的信息行为（信息搜寻行为、信息发布行为、信息选择行为、信息利用行为、信息交流行为）获取事实真相后，再通过自己的加工生成高质量的说服信息。在很多不实信息传播事件中，反驳很多时候只能是一种缓和策略，对整个事件完整、详细地、完备地描述才能真正的纠偏信息。这一任务通常会让参与者付出较多精力与时间成本，但也最能发挥其创造性，对部分群体有很强的心理激励作用。在后面我们提到，在社会化媒体平台中，活跃着很多政府权威机构用户和非营利性的辟谣组织，他们通常会担任这一重要角色。但也有不少用户，当虚假信息传播至其所处的信息节点时，其通过搜寻、比对、分析，然后结合自身的专业知识和理性思考，对信息内容进行判断、加工、删减，也会充当事实真相描述这一重要角色。

大量研究和实践的结论表明，在大部分时候，分散的社会化媒体用户能自主独立或相互配合地完成这些复杂程度不一的纠偏任务，这种能力在经历过更多事件的历练后还可以持续提升。本书在第六章提出了群体干预的具体方式后，还将结合这些不同的方式，讨论在非常规突发事件情形下如何协作生成纠偏信息，同时讨论社会化媒体纠偏信息的生产效率问题。

（三）目标任务二：判断评价生成群体观点并影响其他用户

生产创造类任务（生产纠偏信息）具有一定的创造性，这对参与者的素养和是否具备生成恰当纠偏内容的条件提出了较高的要求。在本书的研究背景下，针对不同类型的不实信息，生产创造的难易程度可能千差万别，有时候需要进行专业的科学解释甚至科学证明，如2011年日本海啸引起的核污染相关谣言的澄清；有些任务则可能表面上非常简单，如在灾害现场拍一张照片，"目击媒体"的发展让参与者对不实信息进行群体干预变得更加容易，但这对参与者的地域性和机会性要求特别高，要求事件发生时他正好在事件发生现场周边。

判断评价类的任务则对用户参与的门槛要求相对较低，如用户通过点赞、投票、打分等方式就可以对内容进行排序、分类，这些任务容易被重复实现，但一旦对某一话题和观点形成排序和分类，就形成了群体观点（Collective Opinion）和群体智慧。例如，社会化媒体的投票功能支持一般公众对一条信息的可信程度进行投票，被大部分公众判断为虚假的信息自动被公众筛选过滤出来，并可以向其他用户展示，根据第三章得到的结论，这些群体观点和群体智慧在信息的真实性判断和用户转发意愿两方面都能影响个体，因此，判断评价类任务也可以干预不实信息的传播。

相比"生产创造类"任务在应对不实信息传播中的应用，群体"判断决定"类任务的研究相对较少。生产创造纠偏信息具有一定的创造性，针对不同类型谣言这类人的身份特征是不一样的，如科普类谣言，行业专家可以反驳；而与危机事件相关的谣言，事件相关者或知情人可以直接举证辟谣。但总体来看，很多情况下生产创造类任务对参与者有较高的门槛（包括专业能力门槛和地域、机会门槛等），相对来说这类人数量较少，仅靠他们实现社会化媒体不实信息的群体干预效果有限。如果仅仅考虑这类群体，本书提出"群体干预"的想法意义就不是很明显。

正如第三章分析的那样，社会化媒体平台提供了很多功能和机制，用户可以实现对某一信息的"判断评价"，如当社会化媒体平台出现一条不实信息时，普通公众可以对其态度判断（如表示对某一信息的质疑或部分事实反驳），或者是行为决策（如点赞、投票、转发、不转发，或进行质疑评论后转发）。社会化媒体的互动性和开放性使个体的信息行为必然会受到群体的影响，因此国内外的大量研究表明，群体的"判断评价"也可以很好地应对社会化媒体不实信息传播，且这类人群基数大。例如，Mendoza M. 等通过比较智利地震中推特上传播的真实信息和不实信息表明，不实信息被公众质疑的概率要远高于真实信息，被群体大量质疑的信息传播的广度和深度大大下降；国内刘云霄、刘景景等针对微博谣言的研究也提出了类似的观点。而"质疑"仅仅是"判断评价"类任务中的一类而已，可以发现，"判断评价"类群体干预应对不实信息传播有很大的探索空间。

社会化媒体形成的群体观点和群体智慧可以通过一些特有的机制实现对不实信息传播的干预，如聚合机制和序化机制，这些机制的形成使用户可以通过有意识和无意识的群体协作更好地挖掘用户信息行为的功能，使用户行为价值达到最大化。例如，在利用群体协作应对不实信息传播的过程中，聚合机制令内容主题趋于完善和准确；序化机制实现内容序化、用户分类，将用户与内容匹配，从而影响个体对不实信息的真实性判断和转发意愿等。

首先，聚合机制包括主题聚合和内容聚合。主题聚合与不实信息的应对有较大的关联，如针对某条不实信息展开评论，如赞成、反对、举证说明、拓展延伸等，以该主题为中心形成聚合作用。突发事件中，主题聚合实现了大量用户对某一话题的讨论、质疑、互补、纠错并促进权威信息的发布与传播，使真实信息得以呈现。内容聚合是指社会化媒体用户对自己喜欢的内容在特定的范围内进行转发和分享，使该内容聚合在某些特定的群体内，如微信朋友圈中文章的传播就属于这一类的信息行为。在 Malone 等构建的群体智慧解决复杂问题的一般性框架中，针对不同类型的复杂问题，考虑群体中的哪类人适合去解决这类问题是一个很重要的问题。在社会化媒体不实信息应对的过程中，有些话题的真实性一般公众很难进行判断，更好地利用社会化媒体的内容聚合机制能够让管理者针对特定的问题迅速、集中地寻找到解决这类问题的特定人群。

其次，社会化媒体群体协作的序化机制是指用户针对特定的主题，通过对内容进行投票和排序来改变信息内容的展示方式。通过用户对信息内容进行评论、点赞、投票、分享等方式，可以实现信息呈现的序化，这在某种程度上是一种信息过滤，与此同时，这种"口碑"效应也会对用户做出选择和决策产生非常大的影响。Huaye Li 等的实验表明，社会化媒体环境下群体观点（Collective Opinion）能影响一个人对某条信息真假的判断，并影响其决定是否转发这条信息，从而使被群体反驳和质疑的信息传播的广度和深度大大下降。Tanaka 等的研究也表明，群体的质疑和批判也会影响个人的判断，使虚假信息的传播能够被及时抑制。可见，更好地利用社会化媒体的序化机制可以应对不实信息的传播。

由上可见，社会化媒体用户的信息行为通过特定的分析利用，会对社会化媒体的组织形式产生重大作用，结合社会化媒体的功能特点，通过特定的聚合机制和序化机制，可以应对不实信息的传播。

在讨论了群体干预模式的两类目标后，还有一个需要特别说明的重要问题，社会化媒体的发展以其特有的方式将人与人连接起来，使个体聚集为群体，但群体形成和互动的过程中并不总是生成对问题的解决有积极意义的群体智慧，由于一些信息追随和群体极化现象的存在，群体成员的互动甚至可以造成群体性迷失，对不实信息传播事件的发展造成负面甚至更加恶劣的影响。对于这一问题后面将单独用一章来做深入讨论，本书认为，不能简单地推论群体形成和互动的过程中一定会导致群体智慧或群体迷失，个体的汇聚可以有多种方式，不同的结构与机制会导致互动产生不同的结果。社会化媒体用户群体围绕着同一件不实信息传播事件自发地、非组织地进行意见的交换、信息行为的交互等，对不实信息传播事件的传播与消亡产生了重要的作用。如图4-1所示，社会化媒体用户群体基于协作的方式，通过有利于群体智慧产生的互动模式来干预不实信息的传播，用户对不实信息传播事件的传播、求证、质疑和反驳行为之间的交互过程产生的群体智慧能有效干预不实信息传播的演化发展。

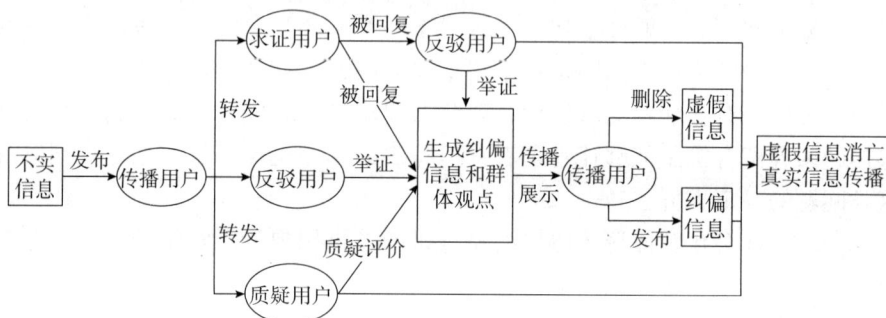

图4-1　群体干预不实信息传播演化

二、群体干预模式中的群体构成和分类

（一）群体构成

这一部分主要讨论群体干预模式四个要素中"Who"的问题。从模式要素一的分析中就可以看到，群体干预任务的实现跟不同类别的参与者紧密相关。从宏观层面看，参与应对不实信息传播的群体可分为三类：政府机构、社会化媒体平台和一般公众；而从微观层面或从社会化媒体用户的层面看，讨论的角度又有所侧重和不同。在狭义的理解中，主动应对不实信息传播通常是政府、相关管理组织、社会化媒体平台发起的，但通过前面章节的分析，在 Web 2.0 技术的背景下，普通大众也能发起应对任务。突发事件中，当公众接收到一条不实信息，可能会在社会化媒体平台利用发起话题等功能公开发布质疑这一不实信息的话题，并引起其他用户转发这一质疑、提供证据、反驳或发起求证，甚至只是一个简单的标记，从宏观的角度，都是干预不实信息传播的主体。

但并不是所有的社会化媒体用户都能够成为不实信息群体干预的参与者。社会化媒体的开放包容决定了用户的认知程度存在差异，Yuko Tanaka 指出，批判性思维能力是个体识别虚假信息的重要素养，有一定批判能力的群体可以形成具有自纠偏能力的众包系统。另外，活跃程度也是划分社会化媒体用户的一个重要维度，如 Karin 认为这种活跃程度的划分应与用户生成内容的行为联系起来，而不能仅以在一定时间里使用社会化媒体的次数或登录时长短来认定其是否活跃。因此，根据前人的研究，初步判断参与不实信息群体干预的社会化媒体用户至少应具备两个特征：一是有一定的认知能力，包括批判性思考和信息识别能力；二是在突发事件中，在社会化媒体上保持活跃状态，包括积极地浏览、发布和分享信息。在后续讨论参与者的动机部分还将提到，这种保持活跃状态的动机是不一样的，可能包括信息型、社交型和娱乐型等。

根据上面的分析，初步根据用户的认知能力和活跃程度将突发事件中的社会化媒体用户划分为四类，包括不实信息传播者、潜在传播者、干预者和潜在干预者，如图 4-2 所示。

图4-2　不实信息传播事件中社会化媒体用户分类

图 4-2 中的第一象限"干预者"主要包括活跃程度高且具备较高认知能力的个体，他们是理所当然的不实信息传播干预者。在以往的研究中，许多文献只是指出一般公众要提升认知能力和理性思考能力，做到不轻信和传播虚假信息就可以抑制虚假信息传播，一般公众在不实信息传播应对中只是作为一个被动的角色，而强调政府部门、权威机构、社会化媒体平台、专家和意见领袖承担主动干预的重任，或通过其他方式激励和促使更多的一般公众转化成这一类人群。但相比数量众多的社会化媒体用户，第四象限中"潜在干预者"群体的用户数量相对较少。

本书提出的群体干预模式认为第一象限和第四象限人群中的很多用户也是不实信息应对的重要参与者。例如，在本书群体干预模式的内涵中，有认知能力但活跃程度不高的用户，哪怕只是一个"点赞"或"反对"，根据前面的分析，社会化媒体的序化机制也可以聚合很多用户的信息行为，形成群体观点和群体智慧来影响其他用户；很多在社会化媒体中活跃但认知能力偏低的用户是不实信息的主要传播者，这些传播行为很多时候是由于用户的社交和娱乐需要，但只要运用得当，由于同样的动机，他们也会乐意传播辟谣信息、带有质疑评论的信息，是形成群体观点和向他人展示群体的有效渠道，根据本书前面的讨论，这种类型的传播行为也对应对不实信息传播有积极作用。

综上所述，本书讨论的群体干预模式大大地拓展了在应对不实信息传播中有积极作用的人群的范围、数量及其干预方式，挖掘了蕴含在用户中的应对不实信息传播的巨大能量。

（二）群体分类

上一部分已经为群体干预的群体的范围做了一个大致的说明，但要想做深入的研究，必须对群体进行细致的分类，讨论群体中不同角色承担的具体职责以及他们之间是如何转变的。这种分类是不容易的，因为涉及多个维度，研究目标不同，需要根据不同的维度划分类别。

Tanaka 等的研究将不实信息传播与应对过程中的社会化媒体用户分为三类：生成不实信息的用户、质疑或澄清不实信息的用户、传播以上两者信息的用户。这一分类为本书提出的群体模式提供了很好的群体分类借鉴。为了更好地区分这些角色，也为了后续研究的需要，在 Tanaka 等工作的基础上，本书进一步将社会化媒体用户根据承担角色的不同分为五类。

一是不实信息发布者和转发者。"不实信息"不一定是虚假信息，突发事件中，公众会非常渴求相关事件的消息，这些未经证实信息的传播在一定程度上能缓解公众的焦虑心理。不实信息发布者和转发者不一定都是恶意的，其生成和转发不实信息的行为受意识层次的限制，随着群体中信息的共享和交互，这类用户也可能会转变成其他类型的用户。

二是举证澄清、质疑以及传播不实信息的用户。由于目击媒体（Eyewitness Media）的发展，突发事件中公众目睹或经历了事件真相，自发地生成信息内容并进行传播，让不实信息得到证实或阻止虚假信息的继续传播。但能够直接举证澄清的用户人群相对数量较少，还有一类人并不能直接举证，而是基于自己的理性思考和批判性思维去质疑不实信息。

三是社会化媒体中活跃的传统媒体。当突发事件爆发后而权威信息处于真空时，不实信息会出现病毒性传播，此时传统专业媒体在突发事件中能扮演两方面的重要角色：一方面，专业、快速地寻找可靠的信息源和信息素材，核验这些信息的准确性，充当"把关人"角色；另一方面，承担"聪明的聚合者"角色，即在社会化媒体时代的信息过载中去粗取精，将信息以更加便捷和友好的方式向一般用户呈现出来。

四是社会化媒体中的政府信息发布平台。考虑到社会化媒体在突发事件应急中的巨大作用，很多政府部门都在社会化媒体上开辟了信息发布平台，将其视为一种促进政府、社区及公众间的整合、协调的重要工具。政府权威信息的介入对不实信息的传播有很好的干预作用，但在突发事件特别是非常规突发事件中，短时间内，针对巨量的话题获得相对应的权威信息并非易事，在实践中都存在成本高、真相难以及时确认、外部采取干预行动时谣言已大量传播等问题。

五是社会化辟谣平台。社会化辟谣平台包括专业辟谣平台（如"上海辟谣""果壳网"等）或社会化媒体内部的辟谣平台（如"微博小秘书"），其通过众包的方法鼓励举报虚假信息，快速收集、挖掘和呈现真实信息，并采用各种形式将由此形成的群体智慧对公众展示，以应对不实信息的传播。

通过对以上五类人群的划分可以发现，正如前面在"群体干预"的内涵分析中提到的，本书提出的群体虽然倾向于鼓励社会化媒体用户中普通大众的参与，但政府机构、社会化媒体平台本身都应该是群体干预的积极参与者，他们虽然数量上在群体中占的比率较小，但如同社会化媒体用户意见领袖所承担的角色一样，在应对不实信息传播过程中起到非常重要的作用。有一点需要说明的是，本书虽然考虑到了所有角色的参与，但研究的核心点在于他们在群体中承担的角色和起的作用，这是本书与其他相关研究不同的地方，也是在后面研究中需要牢牢紧扣的主题。由于我们还没有讨论群体干预的具体方法和方式，因此，目前还不能对这五类群体用户如何干预不实信息的传播进行详细的分析。在本书第七章将借助意识网模型对这五类用户如何协作群体干预不实信息的过程进行更多的分析。

需要注意的是，本书讨论的"群体"概念不仅包含一般公众，也包括政府、社会化媒体平台和公众，虽然本书侧重于讨论如何让一般公众在政府和平台的帮助下发挥更大作用，但也会考虑政府和平台的责任和义务（事实上社会化媒体平台上活跃着很多的政府公共用户）。由于群体中的成员大部分是一般公众，群体在形成和互动的过程中会产生很多不利于应对不实信息传播的因素，因此需要发挥前面群体分类中的后三类角色（社会化媒体中活跃的传统媒体、社会化媒体中的政府信息发布平台和社会化辟谣平台）的重要作用，对这一问题的具体分析将在第七章进行专门讨论。

由于群体的身份在不实信息传播过程中会发生变化，还有一种简单直观的分类方法，将不实信息传播事件中社会化媒体用户依据其信息行为（主要包括传播行为、求证行为、质疑行为和反驳行为）进行分类，包括传播用户、求证用户、质疑用户和反驳用户。传播行为是指该用户被不实信息所感染，因其本身信息识别能力不足而导致发布或转发不实信息的行为；求证行为是指用户因为怀疑信息的真实性而向源作者或通过其他渠道求证该信息；质疑行为是指具有一定资历和批判性思维的用户会对社会化媒体平台中的信息进行质疑；反驳行为是指社会化媒体用户具备一定的信息识别能力并且提出理由来反驳不实信息。

三、不实信息传播事件中群体不同干预行为的统计分析

直接根据用户的信息行为对不实信息传播事件中的用户群体进行分类为统计用户的应对行为提供了可能。这种统计可以帮助我们理解若干重要问题：社会化媒体用户应对不实信息传播的群体规模如何？应对过程中采用不同信息行为的不同群体的规模又如何？在不同传播事件中，群体应对的信息行为是否有较大的差异？

（一）分析方法与数据获取

本部分以"九寨沟地震"事件和"天津港爆炸"事件为例，以微博为数据获取平台，基于案例及其相关数据，通过内容分析法研究微博用户群体应对不实信息不同的信息行为，该用户群体是指在微博上发布了与该不实信息相关的微博，分析过程包括用户的状态分类、不实信息传播行为、不实信息求证行为、不实信息质疑行为和不实信息反驳行为，分析方法如图 4-3 所示。先分析该微博内容从而确定发布该微博的用户状态并生成用户状态文件，如果为未感染状态，则进行反驳、质疑和求证分析；如果用户的微博内容表明用户行为为反驳行为，那么该微博的发布者、微博内容以及所有转发该微博的用户将被记录在用户反驳行为分析中。如果该微博内容表明用户的行为为传播行为，则会执行传播分析；如果该微博内容表明该用户传播了该不实信息，则执行被反驳分析，分析该用户的传播行为被真实信息反驳后会如何应对。该流程图显示了微博用户在应对不实信息传播事件时的行为决策。

1. 事件描述

2015 年 8 月 12 日 23 时 30 分左右，位于天津市滨海新区天津港的瑞海公司危险品仓库发生火灾爆炸事故，随着事件的演化发展，不实信息也随之滋生，有一条信息提及"700 吨氰化钠泄漏毒死全中国人"。由于涉及大众健康，在社会化媒体平台上被大量传播。

2017 年 8 月 8 日 21 时 19 分，四川省北部阿坝州九寨沟县发生 7.0 级地震，地震发生后，以朋友圈和微博为主的社会化媒体掀起了关于地震的信息狂潮。本书梳理了 8 月 8 日九寨沟地震后一个星期之内的谣言，发现一共出现 7 条主要的谣言，选取这 7 条中的"地震云为地震前兆"作为案例进行特别分析。实际上这一说法缺乏理论根据，但经常会引起公众恐慌。

2. 数据抓取与处理

本章以九寨沟地震事件中产生的不实信息——"地震云为地震前兆"与天津港爆炸事件中产生的不实信息——"700 吨氰化钠泄漏毒死全中国人"为例，分别称为不实信息传播事件 A 和 B，收集了不实信息产生后 14 个半小时内的所有相关微博的发布、转发、评论和点赞数据（见表 4-3）。选取这两个不实信息产生后的用户发布、转发、评论、点赞等形式的相关微博数据为样本，发布形式是指由用户发布的原创微博；转发形式是指用户直接转发他人的微博或者带有自己的观点转发；评论是指对某用户发布或转发的微博进

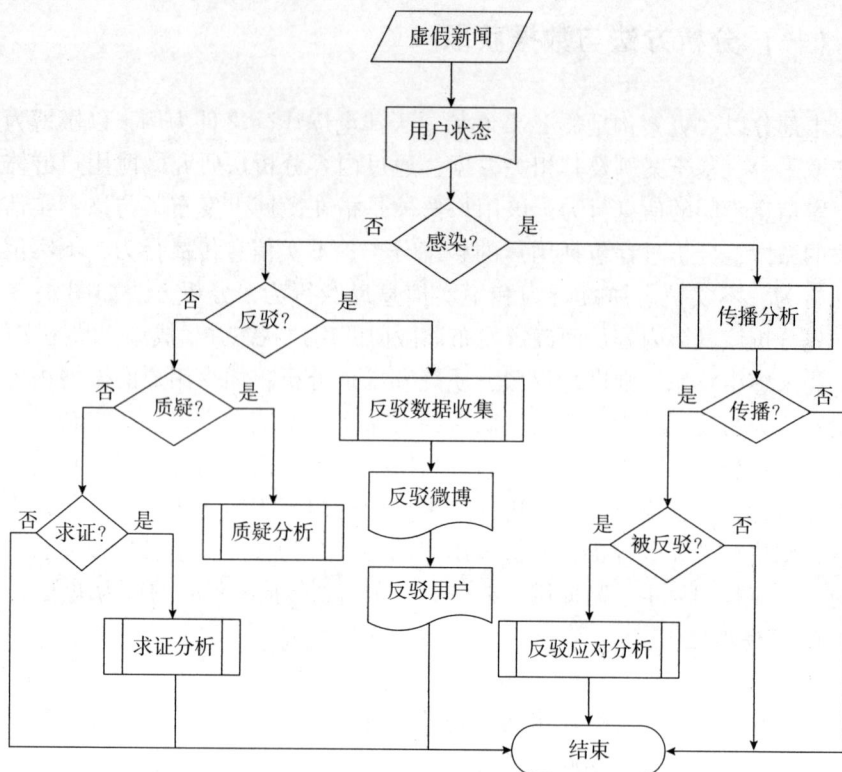

图 4-3　不实信息传播事件中数据处理流程

行评论；点赞是指对用户发布或转发的微博持赞成观点并对其进行点赞行为。

在不实信息传播事件 A 中，该事件的相关微博发布数为 489，转发数为 4687，评论数为 386，点赞数为 689；在不实信息传播事件 B 中，"氰化钠"相关的不实信息是舆论关注热点，该事件的相关微博发布数为 501，转发数为 5997，评论数为 567，点赞数为 378（见表 4-3）。

表 4-3　不实信息传播事件数据抓取结果

不实信息	数据收集时间	发布数量	转发数量	评论数量	点赞数量	总计
A	2017/8/8 11：00-01：30	489	4687	386	689	6251
B	2015/8/12 9：00-11：30	501	5997	567	378	7443

（二）不同信息行为的用户群体统计分析

图 4-4 反映了事件 A 和事件 B 发展过程中，参与不实信息传播事件的微

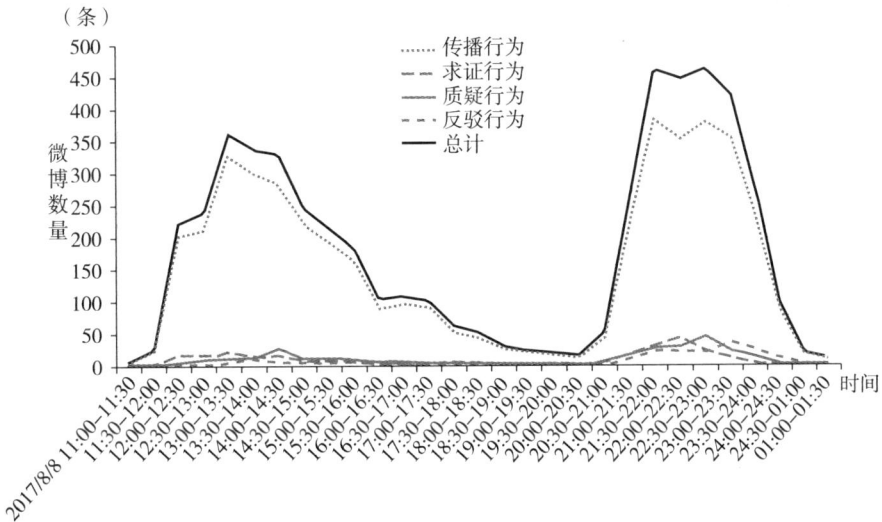

（a）事件A

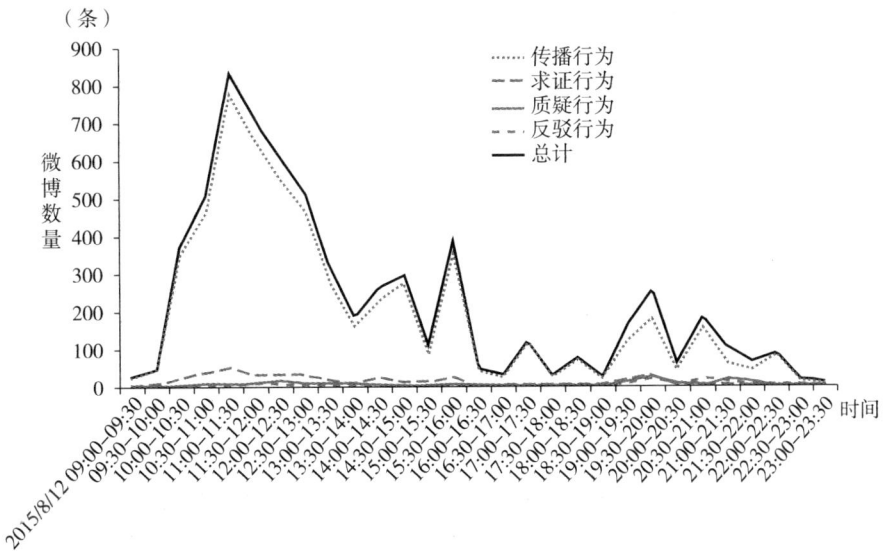

（b）事件B

图 4-4　不实信息传播事件 A 和事件 B 中微博数量变化

博用户信息行为随时间的变化情况。微博用户（包括传播用户、质疑用户、求证用户和反驳用户四类群体）在内在动力和外在环境的共同作用下做出行为，而用户信息行为的互动会形成微博舆论场，是对环境信息的补充，也直接影响用户信息行为的态度倾向。由图4-4可知，大部分微博用户在不实信息传播事件演化过程中充当了传播者的角色，这些用户对不实信息传播事件的扩散和发展起到了重要的作用。只有少部分用户充当了反驳者的角色，这些用户可以让不实信息得到证实或者阻止不实信息的继续传播，但能够直接举证澄清的用户数量相对较少。有一类用户虽然没有能力直接反驳，但是会基于自身的知识储备和批判性思维去质疑不实信息，或者向其他有一定资历的用户求证该信息的真实性。

表4-4和图4-5显示了这两个不实信息传播事件中的用户不同信息行为的统计结果，结果表明，超过85%的用户会传播该不实信息传播事件，证实了Starbird等的用户识别虚假信息的能力较差这一观点。另外，结论显示，有7%的用户会质疑该不实信息传播事件，因为有些较模糊且异常特征的信息能够引起用户的谣言识别意识。数据显示，"地震云为地震前兆"事件中质疑用户的数量比事件高，这是因为该不实信息早已被证实过是错误的，有研究表明，这些异常特征会导致信息的可信度下降。数据还表明，大约10%的用户会主动求证信息事件的真实性，3%左右的用户依据自己的理性思考和批判性思维给出理由并反驳该不实信息。

表4-4　不实信息传播事件相关微博和用户数量

不实信息	微博数量				用户数量			
	传播	求证	质疑	反驳	传播	求证	质疑	反驳
A	4445	252	279	200	4312	201	225	198
B	5759	407	198	134	5123	367	186	129

1. 不实信息传播行为

在突发事件中，公众会非常渴求相关事件的消息，这些未经证实的信息的传播在一定程度上能缓解公众的焦虑心理。不实信息发布者和转发者不一定都是恶意的，其生成和转发不实信息的行为受意识层次的限制，随着群体中信息的共享和交互，这类用户也可能会转变成其他类型的用户。由于篇幅限制，接下来将主要分析不实信息传播事件A的传播和演化过程。

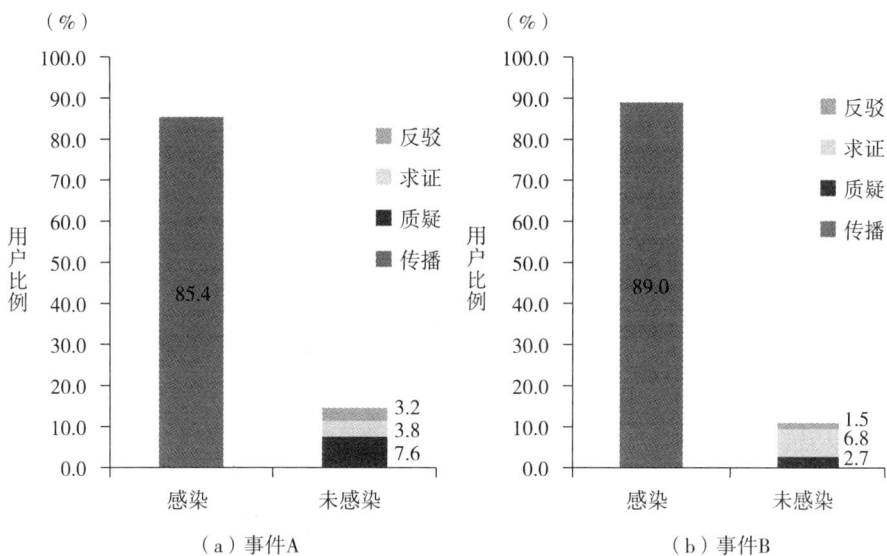

图 4-5　事件 A 和事件 B 中用户信息行为差异分析

不实信息传播事件 A 来源于微博用户@临沂老徐发布的一条微博，该微博用户拥有 90 多万粉丝，@临沂老徐 2017 年 8 月 8 日晚上 21 时 30 分左右发布了一条微博，称"九寨沟地震前的预兆就是地震云"，并且许多大 V 用户也发布了"地震云为地震前兆"的相关微博，这些微博一经发布引发大量用户和诸多媒体官微竞相转载，在社会化媒体刷屏。通过对微博用户@临沂老徐的信息进行了解可知，该用户的微博内容主要以地震云为主，且累计发布大约两万多条与地震云相关的微博。2017 年 8 月 8 日 23 点 13 分，观察者网官微发布辟谣微博，称"没有什么云能预测地震，地震云并不存在"。尽管该不实信息已经被澄清，但还是有大量用户发布与地震云相关的微博。用户@山鹰检测 Haw Gletest 持续发布通过卫星云图来预测地震相关微博，并引起其粉丝的转发、评论和点赞行为。@山鹰检测 Haw Gletest 在 2018 年 6 月 3 日 13 点 48 分发布的一条"通过卫星云图系统上观察到蒙古国经纬度 116.1/46.9 附近有 5.5 级左右地震云云爆点……"微博，@天文在线对其进行微博辟谣，并且要求该用户删除所有微博虚假信息并且停止发布相关微博。

图 4-6 展示了不实信息传播事件 A 和事件 B 中的传播行为数量随时间的变化情况，可知在"九寨沟地震"事件发生前，就有大量用户发布了地震云相关的微博虚假信息。图 4-6 中共有两个峰值，第一个峰值为 13 点左右，数

据显示在这个时间段内多个大 V 用户发布相关虚假信息，称郑州和西安分别在上午和傍晚的时候出现了"地震云"，并配有几张"地震云"的图片；第二个峰值为 22 点 30 分左右，@临沂老徐在 21 时 30 分左右发布"九寨沟地震前的预兆就是地震云"的相关微博，并且在 21 时 19 分伴随着九寨沟地震事件的发生，许多大 V 用户也发布了"地震云"相关微博，这些微博一经发布引发大量用户和诸多媒体官微竞相转载，传播数量迅速增加，在 22 点 30 分达到峰值。23 点 13 分，观察者网官微发布辟谣微博，称"没有什么云能预测地震，地震云并不存在"。在 2017 年 9 月 20 日，用户@山鹰检测 Haw Gletest 发布"如何用地震云预测地震……"等相关微博，对该用户微博进行信息采集，数据显示该用户拥有两千多个粉丝，总共发布了 1342 条与"地震云"相关的微博。尽管该不实信息已经被澄清，在后真相时代，还是有大量用户发布和转发与地震云相关的微博。李良荣总结后真相时代"情绪在前，真相在后；认知在前，真相在后；成见在前，客观在后"的特征，社会化信息生产和社会媒体个性化推送容易造成信息茧房、信息孤岛。新媒体整合了世界，也分裂了传播世界，人们更愿意相信他们愿意相信的信息，情愿相信更为情绪化的假信息而不愿意去接受真相，从而导致"后真相"的怪圈。

2. 不实信息求证行为

通过分析用户求证微博被回复频率、回复效率和回复内容来进行不实信息求证行为有效性分析。根据用户求证微博的回复数量可以计算出回复频率；回复效率表明用户求证微博的回复速度；而用户求证微博的回复内容中既可能包含虚假信息，也可能包含反驳信息或两者均有。

微博回复频率数据显示，在这两个不实信息传播事件中，超过 25% 的用户求证微博被回复，而每个事件中的非求证微博的回复率均低于 18%。此外，求证微博的平均回复数量范围为 24.27~35.21，该数量大于非求证微博的回复数量（14.62~18.24）。

本书根据求证微博回复最大效率（FE）和平均效率（AE）的结果来计算回复效率。FE 指的是第一个用户回复求证微博的响应速度；AE 指的是对求证微博所有回复的平均响应速度。数据显示，求证微博的第一次回复的平均响应时间在每个不实信息传播事件中均少于 7 分钟，并且超过 50% 的这些回复时间在 4 分钟内。在这两个不实信息传播事件中，求证微博的平均回复时间范围为 5.87~65.84 分钟。每个不实信息传播事件的回复时间的直方图如图 4-7 所示，可知在事件 A 和事件 B 中分别有 61.3% 和 47.0% 的回复时间

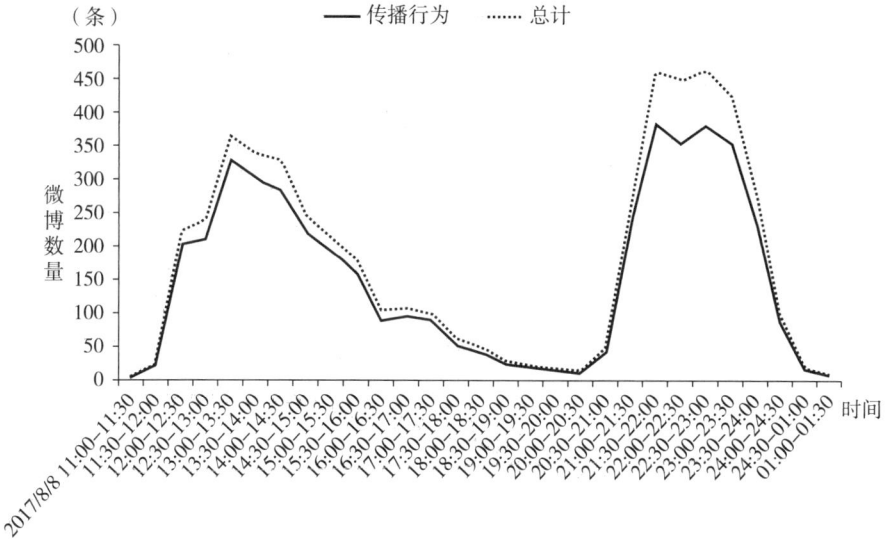

（a）事件A

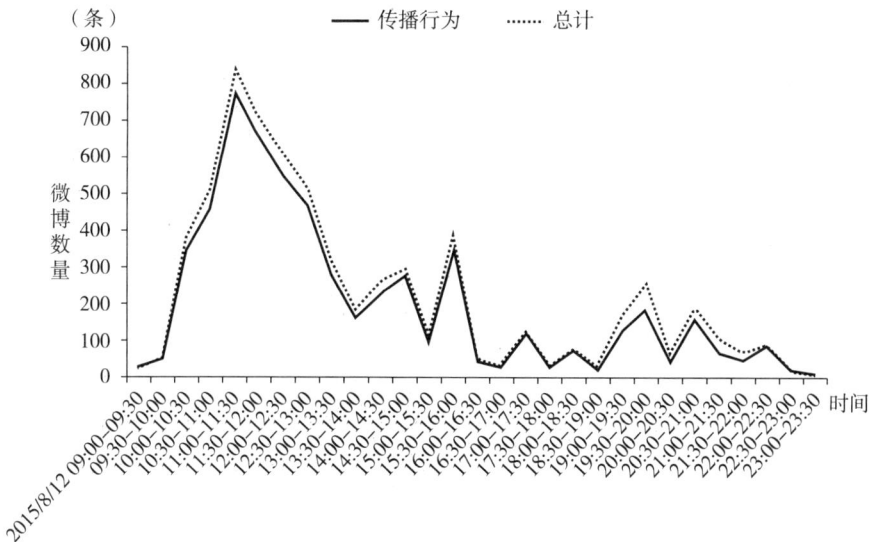

（b）事件B

图 4-6　事件 A 和事件 B 中微博传播数量变化情况

事件A

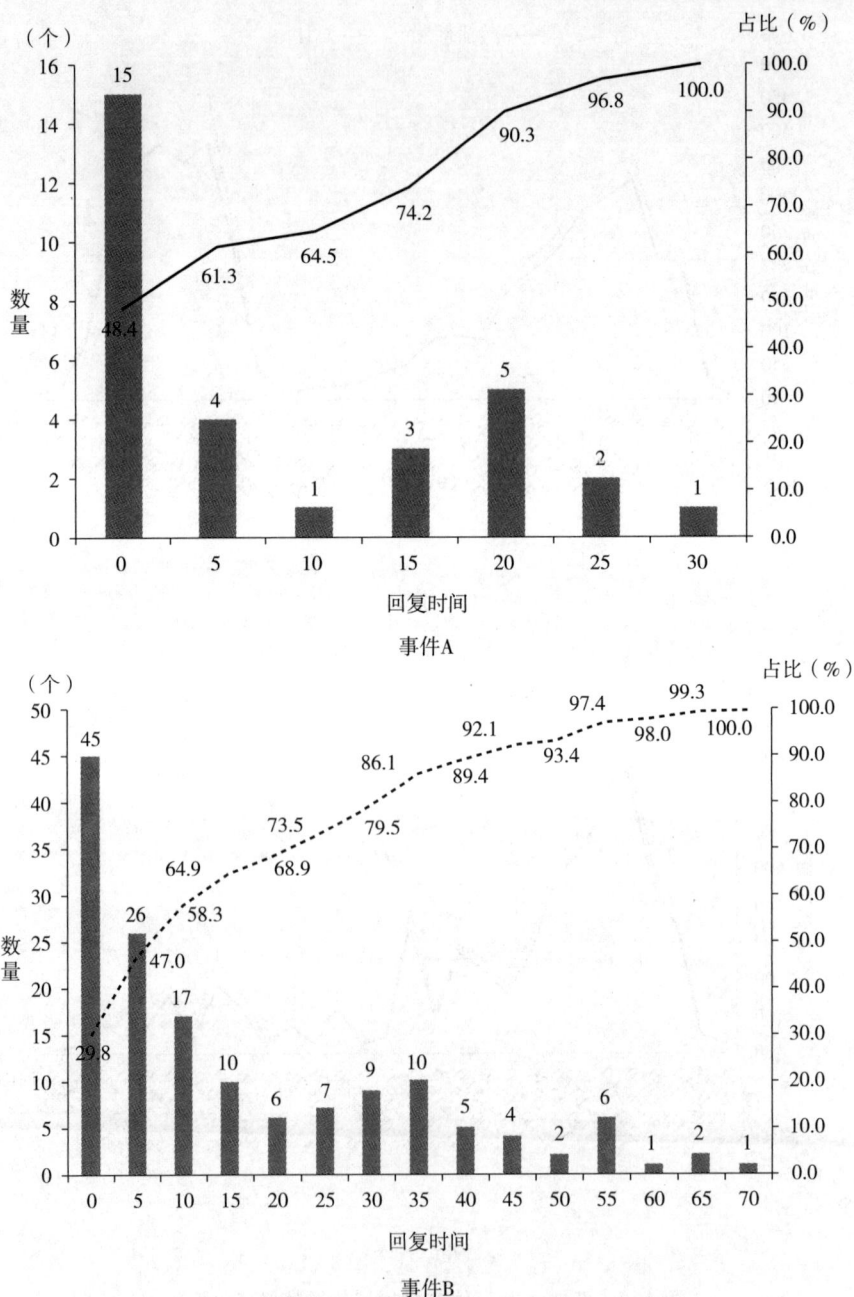

事件B

图4-7 事件 A 和事件 B 中用户求证微博被回复时间直方图

在 5 分钟内。因此，在这两个不实信息传播事件中，求证微博的回复效率都比较高。

根据数据集可知，求证微博的回复内容中既包含真实信息也包含虚假信息。如图 4-8 所示，这两个事件的部分求证微博的回复中均含有虚假信息，并且分别有 3.2% 和 5.0% 的求证微博的回复中既包含真实信息也包含虚假信息。

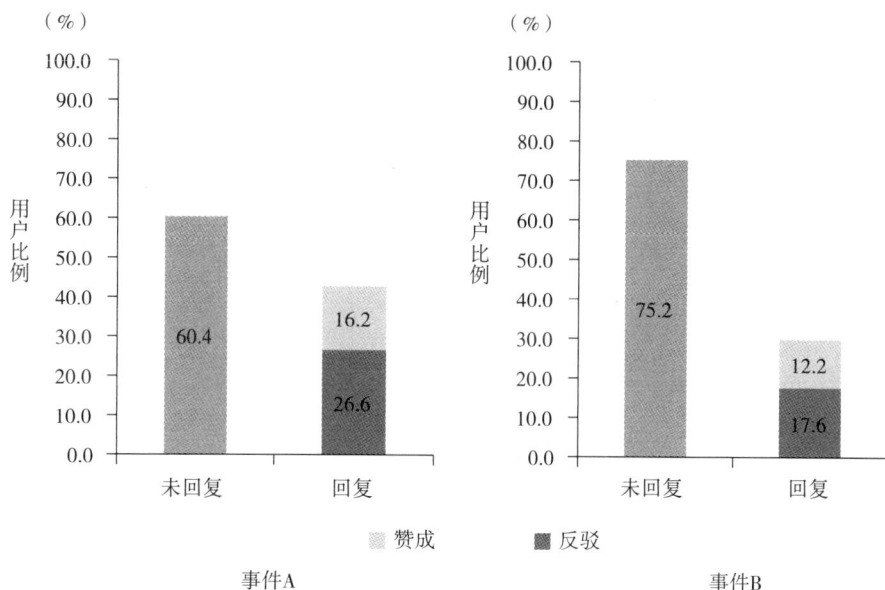

图 4-8　事件 A 和事件 B 中求证微博被回复内容分析

3. 不实信息质疑行为

由图 4-9 可知，在 13 点 30 分到 14 点 30 分这个时间段内，部分微博用户会基于自身的理性思考和批判性思维去质疑该不实信息，不实信息质疑行为逐渐增多；随着时间的流逝，用户的兴趣和好奇心逐渐递减，不实信息传播数量逐渐减少。在 23 点以后质疑微博的数量逐渐减少，这是因为果壳网官微发布的辟谣微博坚定了持质疑态度用户的观点，不实信息质疑用户的数量减少，不实信息反驳用户的数量增多。

4. 不实信息反驳行为

（1）不实信息反驳用户及其数据收集。图 4-3 中的反驳步骤收集了包括反驳微博以及发布该反驳微博的用户数据，反驳微博数据包括原创反驳微博

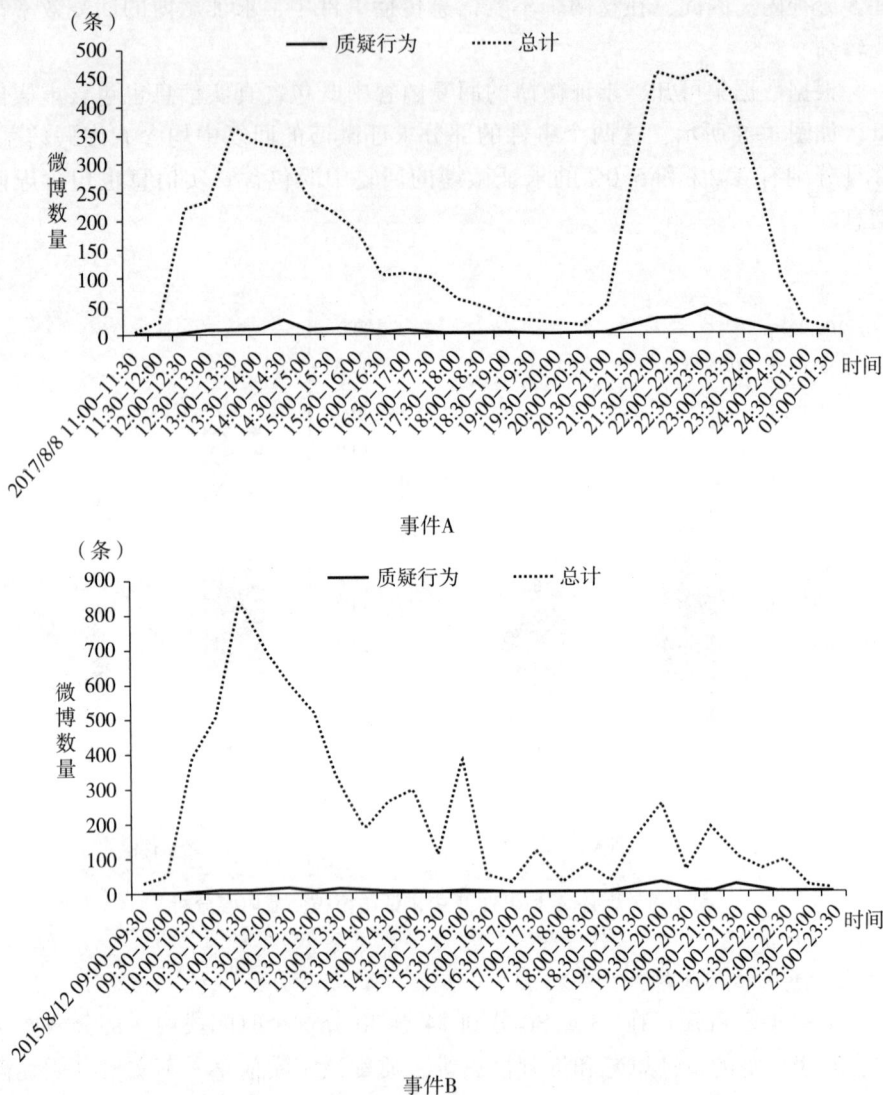

图 4-9　不实信息传播事件 A 和事件 B 中的质疑数量变化

和该微博的转发微博。我们可以通过反驳用户的数据集来核实不实信息传播用户和反驳用户之间的好友关系，如果一个不实信息传播用户关注一个反驳用户的微博，那么该不实信息传播用户可以接收到该反驳用户发布的反驳微博，因此便可以了解到不实信息传播用户是否从其关注者接收到了反驳微博，并且通过测试一个不实信息传播用户与所有反驳用户的好友关系，可以计算出该不实信息传播用户接收到类似反驳微博的频率，如表 4-5 所示。通过收集原始反驳微博及其转发微博，本书收集到了来自这两个不实信息传播事件中大约 198 名反驳用户，这将有助于更好地预测不实信息传播用户中的反驳用户数量。

表 4-5　事件 A 和事件 B 中反驳微博和用户数据

事件	反驳微博数量	转发数量	被反驳用户数量	总计微博数量
A	200	141	192	341
B	134	89	114	223

（2）不实信息被反驳行为分析。在分析不实信息传播事件中传播用户被反驳后的行为之前，先对用户被反驳比例进行分析。用户被反驳比例是指所有不实信息传播用户中被反驳的用户，由表 4-5 可知，事件 A 的用户被反驳比例为 7.2%（＝192/2662），事件 B 的用户被反驳比例为 3.2%。在这两个不实信息传播事件中，用户被反驳比例都不到 10%。然而，如图 4-10 所示，尽管在不实信息产生后几个小时内有大量的未被反驳用户，但是不实信息传播的用户数量显著下降，可能是因为大多数用户已经了解到关于该信息的真实信息并且停止传播虚假信息。在这个过程中，不实信息传播用户一部分是因为被其他用户反驳，另一部分是被来自其他平台的真实信息而反驳，如电视信息。

不实信息传播用户被反驳后的行为包括删除包含虚假信息的原微博以及通过发布新的信息来澄清原微博或者没有任何行为，图 4-11 显示大多数被反驳的不实信息传播用户既不会通过删除他们发布的虚假信息微博，也不会发布新的微博来澄清他们的不实信息传播行为，在事件 A 和事件 B 中分别占 91.9% 和 89.9%。数据显示，这两个事件中，均有不到 10% 的不实信息传播用户被反驳后会删除其虚假微博内容，分别只有约 1% 和 2% 的不实信息传播用户在被反驳后既会删除原微博也会作出澄清声明。

（三）结果讨论与启示

基于用户应对不实信息传播事件的信息行为分析，本书总结了不实信息传播事件中社会化媒体用户参与应对的信息行为统计模型，如图 4-12 所示。

事件A

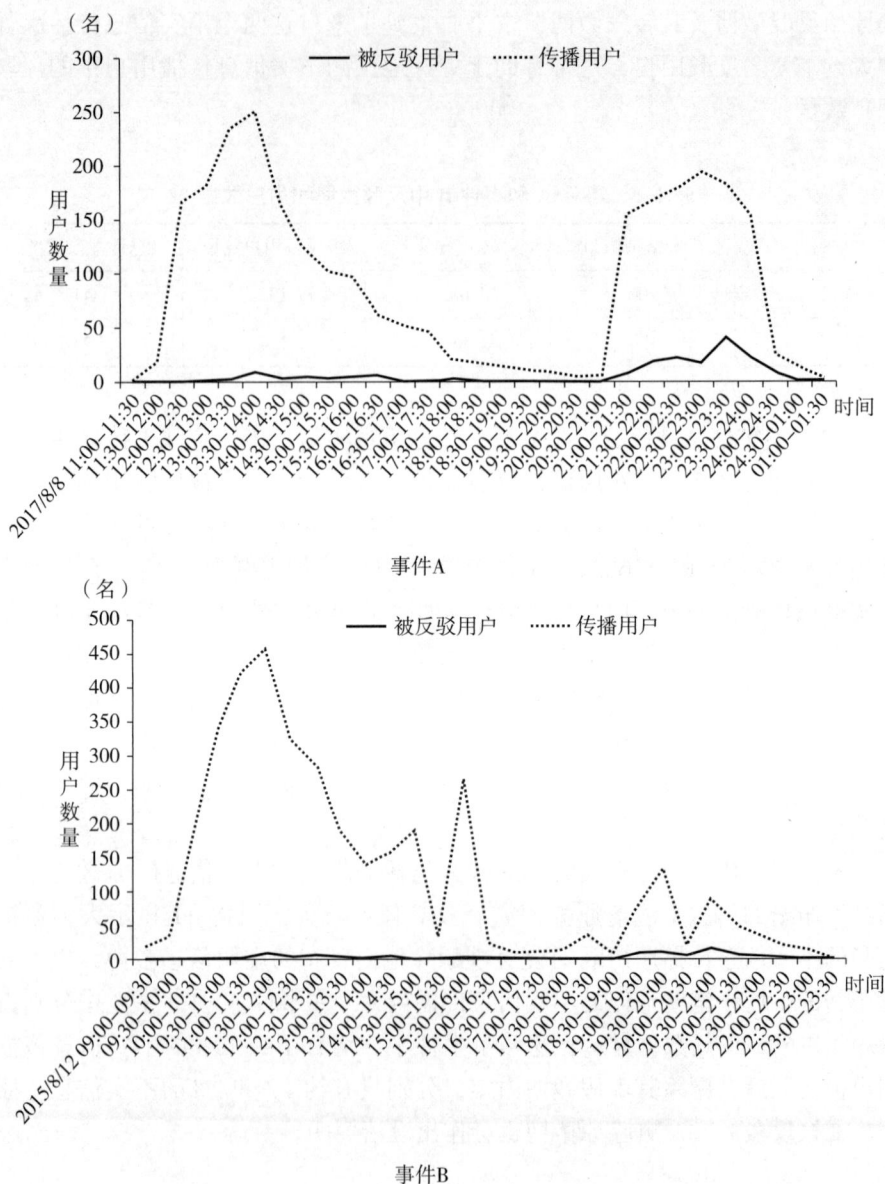

事件B

图 4-10　事件 A 和事件 B 中用户传播和被反驳数量演化

该模型中的不实信息最终被证明是错误的。在模型中，当用户接收到不实信息时，可能会有以下几种行为：①将该信息转发给其他用户；②质疑该信息

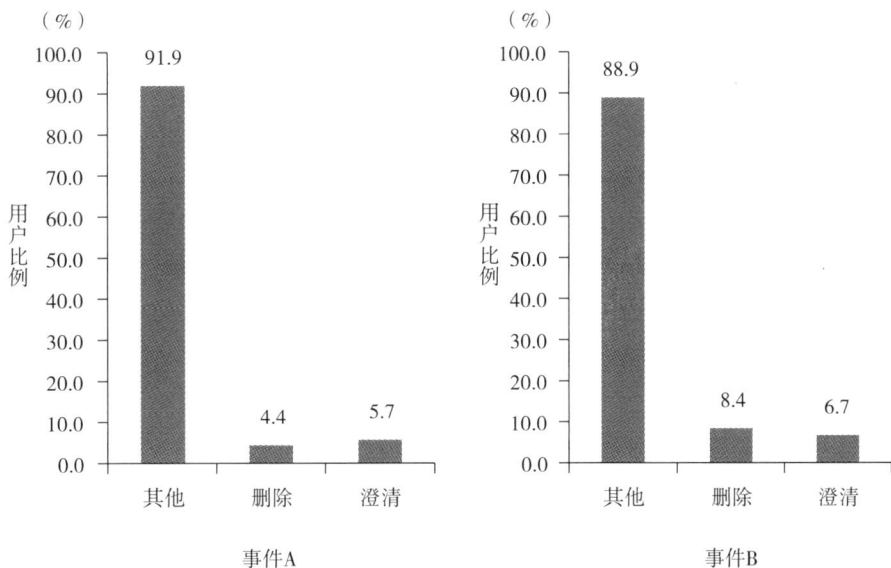

图 4-11　事件 A 和事件 B 中传播用户被反驳后的行为差异

并且带有质疑态度转发该信息；③向其他用户求证该信息的真实性；④反驳
并且带有理由转发该信息。

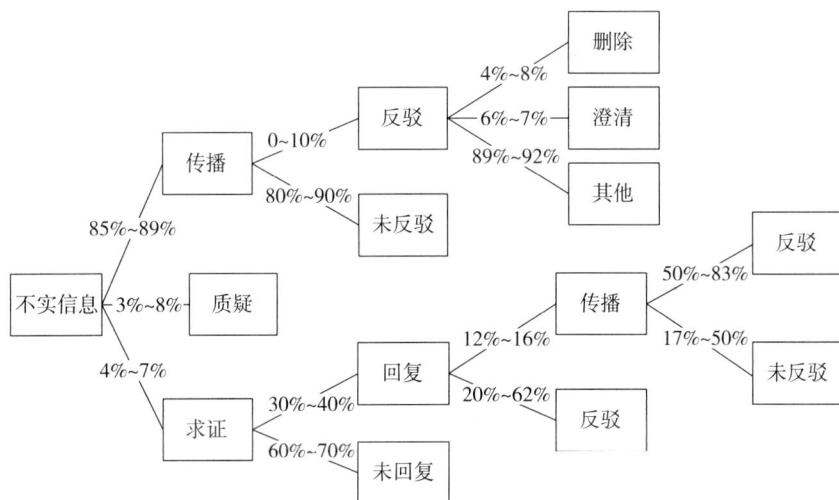

图 4-12　社会化媒体用户信息行为统计模型

　　传播该信息的用户可能会面临该信息是虚假信息的风险，倘若该信息为虚假信息，则用户可以通过直接回复原始信息或者发布新的信息予以反驳。一旦不实信息传播用户被反驳，就会决定是否删除之前发布的虚假信息、发布澄清纠偏信息或做出其他行为。研究表明，大部分参与到不实信息传播事件中的用户都会传播该信息，这两个事件中的传播用户比例范围为 85% ~ 89%，这些不实信息传播用户中不到 10% 的人会被反驳。研究还发现，不实信息发布几个小时后不实信息传播用户的数量显著下降，一部分是因为不实信息传播用户被其他用户反驳，另一部分是被来自其他平台的真实信息而反驳。并且，不实信息传播用户一旦被反驳，这些用户中 4% ~ 8% 的人会删除之前发布的虚假信息；不到 8% 的用户会发布新的信息来澄清之前发布的虚假信息；大约只有 2% 的用户既会删除虚假信息又会发布澄清信息；绝大多数（89% ~ 92%）的用户既不会删除也不会澄清。

　　求证该信息的用户可能会面临不被回复的情况，相反，即使当该用户求证信息被回复，也会面临另一个风险，即回复的信息内容的真实性尚未可知。求证行为可能会产生三种结果：①该求证的回复中含有虚假信息；②该求证的回复中含有反驳信息；③该求证的回复中不含有与该信息相关的信息。在第一种情况下，如果在该虚假信息的回复中有正确的反驳信息，该回复也可以被反驳；同时，用户即使知道该信息是虚假信息也可能会选择什么都不做。研究表明，当用户接收到该不实信息传播事件时，有 4% ~ 7% 的用户会发布微博来求证该信息，其中 30% ~ 40% 的用户收到了回复。在本案例中，该求证第一次平均回复时间在 7 分钟内，超过 50% 的回复时间在 4 分钟内。尽管对求证行为作出了回应，但该信息行为仍然是一把"双刃剑"，因为并不是所有的求证行为都有准确、真实的回复。结果显示，12% ~ 16% 的求证行为的回复可能是虚假信息，同时有 50% ~ 83% 的虚假信息回复也会被反驳。

　　无论该信息是否为虚假信息，用户都可以通过质疑该信息来回应，从而避免了向其粉丝传播虚假信息的风险。如果该信息是不实信息，则质疑行为有助于抑制该虚假信息的传播，阻止该不实信息传播事件的演化发展。如果该信息是真实信息，那么质疑其真实性的用户可能会因错误的行为而导致其粉丝数量下降，甚至影响其在平台中的影响力。结果表明，社会化媒体用户也可能会因为不实信息的异常特征来质疑该信息，质疑用户比例从事件 B 中的 2.7% 上升到事件 A 中的 7.6%，是因为事件 A 中的虚假信息每当有地震发生便会出现，而其早已经被科学依据否定。

　　研究表明，不实信息传播用户在不同的阶段可能会做出不同决定。例如，用户可能会被不实信息感染而传播该不实信息，但是经过其他用户的影响或者意识层次的上升，认识到该信息为不实信息，便会反驳该不实信息或删除之前发布的不实信息微博。本书并没有发现用户既会传播该不实信息，又同时求证该不实信息的情况，导致这一现象的原因可能是不实信息传播用户认为该信息的可信度较高而不会同时去求证该信息。本书还表明，虽然求证的用户不能确定该信息是否真实，但是他们不会在信息真实性被确认之前传播该信息。此外，本书并没有分析不实信息传播事件中用户信息行为所有可能的响应决策，未来可以进一步研究更多的用户响应行为，如通过回复他人信息来传播虚假信息。该模型的研究结果可以为未来关于社会化媒体用户在面临潜在的虚假信息时的决策分析提供参考。

本部分主要得出了以下四个结论：

第一，不实信息传播事件中社会化媒体用户主要有四种响应行为，包括传播、求证、质疑以及反驳该不实信息。然而，在有信息行为的用户中，超过85%的用户会不假思索地传播该不实信息，这表明一般用户的虚假信息识别能力较差，该结论与Morris、Starbird等的结论一致。

第二，用户传播不实信息后被反驳有两种响应行为：删除之前发布的虚假信息、发布新的信息来澄清之前发布的虚假信息。这两种响应行为对于抑制虚假信息传播的进一步扩散起到了重要作用。通过删除之前发布的虚假信息，可以避免该信息被其他用户进一步转发；通过发布澄清和纠偏信息，该用户可以反驳其回复虚假信息的粉丝。然而，超过89%的不实信息传播用户在被反驳后不会删除之前的虚假信息或发布澄清信息。

第三，发布求证信息是社会化媒体上核实信息的有效方式。研究表明，事件A和事件B中求证信息的平均第一次回复时间和总时间均很短，因此求证的响应行为效率较高。尽管最初该求证的响应行为中含有虚假信息传播的用户，但其中至少有50%的用户最终会被反驳。

第四，社会化媒体中不实信息传播用户很快会被反驳。研究表明，原始不实信息传播事件发布几个小时后，该信息传播用户的数量显著下降，尽管只有占有响应行为群体总数不到10%的不实信息传播用户被反驳，但是这些用户既可能会被其他平台传播的真实信息反驳，也可能会被其他用户反驳，因此在其他平台的协助下，社会化媒体平台中不实信息的被反驳效率能有效提高。

本章小结

本章讨论了"群体干预"模式的第一个要素和第二个要素——群体干预的目标、任务及参与的群体构成，即回答了模式中"What"和"Who"的问题。特别地，本章采用了内容分析法讨论了在真实不实信息传播事件中这两者的关联。通过分析可以发现：群体确实存在大量应对不实信息传播的行为，这些行为能够完成不实信息群体干预的目标、任务，但对群体干预有贡献的信息行为占比低，这与其他研究提出的自净化机制效果不佳的结论一致。因此，后面的研究将讨论如何提升用户应对不实信息意愿和群体干预效率的问题，本书第六章和第七章将逐一对另外两个要素"Why"和"How"进行深入分析。

第五章

社会化媒体用户参与干预不实信息
传播的意愿研究

在第四章讨论了群体干预模式的第一个要素"What"和第二个要素"Who"之后发现，虽然用户群体中存在很多干预不实信息传播的行为，但所占比例还不够高，造成群体干预的效率偏低，因此，本章将讨论模式的第三个要素——"Why"，即在讨论群体干预的参与者的基础上，分析这些参与者参与应对不实信息传播的意愿。进一步地，本章将同时讨论该如何制定相应的策略，鼓励更多的群体用户参与应对不实信息传播。

非常规突发事件背景下，社会化媒体平台的公众用户参与应对和干预不实信息传播是一种特定情境激发的网络信息行为，相关的研究表明，影响这种行为意愿的因素可能来源于社会、心理、技术等多个方面，不同的研究者提出了不同的理论来讨论这一问题，具体到公众参与应对社会化媒体不实信息传播的意愿研究，Zhao 和翟玥都进行了较好的讨论，但两人的研究都偏宏观，面向社会化媒体不实信息传播这一研究对象针对性不强。为了弥补这一不足，本章在偏微观的层面从三个角度对这一问题进行深入讨论。

一、人格特质对用户参与干预不实信息
传播的影响研究

虽然普通公众具备干预不实信息传播的能力，但许多学者发现，公众用户在社会化媒体平台上的干预行为并不积极。以微博官方账号"微博不实信息干预"为例，数据显示该账号粉丝数达 112 万，每日的微博平均阅读量超过 10 万，而每条不实信息干预微博的转发数量却都是个位数。Zhao 等的研究发现，虽然用户有较高的不实信息干预意识，但做出实际不实信息干预行

为的却很少。Zhuang 等的研究发现，即使个体知道该信息是虚假信息，大部分用户依然选择不作为。心理学的相关研究表明，影响个体态度和行为差异的根本因素是人格特质。人格特质是描述个体综合特质的稳定性指标，可以用来区分个体之间的差异并预测个体的行为习惯和兴趣爱好等。当前社交网络下的用户人格研究已经成为社会科学研究领域的一个重要关注点，但对人格特质与参与应对不实信息传播的讨论较少。

为了弥补这一不足，本部分从人格特质的角度研究社会化媒体公众用户参与应对不实信息传播的情况，借助计划行为理论和感知风险理论解释公众用户人格特质是如何影响参与应对不实信息传播的，通过问卷调查收集数据并进行定量分析。

（一） 理论基础和研究假设

大五人格模型也被称作五因素模型（Five - Factor Model of Personality, FFM），是人格研究领域中最有用且最具综合性特征的模型。近年来，大五人格模型被广泛应用于社交网络行为的研究。Oberlander 等通过文本分析发现，不同人格特质的个体在博文用词上有不同的情感倾向；Zoghbi 等也得出了用户更新状态行为与人格特质相关的结论。计划行为理论被各领域的研究者广泛用于研究影响个体行为的因素，并得到了充分验证。该理论认为，行为意愿是个体行为最直接的影响因素，而行为意愿本身是行为态度、主观规范和感知控制三个因素综合作用的结果。近年来，学者在计划行为理论模型的基础上增加了一些新的变量来研究不同类型的问题。郑万松等结合社会资本理论研究知识共享意愿，孙建军等结合技术接收模型揭示了用户对信息技术的接收行为。上述文献表明，社会学和心理学的理论可用于解释用户在社会化媒体上的信息行为，因此，本书借助加入风险感知因素的计划行为理论框架，用大五人格模型来讨论社会化媒体公众用户参与应对不实信息传播的意愿。

1. 计划行为理论及相关假设

在本书的研究情境中，行为意愿指社会化媒体公众用户在了解该信息为不实信息时对其做出转发不实信息干预信息或澄清行为的意愿；行为态度指社会化媒体用户对于不实信息干预行为所持的正面或负面的态度，Arie 等研究发现，个体对某种行为的态度将显著正向影响行为意愿；主观规范指个人对于是否不实信息干预所感受到的社会压力，Li 等研究发现，群体的观点会对个体决策产生影响，人们倾向于采取和群体相同的行动；感知行为控制指社会化媒体用户根据以往的经验和预期的阻碍，对不实信息干预行为难易和可控程度的感知，当用户认为自己有足够的能力、资源和机会对不实信息干预时，他们的意愿也会加强。根据以上分析，提出以下假设：

H1：行为态度与社会化媒体用户参与应对不实信息传播显著正相关。

H2：主观规范与社会化媒体用户参与应对不实信息传播显著正相关。

H3：感知行为控制与社会化媒体用户参与应对不实信息传播显著正相关。

近年来，有研究表明，计划行为理论中变量之间也存在相关性，主观规范对行为态度存在正向影响。在社会化媒体环境下，个人的行为态度很容易受到他人的影响，当越多的人对某种行为做出回应时，个体也会表现出更加积极的态度。因此，提出以下假设：

H4：主观规范与社会化媒体用户不实信息干预行为态度显著正相关。

2. 风险感知理论及相关假设

本书将社会化媒体用户不实信息干预的风险感知定义如下：用户认为不实信息干预行为会给他个人利益或社交关系带来的影响。Bansal 等将风险感知理论应用于消费者的购买行为，认为消费者对风险的感知显著影响了其购买行为。王洪伟等研究发现，风险感知负向影响用户通过点评网站获取评论信息的使用意愿。作为一种应对不实信息的行为，个体参与应对不实信息传播的意愿也会受到感知风险的影响，当个体觉得不实信息干预行为会导致个人信息或利益受到威胁时，参与应对不实信息传播的意愿也会相应降低。由此假设：

H5：用户对于不实信息干预的风险感知与社会化媒体用户不实信息干预行为的意愿显著负相关。

3. 大五人格模型及相关假设

大五人格模型将个体的人格特点分为五类，分别是外倾性（Extraversion）、宜人性（Agreeableness）、尽责性（Conscientiousness）、神经质性（Neuroticism）和经验开放性（Experience openness）。

外倾性表示个体对人际关系的需求和对外界的刺激需求。高外倾性的人喜欢与人相处，寻求社会联系，愿意参与。Wang 等发现，外倾性人格特质的用户会更多地在社会化媒体平台上更新状态，参与交流。Lee 等也发现，外倾性人格特质的用户更能够参与到新闻评论和转发中。由此假设：

H6：外倾性人格特质与社会化媒体用户参与应对不实信息传播显著正相关。

H6a：外倾性人格特质与社会化媒体不实信息干预行为态度显著正相关。

H6b：外倾性人格特质与社会化媒体不实信息干预主观规范显著正相关。

H6c：外倾性人格特质与社会化媒体用户不实信息干预的感知行为控制显著正相关。

H6d：外倾性人格特质与社会化媒体用户不实信息干预的风险感知显著负相关。

宜人性用来考察个体对他人或事件的态度，宜人性高的个体大都乐于助人，有同情心，持正面乐观的态度，并且相信他人。涂迪思等研究发现，个体的宜人性人格特质与态度、主观规范和感知行为控制之间具有显著正相关关系。由此，我们提出以下假设：

H7：宜人性人格特质与社会化媒体用户参与应对不实信息传播显著正相关。

H7a：宜人性人格特质与社会化媒体不实信息干预行为态度显著正相关。

H7b：宜人性人格特质与社会化媒体不实信息干预的主观规范显著正相关。

H7c：宜人性人格特质与社会化媒体用户不实信息干预的感知行为控制显著正相关。

H7d：宜人性人格特质与社会化媒体用户不实信息干预的风险感知显著负相关。

尽责性用来表示个体对责任承担的意愿，以及对目标追求的坚定程度。把可靠的、严谨的人与那些懒散的、邋遢的人作对照，高尽责性的人对自己的能力较为自信，因此这类型的用户对自己不实信息干预的感知行为控制较强。鲁松涛等研究发现，尽责性人格特质与行为态度和感知行为控制显著正相关，与主观规范无显著相关性。由此，我们提出以下假设：

H8：尽责性人格特质与社会化媒体用户参与应对不实信息传播显著正相关。

H8a：尽责性人格特质与社会化媒体用户不实信息干预的行为态度显著正相关。

H8b：尽责性人格特质与社会化媒体用户不实信息干预的主观规范显著正相关。

H8c：尽责性人格特质与社会化媒体用户不实信息干预的感知行为控制显著正相关。

H8d：尽责性人格特质与社会化媒体用户不实信息干预的风险感知显著

负相关。

神经质性用来表示个体的情绪稳定性和对情绪的控制能力，这种性格特质的个体易有烦恼和一些不现实的想法，高神经质性人格特质的个体容易焦虑、不安，在意他人对自己的看法。Courneya 研究指出，计划行为理论中的变量对神经质性人格特质的个体行为没有中介作用。由此，我们提出以下假设：

H9a：神经质性人格特质与社会化媒体用户不实信息干预的行为态度显著正相关。

H9b：神经质性人格特质与社会化媒体用户不实信息干预的主观规范显著正相关。

H9c：神经质性人格特质与社会化媒体用户不实信息干预的感知行为控制显著正相关。

H9d：神经质性人格特质与社会化媒体用户不实信息干预的风险感知显著负相关。

经验开放性用来表示个体对经验的积极寻求和对新事物的接受能力以及好奇心。这种人格特质的个体习惯接受并探索不熟悉的事物，偏爱抽象思维，兴趣广泛。部分研究表明，具有较高开放性的个体与其在社会化媒体上更新状态的频率相关；但也有学者发现，开放性人格特质与使用社会化媒体没有直接的关系。由此，我们做出如下假设：

H10a：开放性人格特质与社会化媒体用户不实信息干预的行为态度显著正相关。

H10b：开放性人格特质与社会化媒体用户不实信息干预的主观规范显著正相关。

H10c：开放性人格特质与社会化媒体用户不实信息干预的感知行为控制显著正相关。

H10d：开放性人格特质与社会化媒体用户不实信息干预的感知风险显著负相关。

（二）研究设计与数据收集

1. 研究方法

本书主要通过问卷调查法收集数据，采用相关性分析来研究各变量间的关系。相关性分析是研究两个或两个以上处于同等地位的随机变量间的相关关系的统计分析方法，两变量间的相关程度通过相关系数 r 来表示，取值范围为-1~1。根据数据的特点不同，通常采用不一样的相关系数，这里我们通过 Pearson 相关系数衡量变量间相关关系的紧密程度，Pearson 相关系数的计算公式为：

$$r = \frac{\sum_{i=1}^{n}(x_i - \bar{x})(y_i - \bar{y})}{\sqrt{\sum_{i=1}^{n}(x_i - \bar{x})^2(y_i - \bar{y})^2}} \tag{5-1}$$

2. 数据收集

数据收集的过程共包括两个阶段：第一阶段是基于本书研究主题设计初始问卷量表。通过问卷调查的方式来收集数据，计划行为理论中的各变量借鉴了 Baker 等研究中所使用的测度量表，每个变量涉及 2~3 个问题项；大五人格测试借鉴了 Kentle 等编制的"大五"人格量表，每个变量涉及 5 个问题项。量表均使用李克特 5 级量表，1~5 分表示对测度问题的同意程度，1 代表完全不同意，5 代表完全同意。初始问卷形成后，小范围试填，保证问卷简洁通俗易懂，并对量表项目进行修改，最终形成正式问卷。第二阶段是问卷调查。本书主要采用纸质问卷和电子问卷相结合的方式收集数据，通过对微博账号"微博不实信息干预"中转发过不实信息干预信息，即有过实际不实信息干预行为的用户采取私信、留言等方式定向发放调查问卷，同时也对其他社会化媒体用户随机发放问卷。本次调查共发放问卷 318 份，其中回收电子问卷 268 份，纸质问卷 50 份，剔除无效问卷 46 份，共收集有效问卷 272 份，具体的样本性别及年龄结构如表 5-1 所示。

表 5-1 问卷样本性别及年龄结构

属性	类别	人数（人）	比例（%）
性别	男	124	45.6
	女	148	54.4
年龄	18 岁以下	31	11.3
	18~25 岁	158	58.1
	26~30 岁	50	18.4
	31~40 岁	17	6.3
	40 岁以上	16	5.9

（三）结果讨论与建议

1. 信度与效度分析

信度是检验同一事物的重复测量结果的一致性程度。本书采用 Cronbach's α 系数，利用 SPSS 22.0 对模型中的各个变量进行分析，当 Cronbach's α 系数大于 0.7 时，表示该测量模型具有较好的信度，测量结果如表 5-2 所示。从表 5-2 中可以看出，所有变量的 Cronbach's α 系数均大于 0.7，说明问卷具有较好的信度。

表 5-2　各变量信度系数

	变量	测量变量数	Cronbach's α 系数
大五人格模型	外倾性	5	0.722
	宜人性	5	0.899
	尽责性	5	0.732
	神经质性	5	0.887
	经验开放性	5	0.761
计划行为理论	行为态度	3	0.873
	主观规范	3	0.867
	感知行为控制	2	0.729
风险感知理论	感知风险	3	0.814
行为意愿		3	0.805

效度反映问卷能测量各变量的程度，本书通过因子分析来进行效度检验，采用 KMO 值和 Bartlett 球形检验。KMO 值越接近 1，表示变量间的相关性越强，则越适合做因子分析，通常规定 KMO 值小于 0.6 将不适合做因子分析。从表 5-3 中可以看出，检验值均符合标准，表明收集的数据间有较高的相关性。

表 5-3　KMO 值和 Bartlett 球形检验

		人格特质量表	计划行为理论与感知风险量表
KMO 测试取样适当性		0.770	0.810
Bartlett 球形检验	大约卡方	920.703	621.775
	df	300	91
	Sig.	0.000	0.000

2. 相关性分析

利用 SPSS 软件对假设中所涉及的社会化媒体用户人格特质、计划行为理论和风险感知理论中的变量进行双变量相关性检验，Pearson 系数越大表明两者间的相关程度越高，分析结果如表 5-4 所示。

由表 5-4 可知，外倾性人格特质与行为态度（$r=0.326$，$p<0.01$）、感知行为控制（$r=0.290$，$p<0.05$）和参与应对不实信息传播（$r=0.395$，$p<0.01$）显著正相关；宜人性人格特质与行为态度（$r=0.390$，$p<0.01$）、感知行为控制（$r=0.338$，$p<0.01$）和参与应对不实信息传播（$r=0.303$，$p<0.01$）显著正相关，与感知风险显著负相关（$r=-0.286$，$p<0.05$）；尽责性人格特质与行为态度（$r=0.243$，$p<0.05$）、主观规范（$r=0.237$，$p<0.05$）和感知行为控制（$r=0.334$，$p<0.01$）显著正相关；神经质性人格特质和开放性人格特质与各变量之间没有显著相关性（$p>0.05$）。同时，研究还表明，行为态度（$r=0.323$，$p<0.01$）、主观规范（$r=0.387$，$p<0.01$）和感知行为控制（$r=0.328$，$p<0.01$）显著影响了用户参与应对不实信息传播，并且在计划行为理论的各变量之间也存在相关性，主观规范与感知行为控制（$r=0.642$，$p<0.01$）显著正相关。

3. 结果分析

通过相关性分析，本部分得到一个重要结论：外倾性和宜人性这两种人格特质的用户更愿意在社会化媒体上进行不实信息干预。这与外倾性和宜人性人格特质较乐观，对事物抱有积极正面的态度且自信的特点相符合，表明这两种人格特质的用户对于在社会化媒体平台上进行不实信息干预持普遍正面的态度，对于不实信息干预能力和精力的把控度也较有信心；除此之外，宜人性人格与风险感知显著负相关，高宜人性的个体会表现出对他人高度的信任，但对风险的感知程度较弱。与前人研究不同的是，这两种人格特质并没有对用户不实信息干预的主观规范产生显著影响，其中的原因可能有两个：

表5-4　用户人格特质与计划行为理论、风险感知理论各变量间的相关性分析

		外倾性	宜人性	尽责性	神经质性	开放性	行为态度	主观规范	感知行为控制	风险感知	行为意愿
外倾性	Person 相关性	1	0.096	0.099	0.078	-0.025	0.326**	0.147	0.290*	-0.069	0.395**
	显著性（双侧）		0.411	0.399	0.504	0.832	0.000	0.209	0.004	0.558	0.000
宜人性	Person 相关性	0.096	1	0.318**	-0.135	0.210	0.390**	0.214	0.338**	-0.286*	0.303**
	显著性（双侧）	0.411		0.000	0.249	0.071	0.000	0.066	0.000	0.013	0.000
尽责性	Person 相关性	0.099	0.318**	1	0.184	0.132	0.243*	0.237*	0.334**	0.219	0.143
	显著性（双侧）	0.399	0.000		0.114	0.258	0.036	0.040	0.000	0.059	0.222
神经质性	Person 相关性	0.078	-0.135	0.184	1	-0.186	0.178	0.067	0.014	-0.152	0.038
	显著性（双侧）	0.504	0.249	0.114		0.111	0.126	0.569	0.907	0.192	0.747
开放性	Person 相关性	-0.025	0.210	0.132	-0.186	1	0.002	0.187	0.224	-0.013	0.105
	显著性（双侧）	0.832	0.071	0.258	0.111		0.984	0.108	0.053	0.909	0.368
行为态度	Person 相关性	0.326**	0.390**	0.243*	0.178	0.002	1	0.485**	0.462**	-0.080	0.321**
	显著性（双侧）	0.000	0.000	0.036	0.126	0.984		0.000	0.000	0.495	0.000
主观规范	Person 相关性	0.147	0.214	0.237*	0.067	0.187	0.485**	1	0.642**	0.174	0.387**
	显著性（双侧）	0.209	0.066	0.040	0.569	0.108	0.000		0.000	0.136	0.000
感知行为控制	Person 相关性	0.290*	0.338**	0.334**	0.014	0.224	0.462**	0.642**	1	0.189	0.328**
	显著性（双侧）	0.004	0.000	0.000	0.907	0.053	0.000	0.000		0.105	0.000

续表

		外倾性	宜人性	尽责性	神经质性	开放性	行为态度	主观规范	感知行为控制	风险感知	行为意愿
风险感知	Person 相关性（双侧）	-0.069	-0.286*	0.219	-0.152	-0.013	-0.080	0.495	0.189	1	0.130
	显著性（双侧）	0.558	0.013	0.059	0.192	0.909	0.495	0.174	0.105		0.267
行为意愿	Person 相关性（双侧）	0.395**	0.303**	0.143	0.038	0.105	0.321**	0.387**	0.328**	0.130	1
	显著性（双侧）	0.000	0.000	0.222	0.747	0.368	0.000	0.000	0.000	0.267	

注：* 表示在 0.05 的水平（双侧）上显著相关；** 表示在 0.01 的水平（双侧）上显著相关。

一是因为这两种人格特质的用户并不是很在意他人的看法，受群体意见的影响程度较低；二是因为参与应对不实信息传播这个问题与消费意愿研究的区别在于公众普遍的参与程度较低，没有形成规范。

除此之外，尽责性人格特质与行为态度、主观规范和感知行为控制之间存在着显著正相关关系，高尽责性人格特质的用户通常感觉自己是有能力的，有着较强的社会责任感，按规矩办事，遵守一定的原则，并且比较谨慎，这表明尽责性人格特质的用户在面对一条不实信息的干预信息时更愿意承担社会责任，主动进行不实信息干预以减少不实信息带来的恶劣影响。与之前的研究一致，本书还发现开放性和神经质性用户与各变量之间均没有显著相关性，但这两种人格特质与感知风险存在一定程度的负相关，表明这样的人格特质表现更多的不稳定和随机性，但风险因素会在一定程度上导致他们较低地参与应对不实信息传播。

同时，本书还验证了行为态度、主观规范和感知行为控制对社会化媒体用户参与应对不实信息传播的显著影响，主观规范不仅直接对用户不实信息干预有影响，还通过行为态度对行为意愿产生间接影响，与张会平等的研究一致；感知风险作为一种需要长期积累而形成的主观心理活动，并没有对行为意愿产生显著影响。综上所述，H1、H2、H3、H4 都得到了支持。

根据以上的结果讨论，得到以下策略建议：

首先，根据社会化媒体已有功能识别不同人格特质用户群体，采用区别化方式提升用户参与应对不实信息传播的意愿。研究发现，不同人格特质的用户在社会化媒体上的信息行为有着显著差异，外倾性和宜人性用户会在社会化媒体平台上拥有更多的粉丝和好友，经常发布照片和与他人的合影，而尽责性用户会更加谨慎，很少发表评论并且个人资料的完善程度较低。因此，社会化媒体平台可以通过已有功能和用户使用社会化媒体的习惯来初步判断该用户的人格特质，并区别推送不实信息的干预信息，提高外倾性和宜人性用户对不实信息干预信息的推送，引导用户积极参与不实信息干预。

其次，培养用户不实信息干预的积极态度，培育用户对于不实信息干预行为的社会责任感和认同感，利用社会化媒体作为知识和信息传播载体的作用，通过视频动画等方式宣传并吸引用户参与不实信息干预；加强交互功能，通过社会化媒体平台的聚合功能建立社区、话题、论坛等加强用户之间的讨论，形成社会化媒体关于应对不实信息和不实信息干预的主观规范，让公众在自我约束不盲目传播不实信息的同时人人参与不实信息干预，提高信息质量；提升公众参与不实信息干预的感知行为控制，优化社会化媒体平台技术环境，合理布局页面设计，保障用户在应对不实信息、主动质疑和求证以及不实信息干预的一系列行为中操作的流畅性和可获得性，如微信推出的不实信息干预小程序等。

最后，保证用户信息安全，降低用户对风险的感知。研究发现，宜人性用户与感知风险显著负相关，而其他性格特质的低参与应对不实信息传播也与个体对风险的感知有关，因此，降低用户在不实信息干预时所面临的风险能在一定程度上对用户参与应对不实信息传播起到积极作用，如增加用户在转发不实信息的干预信息或发表质疑评论时的隐私设置等功能，用户个人信息、位置信息以及人际关系信息部分展示等，从而鼓励更多用户对不实信息的求证和干预。

二、社会化媒体用户分享辟谣信息意愿的影响因素研究

根据前面的讨论，社会化媒体用户对辟谣信息（或称为纠偏信息）的分享是干预不实信息传播的一个重要手段，然而，研究表明，社会化媒体用户对辟谣信息的分享意愿较低。新浪微博平台 2010 年 11 月便开通了官方辟谣账号@微博辟谣，引导社会化媒体用户参与抑制社会化媒体不实信息，但相比其他类型辟谣信息被转发数量较少。为了鼓励更多的人在抑制网络不实信息过程中对辟谣信息进行分享，了解社会化媒体用户辟谣信息分享意愿的影响因素非常重要。陈娟等证实，辟谣信息内容含有@符号及含有较多图片时，用户分享辟谣信息的意愿较为强烈。何跃等分析得知，微博内容、不实信息话题等因素影响用户的辟谣信息分享意愿。已有研究多数在辟谣信息内容方面进行研究，但辟谣信息的传播方式及辟谣主体对辟谣信息分享意愿也有重要影响，相关研究较少，有待进一步探讨和研究。

基于此，本部分以社会化媒体用户辟谣信息的分享意愿为研究对象，分别从辟谣信息的主体、辟谣内容特征、辟谣信息的传播方式三个方面研究辟谣信息分享意愿的影响因素，以期了解如何使辟谣信息更广泛地被分享，从而为抑制社会化媒体不实信息传播提供新思路。

（一）理论基础和研究假设

1. 理论背景

本研究拟采用社会化媒体信息传播中被普遍使用的三个理论——意见领袖理论、附着力法则及行为意愿理论。"意见领袖"是指在非正式团体中，能够影响别人的态度或者一定程度上改变别人行为的个人。他们将信息扩散给受众，形成信息传递的两级传播。附着力因素是使一条信息更容易被接受、更容易被记忆、行动和分享的关键因素。附着力因素可以是多种呈现形式，采取特殊的方式，对信息的措辞和表达做一些简单的修改，就能在其影响力上得到显著提升。行为意愿与分享意愿之间是从属关系，行为意愿是态度理论中不可或缺的概念，该理论认为行为的产生主要受控于意愿，个体之所以执行某行为，是因为其行为意愿比较强烈。下面对各理论进行分析，并提出相应的研究假设。

2. 变量定义及研究假设

根据指标的不同特征可以将变量分为辟谣的主体、辟谣信息内容特征、辟谣形式。辟谣信息的主体指的是发布辟谣信息的人，包括专业人士、官方账号。辟谣信息的内容特征指的是辟谣信息质量相关因素，包括内容的长度、有无图片、有无视频、是否有链接及位置信息。辟谣信息的传播方式是指辟谣信息在传播中表现的形式，包括将辟谣信息与信息同步传播。

根据对微博上辟谣信息的研究，辟谣的主体对辟谣信息的传播有显著影响，不同的辟谣主体的辟谣效果不同。辟谣的主体分为政府组织、商业组织、民间组织、意见领袖、当事人和其他人。在突发事件舆情中，政府账号对辟谣信息的传播具有决定性的影响。意见领袖中的专业人士能在突发事件中细分领域内的专业知识，发布高质量的微博内容，担任"辟谣主力军"，澄清真相，促进用户对辟谣信息的分享。因此，提出以下假设：

H1：辟谣的主体为官方账号时，用户分享的意愿较大。

H2：辟谣的主体为专业人士时，用户分享的意愿较大。

辟谣信息的内容有多种特征，有些除了文字以外还附加图片、视频、定位、链接等。研究表明，辟谣信息中如果没有将视频和图片证据呈现给受众，将会使辟谣信息的权威度和可信度大大降低。链接、定位、视频、图片等不同的信息维度对用户的分享意愿有着不同的影响，会影响信息的传播和扩散。因此，提出以下假设：

H3：辟谣信息内容含图片时，用户分享的意愿较大。

H4：辟谣信息内容含视频时，用户分享的意愿较大。

H5：辟谣信息内容含定位信息时，用户分享的意愿较大。

H6：辟谣信息内容含链接时，用户分享的意愿较大。

各种辟谣信息方式各有利弊，传播方式的选择对辟谣效果具有一定影响，应把握不同方式的特点。辟谣方式通常包括两种，一为反驳式的直接辟谣，一为真相陈述式的间接辟谣，与前者相比，后者要求纠偏者有辨别事实的洞察力以及真相的专业解说能力，因而采取真相陈述的辟谣方式往往效果更佳。辟谣信息的传播方式包括仅传播辟谣信息以及将不实信息与对应辟谣信息一起传播，与单一的展示辟谣信息相比，将虚假信息及相关辟谣信息一起展示将有助于减少 Twitter 上不实信息的传播。

H7：真相陈述的辟谣方式对用户分享意愿的影响较大。

H8：辟谣信息与不实信息同步传播的方式对用户分享意愿的影响较大。

基于上述假设，建立模型架构如图 5-1 所示。

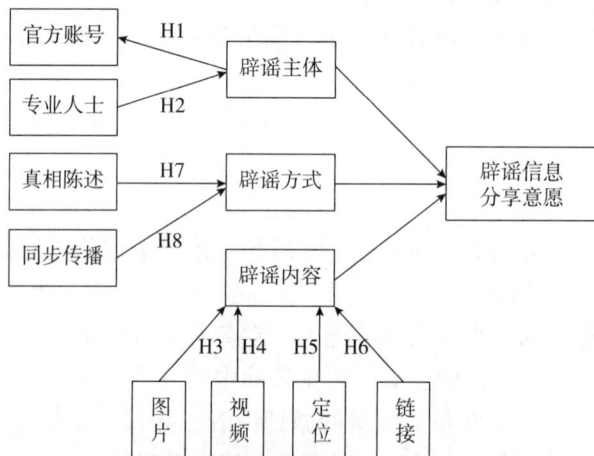

图 5-1　分享意愿影响因素模型

（二）研究设计与数据收集

本研究共包括：专业人士、官方账号、图片、视频、定位、链接、真相陈述的方式、同步传播的方式 8 个变量。为保证问卷内容的效度，本研究所采用的量表都来源于相关研究的成熟量表，并根据研究目的及变量进行改进（见表5-5），每个问题项都采取李克特5级量表测量，1代表非常不同意，5代表非常同意。问卷形成以后，为保证问卷的合理性和数据的科学性，对问卷进行了前测。前测的对象主要为30名活跃于微博的研究生。随后使用SPSS 17.0软件对问卷结果进行因子分析及内部一致性检验。删除指标不合理的问题项，形成最终问卷。

表5-5 测度量表

变量	测量内容	文献来源
官方账号	信息系统性；信息完整性；信息权威性	Lazarsfeld
专业人士	具有该领域的知识；专家；具有丰富经验	Mary C.；Wan H. A.
图片	图片代表事实；图片具有真实性	Ball M. S.
视频	丰富辟谣信息；使信息传播更及时	Carter L.
定位	定位使信息更准确，增强可信度	Bélanger F.；Carter L.
链接	作为附加信息增强用户信任；连接相关信息	Andreas I.
真相陈述	具有辨别事实、真相解说能力；具有深厚专业背景	Khawaja A.
同步传播	对比展示更全面了解不实信息及辟谣信息	Ozturk P.；Li H.；Sakamoto Y.

本研究采取网络问卷的形式，借助专业的问卷调查平台——"问卷星"，将问卷转发至微博平台，私信邀请微博活跃度较高的人填写问卷。本次实验共发放问卷300份，回收294份。剔除无效问卷34份，实验共回收有效问卷260份。

本研究主要采用SPSS 21.0软件来完成数据分析工作，分别对数据进行描述性统计分析（见表5-6）以及问卷的信度、效度检验，最后进行回归分析以判断变量之间的关系。

表5-6 样本的描述性统计分析

名称	类别	数量	百分比（%）
性别	男	134	51.54
	女	126	48.46

续表

名称	类别	数量	百分比（%）
年龄	<18 岁	15	5.77
	18~25 岁	92	35.38
	25~35 岁	104	40.00
	35~45 岁	36	13.85
	>45 岁	13	5.00
教育背景	高中以下	17	6.54
	高中	68	26.16
	大专及本科	112	43.06
	硕士及以上	63	24.24

由表 5-6 可知，问卷中男女性别比例接近 1：1，男女比例均衡，样本更年轻，受教育程度更高，这与中国网民的总体水平比较一致。

（三）结果讨论与建议

问卷信度的检测采用内部一致性方法，借助 Cronbach's α 系数来检测，SPSS 统计软件分析后的结果为 α = 0.902，说明该问卷有很好的信度。KMO（Kaiser-Meyer-Olkin 的取样适当性量数）值越大，表示变量间的共同因素越多，越适合进行因子分析。表 5-7 显示，KMO 值为 0.845，大于 0.7，说明问卷的结构效度良好。表 5-7 中的 Bartlett 检验的 X^2 统计值的显著性概率是 0，小于 1%，同样说明数据具有相关性，适宜做因子分析。

表 5-7　信度和效度检验

可靠性统计量		KMO 和 Bartlett 球形检验				
Cronbach's α	基于标准化项的 Cronbach's α	项数	近似卡方	df	Sig.	KMO 度量
0.902	0.903	8	268.831	28	0	0.845

Pearson 相关性分析主要是研究变量之间的不确定性关系，以初步验证模型假设是否成立。相关性分析结果如表 5-8 所示。

表 5-8　相关性分析

类型		专业人士	政府账号	图片	链接	视频	定位	真相陈述	同步传播	分享意愿
专业人士	Pearson 相关性	1	0.596**	0.627**	0.533**	0.532**	0.362**	0.607**	0.474**	0.762**
	显著性（双侧）		0.000	0.000	0.000	0.000	0.000	0.000	0.000	0.000
政府账号	Pearson 相关性	0.596**	1	0.527**	0.331**	0.474**	0.351**	0.518**	0.477**	0.688**
	显著性（双侧）	0.000		0.000	0.001	0.000	0.001	0.000	0.000	0.000
图片	Pearson 相关性	0.627**	0.527**	1	0.710**	0.698**	0.509**	0.716**	0.561**	0.857**
	显著性（双侧）	0.000	0.000		0.000	0.000	0.000	0.000	0.000	0.000
链接	Pearson 相关性	0.533**	0.331**	0.710**	1	0.705**	0.608**	0.655**	0.374**	0.787**
	显著性（双侧）	0.000	0.001	0.000		0.000	0.000	0.000	0.000	0.000
视频	Pearson 相关性	0.532**	0.474**	0.698**	0.705**	1	0.590**	0.581**	0.377**	0.804**
	显著性（双侧）	0.000	0.000	0.000	0.000		0.000	0.000	0.000	0.000
定位	Pearson 相关性	0.362**	0.351**	0.509**	0.608**	0.590**	1	0.498**	0.394**	0.699**
	显著性（双侧）	0.000	0.001	0.000	0.000	0.000		0.000	0.000	0.000
真相陈述	Pearson 相关性	0.607**	0.518**	0.716**	0.655**	0.581**	0.498**	1	0.692**	0.846**
	显著性（双侧）	0.000	0.000	0.000	0.000	0.000	0.000		0.000	0.000
同步传播	Pearson 相关性	0.474**	0.477**	0.561**	0.374**	0.377**	0.394**	0.692**	1	0.689**
	显著性（双侧）	0.000	0.000	0.000	0.000	0.000	0.000	0.000		0.000
分享意愿	Pearson 相关性	0.762**	0.688**	0.857**	0.787**	0.804**	0.699**	0.846**	0.689**	1
	显著性（双侧）	0.000	0.000	0.000	0.000	0.000	0.000	0.000	0.000	

注：**表示在 0.01 的水平（双侧）上显著相关。

采用双变量相关性检验中 Pearson 法分析用户分享辟谣信息的意愿与辟谣主体、辟谣内容及辟谣方式之间的关系。Pearson 系数越大则变量之间的相关性越强。政府账号及专业人士与分享意愿之间的 Pearson 系数分别为 0.688和 0.762，皆为正数，且 p<0.05，表明这两个因素在 0.01 的水平上对辟谣信息的分享意愿有显著正向影响。图片、视频、链接、定位与辟谣信息分享意愿之间的 Pearson 系数分别为 0.857、0.804、0.787 和 0.699，皆为正数，且p<0.05，说明这四个因素在 0.01 的水平上对辟谣信息的分享意愿有显著正向影响。同样，真相陈述与同步传播的辟谣方式对辟谣信息分享意愿有显著正向影响。

本部分探究社会化媒体用户辟谣信息分享意愿的影响因素，在相关性分析的基础上，采用多元线性回归的方法，构建多元线性回归模型如下：

$$Y = \beta_0 + \beta_1 x_1 + \beta_2 x_2 + \cdots + \beta_8 x_8 + \varepsilon \qquad (5-2)$$

其中，Y 为解释变量，代表分享意愿，x_1、$x_2 \cdots x_7$、x_8 为自变量，分别代表政府账号、专业人士、图片、视频、定位、链接、真相陈述、同步传播。

表 5-9　回归结果

模型	非标准化系数		标准系数	t	Sig.	共线性统计量	
	B	标准误差	试用版			容差	VIF
图片	0.134	0.020	0.156	6.761	0.000	0.305	3.277
真相陈述	0.137	0.018	0.177	7.613	0.000	0.301	3.318
定位	0.127	0.013	0.172	10.002	0.000	0.548	1.823
专业人士	0.131	0.015	0.167	8.947	0.000	0.469	2.134
视频	0.133	0.016	0.177	8.536	0.000	0.376	2.659
政府账号	0.125	0.014	0.159	9.142	0.000	0.536	1.866
同步传播	0.109	0.015	0.138	7.363	0.000	0.461	2.168
链接	0.118	0.019	0.138	6.078	0.000	0.315	3.178

采用多重共线性检验的方法验证回归模型的可靠性（见表5-9）。参数为容差（T）和方差膨胀因子（VIF），t 值都介于 0~1 之间，说明共线性较弱；VIF 值都介于 0 ~ 10 之间，说明变量之间不存在多重共线性。由回归结果可知，政府账号、专业人士、图片、定位、链接、视频、同步传播和真相陈述

这8个变量与辟谣信息分享意愿具有显著正相关性。同时，这8个变量不存在多重共线性。根据各影响因素进入模型的顺序可以看出，真相陈述的辟谣方式对辟谣信息分享意愿的影响最为强烈，之后依次是图片、视频、专业人士、定位、政府账号、链接、同步传播因素。

本研究一个重要的结论是真相陈述的辟谣方式对社会化媒体用户辟谣信息分享意愿的影响最为强烈。与真相陈述相对应的是反驳式辟谣。与熊炎的观点一致：在社会化媒体用户较为信任不实信息来源并且认为不实信息较为相关时，直接反驳不实信息反而会激怒用户，使他们转而更加信任不实信息，这种现象被称为"逆火效应"。直接反驳的辟谣方式使社会化媒体用户有了更大的空间发挥自己的主观能动性进行争辩，过大的信息量会使其他用户无法识别辟谣信息的真实性，可能会使用户更加信任不实信息。真相陈述的辟谣方式能在一定程度上避免"逆火效应"，使社会化媒体用户更愿意分享该类型的辟谣信息。

政府账号、专业人士、图片、视频、定位、链接、真相陈述的辟谣方式和同步传播的辟谣方式都对社会化媒体用户辟谣信息分享意愿有着显著正向影响。辟谣主体方面，专业人士比政府账号的影响力要大。换言之，社会化媒体用户更倾向于分享专业人士发布的辟谣信息。这与以往的研究不同，可能的原因在于专业人士有着丰富的经验和判断，不存在利益相关。辟谣内容方面，图片和视频相较其他因素，对用户辟谣信息分享意愿有着更大的影响力，且图片和视频影响力相当。这进一步证实了"有图有真相"。定位为次要的影响因素，链接被证实是影响力最小的因素。对链接影响力较低的解释为：链接作为辟谣信息的附加内容，还存在一些不够规范的问题，降低了用户的信任度。辟谣方式方面，真相陈述的辟谣方式比将辟谣信息与不实信息同步传播的辟谣方式影响力更为显著。可能的解释在于：真相陈述的形式有着较高的真相解说能力以及辨别事实的洞察力。

基于上述结果，本研究对社会化媒体及政府引导社会舆情的发展方向提出以下建议：

首先，辟谣主体策略：根据不同的不实信息性质，选择恰当的辟谣主体，突发事件中政府账号辟谣更具有权威性，注重与用户的互动与答疑，避免辟谣信息的单向传播。涉及专业性较强的事件时，选择专业人士的账号进行辟谣，普及专业知识，使发布的辟谣信息具有更高的可信度，较为复杂的事件还可以邀请各界学者共同参与讨论，将最终结果公布在社会化媒体平台，以达到辟谣的目的。

其次，辟谣信息内容策略：注重辟谣信息内容的编辑，尤其在危机事件中，更应该以言简意赅的内容来消除大众的疑虑，语言组织应生动形象，使大众更乐于接受并分享辟谣信息。将详细的信息以全方位的方式展现给社会化媒体用户，使用图片、视频、链接、当事人作证等多种手段来辟谣，辟谣信息内容中图片和视频对社会化媒体用户辟谣信息分享意愿的影响最大，添加相关图片和视频能够更大限度地还原真相，迎合社会化媒体用户"有图有真相"的社交心理。

最后，辟谣方式策略：单方面的反驳辟谣信息不能有效吸引公众的眼球和关注度，反而可能会招致公众的猜忌和怀疑，导致辟谣信息出现负效应，反而"越辟越谣"，辟谣主体应该在弄清事实的基础上，把握辟谣的最好时机，少转发、引用，多发表原创辟谣信息，详细还原真相。

三、互联网辟谣平台用户使用意愿的实证研究

在本书设计的群体干预模式中，互联网辟谣平台是"群体"中重要的一部分（具体讨论见第四章），一般公众用户对互联网辟谣平台的有效使用可以帮助用户更好地反驳、质疑和求证。目前，互联网辟谣平台包括运营商专门辟谣微博、跨地区政府性联合辟谣平台和以果壳网、科学松鼠会等网站为代表的民间专业性辟谣网站三类。互联网辟谣平台根本价值的实现来源于用户的采纳和广泛性使用。但在实践中，互联网辟谣平台的使用率并不高，受众参与度差。为了鼓励更多的公众使用互联网辟谣平台，影响公众是否愿意使用互联网辟谣平台的因素研究非常重要。已有研究讨论了一般信息系统平台的使用意愿问题，如社交平台、学习型系统等。但互联网辟谣平台与一般的信息系统平台有较大的不同，这些因素对互联网辟谣平台是否同样有效目前还缺乏特别的讨论。

为弥补这些研究的不足，本部分将在经典理论和大量文献分析的基础上提出若干假设，并进行实验收集实证数据，识别影响用户使用互联网辟谣平台的关键因素，据此为互联网辟谣平台相关部门更好地利用平台、阻止不实信息泛滥提供建议。

（一）理论基础和研究假设

权衡需求理论（Weighted Needs）指受众是否采纳某一新媒体是一个涉及诸多因素的决策过程，当传统媒体无法满足公众的需求，并且某一新媒体能够满足该需求时，受众就会使用这一新媒体。在研究互联网的扩散和使用上，新媒体权衡需求理论提供了很好的分析框架。本研究以互联网辟谣平台为新媒体，电视、广播等官方平台为传统媒体平台的典型，认为受众在使用互联网辟谣平台和传统辟谣平台时也应该遵循权衡需求关系。本研究引入变量功能满足度，用以考察功能性的需求满足程度对于用户使用意向的影响。

感知个人收益（Perceived Income）是用户基于参与网络辟谣平台的经历而感知到自身获得收益的程度。人们参与网络辟谣平台的行为是自愿行为。根据社会交换理论，人们参与社交互动期望从中可以获得回报。可见，用户主动加入互联网辟谣平台期望获取收益。汪明远等指出，在电子商务环境下，感知收益显著影响消费者的行为意愿。与其他社交类平台应用不一样的是，网络辟谣平台作为利他性显著的实用性平台，社会性的影响将会在此应用平台上发挥更大的作用，用户使用网络辟谣平台，在满足了基本的功利体验后，利他性将会使用户更愿意通过信息分享和传播帮助其他人。因此，针对辟谣平台的特点，本部分将从用户的角度，以功利体验、利他体验和社交体验三个维度产生的收益作为用户的感知收益的来源。

当用户从平台中获得个人收益，此处的个人收益无论功利收益、利他收益还是社交收益，都将刺激他们在互联网辟谣平台里进行在线内容的使用。Khan 等对我国网络消费者满意度的影响因素进行了实证研究，结果表明，消费者感知利益显著影响重购意愿。满意度是用户使用系统后的整体感受和评价，这种感受和评价是预测网络使用意愿的重要指标。另外，当用户感知到互联网辟谣平台的使用增加了自我收益时，用户的满意度会得以提升。吴幸泽提到公众对一项新技术的感知利益是影响公众对该技术态度的重要决定因素。张敏等认为，感知收益正向影响用户对图书馆服务功能 IT 消费化的满意度，互联网辟谣平台用户使用意愿与上述相似。因此，本研究提出以下研究假设：

H1：互联网辟谣平台用户感知个人收益正向影响用户的使用意愿。

H2：互联网辟谣平台用户满意度正向影响用户使用意愿。

H3：互联网辟谣平台用户感知个人收益正向影响用户的满意度。

功利体验（Utilitarian Experience）是用户通过辟谣平台获得资讯、知识等对自身有价值的信息和帮助。当用户在平台上满足了信息需求，功利性体验的获得会增加用户的收益，如果用户认为在平台获得的功利性体验是有价值的，他对此平台的满意度也会提升；反之，在众多辟谣等虚拟平台竞争的情况下，如果用户不满意在平台的功利性体验，他会转向另外一个能够提供令他满意的信息辟谣平台。虚拟社区的功利性体验会积极影响用户的满意度。因此，提出以下研究假设：

H4：互联网辟谣平台的功利体验正向影响用户的感知个人收益。

H5：互联网辟谣平台的功利体验正向影响用户的满意度。

社交体验（Social Experience）是用户在参与辟谣平台活动时，从其他成员那里获得的亲情、友谊和社会支持的体验。随着社会化媒体的发展，在线内容平台与社交类平台逐步融合，用户从中体验到社交功能，在享受平台所提供的内容服务中也能与其他用户进行交流和沟通。社交需求激励用户在辟谣平台上建立虚拟的人脉圈、搭建沟通交流的关系，以此满足用户的社交和归属感需要，用户的个人收益由此增加。用户社交体验的满足会增加对互联网辟谣平台的满意度，据此提出以下假设：

H6：互联网辟谣平台的社交体验正向影响用户的感知个人收益。

H7：互联网辟谣平台的社交体验正向影响用户的满意度。

利他体验（Altruistic Experience）是指参与辟谣平台可以进行信息分享、信息传播等，通过信息分享和传播帮助别人。与功利体验、社交体验属于利己型体验相反，利他体验是用户在社区因帮助他人的行为而自身体验到的精神愉悦。用户通过分享、转发、评论辟谣信息的行为帮助他人。利他性有助于用户树立正面的社会身份认知。当用户利他体验得到满足时，他们才能从中获得个人收益。此外，利他体验的需求者期望自己的贡献对他人有价值，这种利他主义对用户满意度有正向影响。利他体验的满足也会影响用户对该辟谣平台的满意程度。因此，提出以下研究假设：

H8：互联网辟谣平台的利他体验正向影响用户的感知个人收益。

H9：互联网辟谣平台的利他体验正向影响用户的满意度。

功能满足（Functional Satisfaction）反映的是用户使用某一新媒体是因为新媒体在功能上比传统媒体更能满足自己的某些需求。结合基于期望确认理论的信息系统持续使用模型，用户使用后感知的功能性满足对满意度有正向影响。不同的辟谣平台在信息质量、系统设置等功能上都会存在差别或各有侧重，从而给用户带来不一样的整体感受和满意度。所以，本研究提出以下假设：

H10：互联网辟谣平台用户功能满足度正向影响用户满意度。

本部分通过对辟谣平台用户持续使用行为的研究，基于权衡需求理论引入功能满足变量，在社会交换理论的背景下引入感知个人收益及其影响因素。基于前文分析提出以下研究模型（见图5-2）。

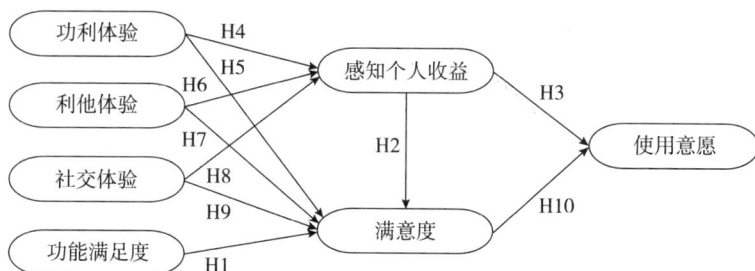

图5-2 研究模型

（二）研究设计与数据收集

1. 概念测量

本研究样本数据的收集采用问卷调查的方式。首先，需要进行测量量表的开发。为了有较好的信度和效度，所有变量测量的设计均来源于国内外相关文献，并根据网络辟谣平台的特征做相应调整。针对7个潜变量设计题项，测量题项采用李克特5级量表评分法。其次，在大范围调查前，先在小范围内进行预调查，根据反馈意见修改和完善阅卷，得到最终的正式调查问卷。最后，对问卷采取小范围的前测，挑选了信度和效度载荷因子在0.50以上的26个题项，如表5-10所示。

表5-10 测量项目及来源

潜变量	编码	测量条目	文献来源
感知收益	PI1	互联网辟谣平台可以提供各种知识和信息	Butter B. S. (2002)；Zheng Y. M. et al. (2013)；Wasko M. M. et al. (2005)
	PI2	我从互联网辟谣平台的其他用户那里得到了帮助和支持	
	PI3	我在互联网辟谣平台里分享信息和帮助别人很开心	

续表

潜变量	编码	测量条目	文献来源
利他体验	AE1	我愿意使用互联网辟谣平台帮助其他人	Kankanhalli A. et al. (2005)
	AE2	我喜欢使用互联网辟谣平台帮助其他人	
	AE3	使用互联网辟谣平台帮助其他人使我快乐	
	AE4	使用互联网辟谣平台帮助其他人是个享受的过程	
功利体验	UE1	在使用互联网辟谣平台时，我只针对性地浏览我想看到的信息	李玉峰，吕巍，柏佳洁（2008）；沙振权，蒋雨薇，温飞（2010）；Flanagin A. J. (2001)
	UE2	当发现互联网辟谣平台上查不到自己需要的信息时，会很失望	
	UE3	当我遇到难辨真假的不实信息时，我会在此平台寻求帮助	
	UE4	互联网辟谣平台的信息和资源对我来说是有用的	
社交体验	SE1	在互联网辟谣平台，我可以和想法相似的人进行交流	Leung L. (2003)；赵宇翔，朱庆华（2009）；Sweeny J. C. et al. (2001)
	SE2	互联网辟谣平台为我拓展人际关系提供了帮助，让我结识新朋友	
	SE3	使用互联网辟谣平台可以寻求社会帮助	
	SE4	在互联网辟谣平台上可以分享我的观点、思想和经验	
功能满足度	FS1	传统媒体辟谣无法满足我的需求	
	FS2	我愿意使用功能齐全的互联网辟谣平台	
	FS3	我喜欢使用功能齐全的互联网辟谣平台	
	FS4	使用功能齐全的互联网辟谣平台是一种享受	
满意度	SA1	我觉得使用互联网辟谣平台可以拓展知识、促进自身成长	B. Gaver et al. (2000)；K. M. Sheldon et al. (2001)；杨波（2013）
	SA2	我觉得使用互联网辟谣平台可以充实我的生活	
	SA3	我觉得使用互联网辟谣平台使我获得了享受和乐趣	
	SA4	使用互联网辟谣平台能够很好地满足我的需求	
使用意愿	CI1	我打算使用互联网辟谣平台	刘鲁川，孙凯（2011）
	CI2	我会继续使用当前的辟谣平台	
	CI3	我会推荐他人使用网络辟谣平台	

2. 数据收集

考虑样本的涵盖面和调查结果的质量，研究选择有网络辟谣平台使用经验或对网络辟谣平台有了解的手机用户作为调查对象。本研究招募手机志愿者用户以获取数据。首先，让志愿者使用任一互联网辟谣平台，尝试熟悉和使用互联网辟谣平台的各种丰富的功能。两周使用体验之后，志愿者结合自己的感受和体验进行问卷填写。调查最终共获得289份有效问卷，样本基本信息统计如表5-11所示。

表5-11　样本信息统计

特征	选项	比例（%）	特征	选项	比例（%）
性别	男	50.87		初中及以下	13.15
	女	49.13		高中/中专	29.07
年龄	22岁以下	19.79	学历	专科	25.26
	23~28岁	25.71		本科	22.15
	29~34岁	23.11		硕士及以上	10.38
	35~40岁	20.35		学生	47.75
	40岁以上	11.04	职业	上班族	39.10
				自由职业或无业人员	13.15

（三）结果讨论与建议

1. 结果讨论

本研究使用结构方程模型，数据处理采用偏最小二乘法。下面从两个方面对模型进行验证：测量模型验证和结构模型验证。

测量模型验证需要检验量表的信度和效度。SmartPLS计算结果显示，各变量的组合信度与克隆巴赫系数均大于0.8，平均方差抽取量都大于0.5（见表5-12），说明测量题项内部具有较好的信度。

效度是从收敛效度和区分效度两方面进行检验。通过SmartPLS软件计算变量的交叉因子负荷都大于0.7，说明收敛效度符合标准。如表5-13所示，表格左对角线数据为平均方差抽取量平方根，该数据大于所在行和列的所有数值，因此，测量模型的区分效度合格。

表 5-12　信度和效度分析

潜变量	测量项编码	克隆巴赫系数	组合信度	平均方差抽取量
感知收益	PI1～PI3	0.873	0.894	0.762
利他体验	AE1～AE4	0.857	0.911	0.817
功利体验	UE1～UE4	0.914	0.864	0.596
社交体验	SE1～SE4	0.904	0.929	0.743
功能满足度	FS1～FS4	0.854	0.864	0.659
满意度	SA1～SA4	0.914	0.938	0.815
使用意愿	CI1～CI3	0.864	0.872	0.773

表 5-13　潜变量相关系数与 AVE 平方根

测量变量	相关系数矩阵						
	PI	AE	UE	SE	FS	SA	CI
PI	0.873						
AE	0.546	0.904					
UE	0.463	0.565	0.773				
SE	0.582	0.467	0.526	0.862			
FS	0.348	0.615	0.547	0.318	0.812		
SA	0.224	0.472	0.363	0.512	0.393	0.903	
CI	0.594	0.643	0.343	0.458	0.236	0.284	0.879

注：PI 为感知收益，AE 为利他体验，UE 为功利体验，SE 为社交体验，FS 为功能满足度，SA 为满意度，CI 为使用意愿。

结构模型验证通过 SmartPLS 软件计算路径系数，结果如图 5-3 所示。模型验证结果显示，H1 至 H10 均得到支持，如表 5-14 所示。

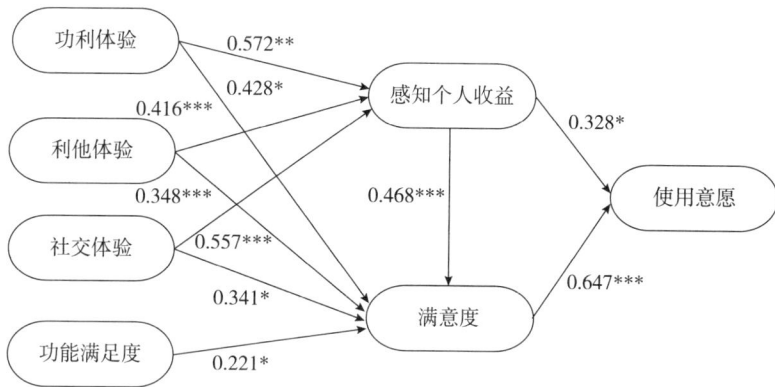

图 5-3　模型验证

注：＊＊＊表示 p<0.001，＊＊表示 p<0.01，＊表示 p<0.05。

表 5-14　模型验证结果

假设	因果路径	路径系数	显著性	T-VALUE	检验结果
H1	UE→PI	0.572	0.007	2.492	支持
H2	UE→SA	0.428	0.036	2.721	支持
H3	AE→PI	0.416	0.000	5.922	支持
H4	AE→SA	0.348	0.000	4.824	支持
H5	SE→PI	0.557	0.000	7.280	支持
H6	SE→SA	0.341	0.030	3.619	支持
H7	FS→SA	0.221	0.042	2.181	支持
H8	PI→SA	0.468	0.000	3.853	支持
H9	PI→CI	0.328	0.006	2.484	支持
H10	SA→CI	0.647	0.000	4.492	支持

最后，通过结构方程模型中路径系数计算自变量对因变量的直接、间接和总影响的效果值，可以了解各自变量对因变量影响的真实程度。本研究中自变量对因变量的总效果值如表 5-15 所示。

表 5-15　总效果值

	PI	SA	CI
感知收益（PI）		0.468	0.639
利他体验（AE）	0.416	0.543	0.488
功利体验（UE）	0.572	0.696	0.638
社交体验（SE）	0.557	0.602	0.572
功能满足度（FS）		0.221	0.143
满意度（SA）			0.647

由以上研究结果可知，通过三种类型的用户体验产生的感知个人收益和功能满足度影响下的满意度的提升是影响使用意愿的重要因素。

第一，感知个人收益和满意对互联网辟谣平台用户使用意愿的影响显著。研究结果发现，用户的感知个人收益对采纳意愿有显著影响。当用户使用网络辟谣平台是自愿行为时，他们只有获得个人收益，才愿意采纳该平台。当用户获得感知收益后，会伴随着对辟谣平台满意度的提升。由模型验证结果可知，感知个人收益对使用意愿的路径系数（p=0.328，p<0.05）明显低于满意度（p=0.647，p<0.000）变量，表明用户满意对于互联网辟谣平台的影响大于感知个人收益因素。由此可推断，在互联网辟谣平台，用户仅从辟谣平台获得收益不能激发对平台的使用意愿，当用户对个人收益感到满意时，用户使用互联网辟谣平台的意愿才会更大。总效值显示，满意度、感知个人收益对使用意愿的影响作用分别为 0.647 和 0.639。

第二，互联网辟谣平台用户体验的重要性突出。首先，研究结果表明，功利体验能够使用户的感知收益提升。用户使用网络辟谣平台的一个极其重要的目的是获取对自己有价值的信息，功利体验显著显示，用户对互联网辟谣平台信息内容的获取对个人收益（p=0.572，p<0.01）和满意度（p=0.428，p<0.05）有正向影响。其次，用户采纳互联网辟谣平台的另一个激励因素是利他体验。根据自我决定理论，人的行为动机受到利他性的驱动。个人的利他主义对于个体具有相对正面的精神反馈。辟谣平台的利他体验特征明显，对个人收益的影响权重（p=0.416，p<0.000）反映了这一点。最后，研究结果发现，社交体验对感知个人收益的影响权重仅次于功利体验，表明公众参与互联网辟谣平台也想获取社交的满足，社交体验有助于用户之间的信息分享和情感的交流，社交需求和利他体验的结合也利于用户社会关

系的维持和发展。

第三，互联网辟谣平台用户功能满足度的作用明显。SmartPLS 分析结果显示，功能满足度对满意度（p＝0.221，p<0.05）有直接影响，路径系数达到 0.221，由此表明，若用户的功能满足度提高 1 个单位，则他们的满意度会提高 0.221 个单位。并且，功能满足度通过满意度对网络辟谣平台用户使用意愿产生间接影响。由此可见，网络辟谣平台用户功能满足度对用户满意度、平台的使用意愿有重要影响。功能满足程度越高，用户的满意度也越高，使用意愿也越强。

2. 建议

根据研究结果，提出以下建议以帮助相关部门鼓励更多公众使用互联网辟谣平台。

首先，互联网辟谣平台需要在内容和主题上进行分类，使信息的呈现显得有序。辟谣平台需要对信息内容进行分类，按照不同的主题进行模块划分，并不是简单的数据整合，不同兴趣偏好的用户可以根据自己的需要浏览不同类别的信息，如健康类、信息安全类等。另外，网络辟谣平台还需了解用户过去的浏览行为，对热门话题进行推荐。平台通过跟踪用户的浏览记录和访问的主题栏目，从而把用户感兴趣的话题内容推送到手机或邮箱中，提高用户对辟谣平台的关注度，进一步提升参与度。互联网辟谣平台应抓住大众偏好，做到内容的精准推送。

其次，互联网辟谣平台应加入社交功能来增强用户之间的联系、互动。随着社会化媒体的发展，在线内容平台与社交平台逐渐融合，两者的结合是信息技术发展的必然产物。互联网辟谣平台凭借社交功能的建立，吸引网民建立自己的网络人际圈子。随着自媒体时代的到来，用户已不满足于成为单纯的信息接收者，而是更愿意参与到网络的虚拟社区中，网络辟谣平台的设计者应把公众的社交体验考虑在内。用户可以借助互联网辟谣平台的社交功能进行信息的获取和信息的提供。一方面，用户可以通过转发、分享提供有价值的信息；另一方面，用户也能与平台其他成员交流而获得帮助和支持。社交功能使用户在网络辟谣平台上建立双向沟通交流的关系，满足用户社交需求，形成真正从用户角度出发的辟谣平台。

最后，考虑到利他体验是增强网络辟谣平台用户采纳意愿的重要内在因素，网络辟谣平台设计者应最大程度激发公众的利他主义精神。另外，平台应注重开发响应公众参与的反馈机制，如在互联网辟谣平台设置积分排名，对于评论和转发次数多的活跃用户进行奖励，当公众认为自己的行为帮助了他人而又获得了奖励时，参与积极性也会同步提升。

本章小结

本部分讨论了群体干预模式"Why"的问题，即讨论影响公众参与应对不实信息传播的原因是什么，继而决策者可以采用恰当的方式激励他们积极参与。因为已经有研究宏观上讨论了这一问题，本部分主要从偏微观的三个角度对这一问题进行了更深层次的探讨。首先讨论了社会化媒体用户人格特质对其干预不实信息传播意愿的影响；其次以意见领袖理论、附着力理论及行为意愿理论为理论基础，对影响社会化媒体用户分享辟谣信息的因素进行探索；最后讨论了一般用户使用互联网辟谣平台意愿的影响因素。三个方面的研究都提出了针对性的建议。

第六章

社会化媒体不实信息群体干预执行方式研究

本章将讨论模式的第四个要素，回答"How"的问题，即社会化媒体用户群体将如何借助社会化媒体平台去实现对社会媒体不实信息传播的干预。本书在前面几章从理论上分析了"群体干预"模式后，在实践中借鉴众包的方法去执行群体干预的任务，但关于众包的研究多集中于商业领域，本章将结合技术支持与理论研究，讨论众包方法运用在社会化媒体不实信息应对过程中所能实现的具体功能。

由于不同的群体倾向于不同的执行方式，不同的执行方式又需要不同的激励方案，同时得到不同的执行结果，因此，本章讨论的问题与群体干预模式其他三个要素讨论的问题是紧密相关的。

一、群体干预实现的众包方法

非常规突发事件社会化媒体不实信息的应对是一个需要多主体参与并协作的过程，在具体的任务执行中，可以借助社会化媒体平台提供的功能，借鉴众包（Crowdsourcing）的理念和方法来完成。"众包"一词由美国记者Jeff Howe 于 2006 年首次正式提出，主要用于描述一种新的商业模式，随着众包的实践发展，其开始拓展到科研、新闻和政府治理多个领域，本书将采用基于社会化媒体平台功能的众包方法具体实现不实信息的"群体干预"，因此对其具体参与方式的系统归纳是完成系统干预任务的关键。本书将具体参与方式分为累积型众包和协作型众包，其中累积型众包又分为独立型众包和竞赛型众包两类，如图 6-1 所示。

```
                      ┌──────────┐
                      │  众包方式  │
                      └──────────┘
              ┌───────────┴───────────┐
         ┌──────────┐            ┌──────────┐
         │ 累积型众包 │            │ 协作型众包 │
         └──────────┘            └──────────┘
        ┌─────┴─────┐
   ┌──────────┐ ┌──────────┐
   │ 独立型众包 │ │ 竞赛型众包 │
   └──────────┘ └──────────┘
```

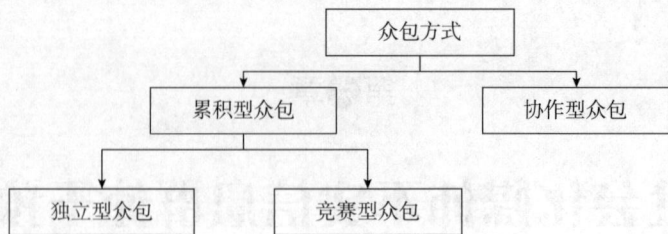

图6-1　群体干预实现的众包方法

协作型众包依赖于社会化媒体用户的志愿参与和贡献，商业模式中以维基百科最为典型。众包更擅长的是支持大规模的协作，这对应对非常规突发事件中传播的不实信息非常有效，借助互联网技术，分散在不同地理位置的用户利用各自的便利条件，对某一不实信息进行举证。Wu-Chih Hu 指出，群体规模越大，群体协作性信息行为越易开展。参与者之间通过群体互动，能够更快、更容易地实现纠偏信息的生产，同时借助社会化媒体的既有功能和机制，干预不实信息的传播。本书第七章，将利用实际案例对这一问题进行更详细的讨论，展示社会化媒体不同类型的用户是如何通过协作实现对不实信息传播的干预的。

累积型众包不同于协作型众包，其形式上由社会化媒体用户采用独立参与的方式执行干预任务，但根据本书前面的讨论，每个个体都是群体中的一员，在技术环境的支持作用下，无论是用户参与的内容生产创造还是做出的判断评价，都存在一定的群体互动，都能逐渐体现出一定的群体关联性，这种方式能提高问题解决方案的丰富程度，所以称为累积型众包。在社会化媒体环境中，每一次用户的内容创作、编辑都会让纠偏信息更加丰富，每一次对某一话题的投票、点赞和转发都会帮助社会化媒体形成群体意见，根据前面章节的讨论，这些由累积型众包生成的群体意见会影响个体对信息真实性的判断和转发意愿，实现了对不实信息传播的干预。

竞赛型众包是指在一些众包的实际应用中，任务发起者引入了竞赛机制。竞争型众包不同于协作型众包，用户间存在竞争关系，但仍然是独立参与的。竞争型众包一般伴随着一定的激励机制，在非常规突发事件中，如果任务发起者急于在短时间内获得纠偏信息，或快速发动更多用户参与不实信息的群体质疑、反驳等，竞赛型众包会有比较好的效果。本章第三部分将具体引用案例说明这一应用。

众包参与者间既无竞争也无协作关系的任务完成形式都称为独立型众包。独立型众包是一种应用非常普遍的众包方法，这种方法公众的参与门槛低，非常适合完成判断评价类群体干预任务，如公众参与的评论、点赞、投票、标注、评级、分享等看似无意识的独立行为，可以实现信息的聚合和序化，是社会化媒体平台群体智慧形成和展现的有利方式，其在应对不实信息传播中，无论对提升用户的批判性思考能力，还是获取集体意见，都有非常大的帮助。

前面已经讨论过很多流行的社会化媒体平台提供的功能和机制使群体能够形成和传播群体智慧以应对不实信息，同样，社会化媒体平台的很多功能和机制也能支持众包的实现，如表6-1所示。

表6-1　社会化媒体支持众包的功能

功能名称	应用平台
在线群组参与功能	新浪微博、社交网站
创建信息词条	维基百科、百度百科
投票排序	知乎
观点支持度投票	新浪微博、知乎
回复	新浪微博、社交网站、知乎
社会化标注	新浪微博、虚拟社区、知乎
用户等级积分	新浪微博、虚拟社区
推荐首页	DIGG
悬赏问答	雅虎知识堂

二、基于巴斯模型的众包方式群体干预效率模拟

根据上文提出的群体干预实现的众包方法，本部分拟借助巴斯模型理论，在非常规突发事件背景下讨论社会化媒体平台的纠偏信息生产模式，预测纠偏信息的潜在生产者的行为，分析不同的众包方法在执行群体干预任务时对生成纠偏信息效果的不同。

（一）巴斯模型应用说明

为了预测市场对新开发产品的购买数量，美国管理心理学家 Frank Bass 提出了著名的巴斯模型。巴斯模型指出，一项新产品可以通过两种传播途径（外部途径和内部途径）影响潜在消费者，而潜在产品使用者又分为创新者和模仿者两类。巴斯模型的提出主要基于以下几个假设：①新产品市场潜力不随时间变化而改变；②这种新产品的信息扩散不与其他产品扩散相关联；③新产品信息扩散划分为两个阶段的过程，即采纳信息并购买或者不采纳信息不购买，不考虑产品的重复购买；④不考虑新产品信息采纳者的异质性。模型被刻画如下：

$$\frac{f(t)}{1-F(t)} = p + qF(t), F(0) = 0 \tag{6-1}$$

$F(t) = \int_0^t f(t)\,dt$ 的解为：

$$F(t) = \frac{1 - e^{-(p+q)t}}{\frac{q}{p}e^{-(p+q)t} + 1} \tag{6-2}$$

对于 F（t）求导得到：

$$f(t) = \frac{(p+q)^2}{p} \frac{e^{-(p+q)t}}{\left[\frac{q}{p}e^{-(p+q)t} + 1\right]} \tag{6-3}$$

其中，p 为创新系数，即尚未采用新产品的人受到大众传媒或其他外部因素影响，开始采用该新产品的可能性；q 为模仿系数，即尚未采用新产品的人受到已采用者的口碑影响，开始采用该新产品的可能性；f（t）为 t 时刻的新产品信息新增采纳率；F（t）为从初始时间到 t 时刻累积的产品信息市场总采纳率。

巴斯模型中描述的产品消费扩散过程实际上是潜在消费者通过不同途径接收的信息再采纳的过程。社会心理学领域的 ELM 模型理论认为，个体受信源信息影响的过程中，态度和行为的改变源自中心路径和外围路径两条路径。在本书的研究背景下，社会化媒体不实信息传播过程中，当个体接触到一条不实信息时，不仅可以通过对信源信息独立的思考分析和查证（中心路径），实现态度和行为的改变，也可以通过群体互动综合分析外围信息（外围路径）来实现态度和行为的改变。这两种方式都可以实现对不实信息传播的纠偏，这一过程与巴斯模型中的产品信息的采纳过程非常类似。下面利用巴斯模型来讨论结合不同的众包方式实现对不实信息群体干预的效率问题。

由于不管是个体生成纠偏信息还是通过判断评价形成的群体意见去影响个体，都反映了纠偏信息的增多，为了讨论的简化，本部分将以纠偏信息的生成总量来衡量群体干预的效率从而构建模型进行模拟。

（二）独立型众包和协作型众包共同作用下的群体干预效率模拟

针对只有独立型众包和协作型众包共同作用下的情形，做出以下假设：

（1）社会化媒体用户有两种途径参与纠偏信息生产：独立型众包和协作型众包，t 时刻通过前者生产的纠偏信息总数量为 A(t)，通过后者生产的纠偏信息总数量为 B(t)，则 Y(t)＝A(t)＋B(t) 为 t 时刻累积生产的纠偏信息总数量。不妨假设只在社会化媒体信息生态环境中。

（2）某一次事件中，社会化媒体生态系统中有纠偏能力的潜在人数总量为 N，t 时刻纠偏信息的潜在生产者数量为 N-A(t)-B(t)。

（3）不同的众包参与途径与用户对信源信息进行内部加工的方式有关。倾向于自主努力查证的个体通过独立型众包参与纠偏信息生产，定义 j 为自主努力系数；倾向于群体互动的个体通过协作型众包参与纠偏信息生产，定义 k 为群体激励系数。

（4）不妨简单假设每个生产者只能生产一条纠偏信息（如果考虑到一个参与者生产多条纠偏信息，只要引入一个参与意愿系数就可以刻画）。

突发事件中独立型众包和协作型众包共同作用下纠编信息的生产模式如图 6-2 所示。

在 t 时刻通过独立型众包方式生产的纠偏信息增量为：

$$\frac{dA(t)}{d(t)} = j(N - A(t) - B(t)) \qquad (6-4)$$

在 t 时刻通过协作型众包方式生产的纠偏信息增量为：

$$\frac{dB(t)}{dt} = k(N - A(t) - B(t)) \frac{(A(t) + B(t))}{N} \qquad (6-5)$$

在 t 时刻纠偏信息的总增量为：

```
┌─────────────────────────────────────┐
│         生产者最大潜量N               │
│    独立型众包参与者A（t）            │
│    协作型众包参与者B（t）            │
└─────────────────────────────────────┘
                  │
                  ▼
┌─────────────────────────────────────┐
│      尚未参与生产者N-A（t）-B（t）   │
└─────────────────────────────────────┘
      │                       │
   独立                     群体
   查证                     讨论
      │                       │
      ▼                       ▼
┌──────────────┐      ┌──────────────┐
│ 通过独立型众包参与│   │ 通过协作型众包参与│
│  纠偏信息生产    │   │  纠偏信息生产    │
│ j（N-A（t）-B（t））│ │ k（N-A（t）-B（t））│
│                 │   │ （A（t）+B（t））/N│
└──────────────┘      └──────────────┘
       │                      │
       ▼                      ▼
┌─────────────────────────────────────────┐
│           纠偏信息数量增长                │
│ j（N-A（t）-B（t））+k（N-A（t）-B（t））（A（t）+B（t））/N │
└─────────────────────────────────────────┘
```

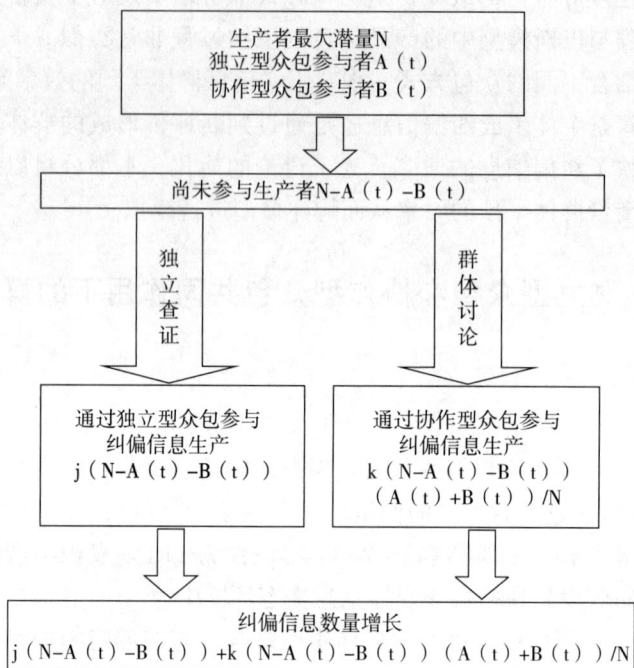

图6-2　突发事件中纠偏信息的生产模式

$$\frac{dY(t)}{dt} = \frac{dA(t)}{dt} + \frac{dB(t)}{dt} = \frac{d(A(t)+B(t))}{dt} \tag{6-6}$$

$$= j(N-A(t)-B(t)) + K(N-A(t)-B(t))\frac{(A(t)+B(t))}{N}$$

当 t=0 时，$A(t) = B(t) = Y(t) = 0$

得到：

$$Y(t) = N\frac{1-e^{-(j+k)t}}{\frac{k}{j}e^{-(j+k)t}+1} \tag{6-7}$$

根据以上模型，利用 Matlab 软件模拟不同时刻纠偏信息累积数量与各参数之间的关系。不妨令 $N=300$，$A(0)=B(0)=0$，$k=0.6$，分别取不同的 j，仿真结果如图6-3所示。

由参与者生产的纠偏信息数量由初始值 0 开始随时间逐渐增加，逐渐趋于纠偏信息生产者最大潜量 N。在达到饱和状态前，纠偏信息数量受到自主努力系数的正向影响，j 值越大，纠偏信息数量达到饱和状态的时间越短。

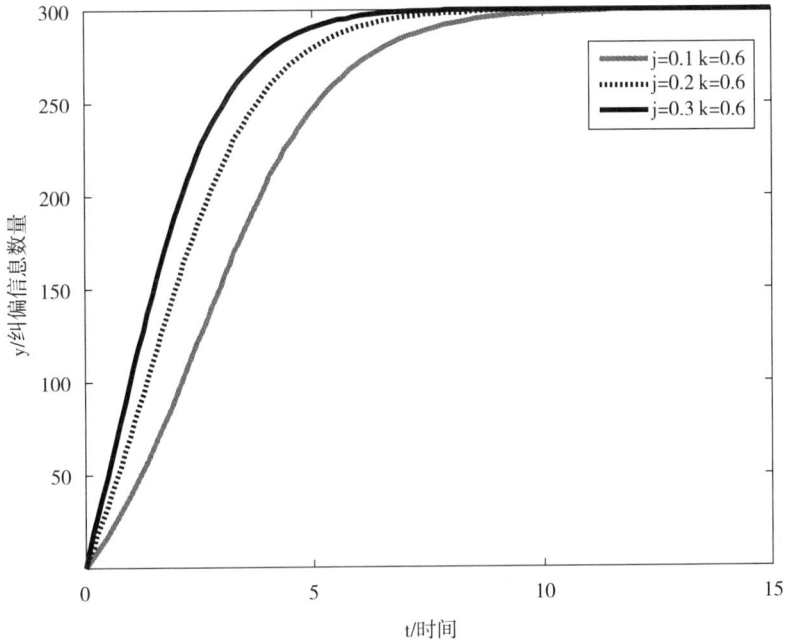

图 6-3　参数仿真结果一

不妨令 N = 300，A(0) = B(0) = 0，j = 0.2 条件不变时，分别取不同的 k，仿真结果如图 6-4 所示。

可见，在纠偏信息达到饱和状态前，其数量受到群体激励系数的正向影响，k 值越大，纠偏信息数量达到饱和状态的时间越短。

仿真结果给不实信息应对带来的启示有：①借助外部资源的帮助（如互联网强大的搜索能力和丰富的信息素材），用户能独立对纠偏信息进行整合再加工，用户的努力程度越高，完成生产纠偏信息任务的速度越快；②活跃的群体互动有助于实现纠偏信息数量的快速增长（这与第三章讨论的结论吻合）。纠偏信息的生产是一个持续的过程，应对某个话题引起的不实信息传播并不等同于反驳一条谣言，群体不断地评论、反馈、辩论、互动会使纠偏信息更加完善，纠偏的效果就越好，在第七章还将具体讨论群体协作干预不实信息传播的过程。

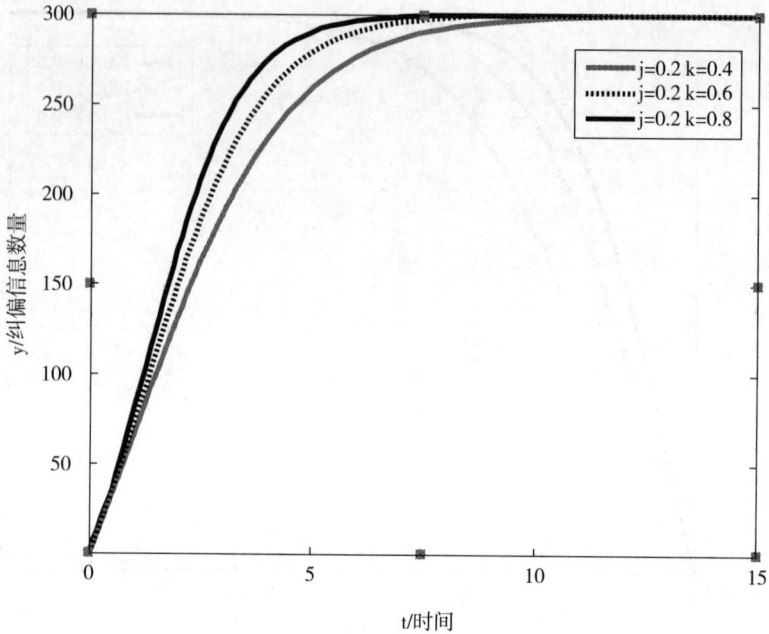

图 6-4　参数仿真结果二

（三）独立型众包、协作型众包和竞赛型众包共同作用的群体干预效率模拟

非常规突发事件情形下，很多不实信息的出现具有不可预测性，而且需要在短时间内快速得到纠偏和更正，仅仅依靠独立型众包和协作型众包可能难以达到预定的干预目标。对于某些不实信息，一般用户没有能力进行纠偏、判断和评价，此时竞赛型众包可以吸引特定用户参与不实信息的群体干预，并能在短时间提升群体干预的效率。在上文假设的基础上增加以下假设：新增一部分群体用户通过竞赛型众包参与纠偏信息生产，不妨用竞赛激励系数 m 表示用户受众包竞赛影响而生产纠偏信息的概率。三种不同类型众包共同作用下的纠偏信息生产模式如图 6-5 所示。

在 t 时刻纠偏信息的总增量为：

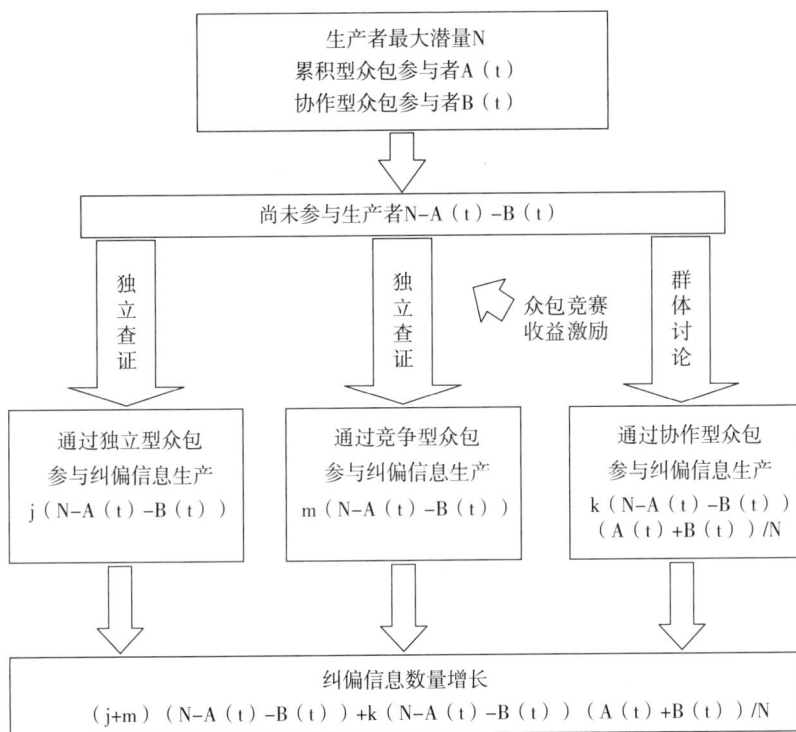

图6-5　三种众包共同作用的纠偏信息生产模式

$$\frac{dY(t)}{dt} = \frac{dA(t)}{dt} + \frac{dB(t)}{dt} + m(N-A(t)-B(t))$$

$$= (j+m)(N-A(t)-B(t)) + k(N-A(t)-B(t))\frac{(A(t)+B(t))}{N}$$

$$(6-8)$$

t=0 时，Y(t)=0

计算出：

$$Y(t) = N\frac{1-e^{-(j+k+m)t}}{\frac{k}{j+m}e^{-(j+k+m)t}+1}$$

$$(6-9)$$

假设 N=300，A（0）=B（0）=0，k=0.6，j=0.2 条件不变时，分别取不同的 m，仿真结果如图6-6所示。

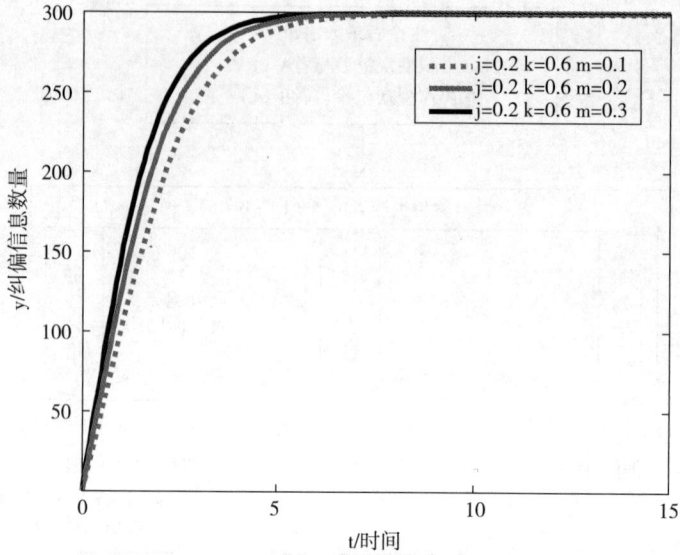

图 6-6　参数仿真结果三

由图 6-6 可知，m 值越大，纠偏信息数量达到饱和状态的速度越快，众包竞赛的加入可以提升群体干预的效率。

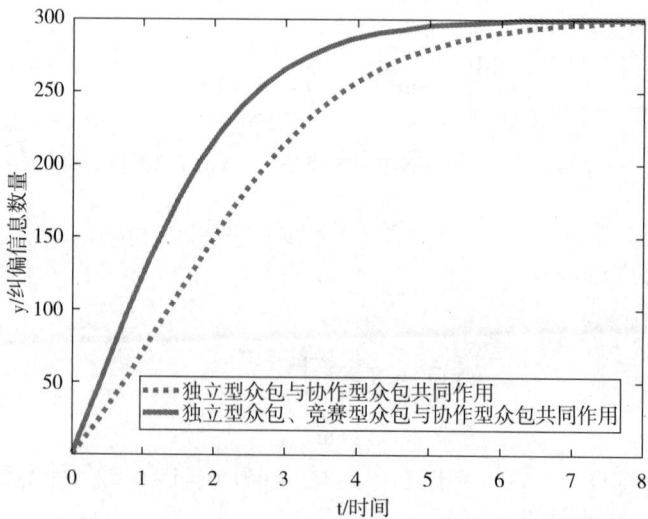

图 6-7　参数仿真结果四

由图 6-7 可知，竞赛型众包对纠偏信息数量增长（图中位于上面的线条表示）的作用有一个先逐渐增强，然后作用逐渐消失的过程，这说明竞赛型众包在某不实信息传播事件初期的干预效果会更好。

通过对独立型众包、协作型众包和竞赛型众包共同作用下的纠偏信息生产效果的模拟，对于社会化媒体不实信息的应对可以得到几点启示：①众包竞赛可以提升不实信息群体干预效果，但需要对众包竞赛的过程进行管理和引导；②众包竞赛在开始的一段时间内取得成功的关键是吸引更多的参与者参与，因此发起众包竞赛制定的筛选机制非常重要，筛选机制需要在吸引公众参与和努力提升参与者生成内容质量两者中取得平衡；③激励机制对众包竞赛的发起显然非常重要，根据模拟结果，我们不仅要考虑激励的内容，还要考虑激励的时间。由于第五章已经讨论过激励的内容问题，在此主要讨论激励时间。模拟仿真显示，众包竞赛作用的发挥有一个先逐渐增强后逐渐微弱的过程，由于能力或地域等因素的优势，部分参与者可能在接受任务后迅速采取行动，纠偏信息进入数量高速增长期，但社会化媒体的高活跃度用户有限，此时竞赛组织者应该及时兑现承诺的激励，激励潜在的纠偏信息生产者继续参与不实信息的纠偏。

综合比较以上两部分的分析结果，发现个体努力程度、群体互动激励和竞赛激励都能加快纠偏信息的生成，提高群体干预的效率；而当群体干预引入竞赛型众包后，能在更短的时间里发挥出参与者的干预潜力，但在经历了一段时间后，竞赛型众包产生的增强效果会减弱，直至消失。由于竞赛型众包往往需要成本（下文讨论的竞赛型众包激励定价就是一个典型例子），决策者需要决定在某个时间节点前使用竞赛型众包。

三、基于竞赛型众包的不实信息纠偏信息
生产激励方案研究

在实施过程中，关于社会化媒体不实信息群体干预的众包方法有很多问题需要研究，本书仅以一个案例为例，讨论基于竞赛型众包的不实信息纠偏信息生产中的众包定价问题。

（一）不实信息群体干预的竞赛型众包方案

2011 年日本核泄漏事件这一非常规突发事件发生后，由于关于海水被污染影响海盐生产的传闻，中国大陆出现了抢盐风波，大量超市的食用盐短时间内被抢购一空，造成公众恐慌。此时政府一方面努力澄清谣言，另一方面努力加大食用盐的市场供应，消除公众因为买不到盐的恐慌，但一些别有用心的商人为了哄抬物价，编造"海盐因为被核辐射污染，目前各大超市海盐已被政府强制下架，其他类型食用盐因为短缺，价格已经上涨 10 倍"的虚假信息，并通过社交媒体及论坛大肆传播。这一虚假信息由于跟每个家庭和每个人的日常生活直接相关，所以传播速度非常快，即使政府及时进行了辟谣，仍然造成了非常恶劣的影响，如有人趁机炒作盐业公司的股票，让一般股民损失惨重。由于这类不实信息传播速度快、影响度广、传播时间短，政府在短时间利用传统方式进行大规模辟谣困难，即使可以对"政府强制下架海盐销售"这一信息进行辟谣，但对"超市非海盐价格已经上涨 10 倍"这一话题就无力辟谣，因为对公众说服力不够。这一不实信息中可能蕴含着部分真实信息（可能确实有的超市真的涨价了），对这类不实信息的传播可以通过鼓励社会化媒体用户快速、及时举证进行群体干预，比如发布众包任务，鼓励用户到自己周边的超市去拍照取证，证明超市的海盐并没有下架，而其他类型的食用盐也没有涨价，生产纠偏信息直接反驳虚假信息传播，同时保证在突发事件中为公众及时提供各种非虚假信息（包括争议信息），防止因为信息缺乏导致的公众恐慌。

为了及时对不实信息进行纠偏，引入竞赛型众包，即提供一种奖励机制，在一定的时间期限内，鼓励社会化媒体用户生产更多的纠偏信息。对于本场景设定的情形，假设在此不实消息集中爆发的某一地区共有 n 个超市，在一定的时间期限内有 m 个超市的食用盐货架的照片被上传，m 越接近 n 越好，说明生产的纠偏信息越多。实际情况中，多个任务可能因为位置比较集中，导致用户会争相选择，此时可以考虑将这些任务联合在一起打包发布给公众。

这一众包任务完成质量的核心问题就是奖励机制的制定问题，为了讨论的简便，不妨设奖励是金钱奖励（现实情况的激励形式有很多，如威望值等），为每一任务（去每一超市的食用盐货架拍照上传到指定网站、社区及在朋友圈转发等）制定合适的定价，如果定价不合理，就会出现很多的超市无人去拍照，导致 m 的值很小，针对这一虚假信息产生的纠偏信息数量不足，群体干预的效果差。

通过现有的各类互联网地图产品，我们可以获得各个超市的位置信息（对超市的数量可以根据情况进行挑选，比如公众所熟悉的某几个品牌下属的所有超市），对于某一个社会化媒体平台的用户，在获得用户同意的情况下，每个志愿参加群体干预的用户的位置信息已知。

（二）模型分析与构建

竞赛型众包需要在一定资源约束下通过群体协作达到既定目标，所以竞赛型众包定价的重点在于设计一种激励机制以提升任务完成度。站在用户角度，是否会接受并完成任务，一般主要会考虑任务的回报以及任务的难易程度。

根据第五章的讨论，影响用户参与的激励方式主要有两种，即内部精神激励和外部物质激励，在此为了方便量化用户行为获得的回报，同时在实际中很多社会化媒体平台的精神激励也是通过量化的方式提供的（如威望值），因此不妨假设只考虑物质奖励，即金钱奖励。同时，用户在做出行动时会付出成本，包括时间成本、交通成本等。当用户得到的金钱奖励大于付出的成本时，行动就可能会发生。所以，用户接受任务的基本条件是得到的回报大于成本，而用户付出的成本和获取的收益（或对成本和收益的感知程度）与所在地区的经济水平相关，如果发动的是跨区域的众包竞赛，区域的经济收入差异是需要考虑的因素。

根据技术接受模型，感知易用性是人们应用信息技术的一个关键性因素，但对于本问题，对超市进行拍照取证并上传对于平台的众包志愿参与用户几乎没有技术的难度，这方面不做考虑，需要考虑的是用户距离任务目的地的距离，若距离很远，即使回报较高，用户也可能选择不接受。所以，将任务和用户之间的距离作为众包定价的影响因素，当众包任务与所有用户距离都很远时，可以考虑提升定价以保证任务能够有人去完成。

另外，竞争型众包的运作模式一般是"抢单"，正常情况下竞争者数量会比任务数量多，在进行竞争型众包定价时，任务周围的用户密度决定了竞争的激烈程度，当竞争激烈时，由于用户密集，任务的价格即使不高，也有很大概率被完成；相反，某一任务点的用户密度低，就要考虑提高任务定价吸引更广范围的用户来完成这一任务。因此，任务点的用户密度是竞赛型众包定价的影响因素。

综上所述，本书将区域经济发展水平（如人均 GDP）、任务距离以及任务单位范围内的用户密度作为竞赛型众包定价的影响因素。

该众包竞赛的目标是在特定时间内提高纠偏信息生产量，即提高前面定义的任务成功完成率 η_s，不妨设任务成功完成数为 t_s、总任务数用 t 表示，同时假定成本约束为不超过 C。

为了在总预算维持相对稳定的情况下使任务完成率最高，考虑将前面分析出的三个影响因素提取为具体指标。用户密度定义为以某一任务超市为圆心，以 r 为半径的圆内的用户数，不妨用 ρ 表示。用区域人均 GDP 表示当地的经济水平，不妨用 E 表示，这一指标对刻画用户对成本及收益的感知程度有重要作用；用 D 表示用户到目标任务超市的距离。基于上述三项指标，建立初步定价回归方程模型：

$$P_i = \beta_1 \rho_i + \beta_2 E_i + \beta_3 D_i + c_0 \tag{6-10}$$

由于涉及个人隐私，数据收集非常困难，我们借助了一个公开数据来讨论这一问题（数据来源：http：//www.mcm.edu.cn/）。这是一个商业上超市拍照赚钱的案例数据，在这个数据集中，包含了超市的位置数据、会员的位置信息、拍照任务的完成情况等，但没有公开其定价方案。根据本书的研究需要，我们截取了里面的部分数据信息讨论这个回归模型的参数设定并对模型进行评价，以讨论如何更好地制定众包竞赛的众包任务定价方案，提高群体干预的效率。

根据这个案例数据，通过调用高德地图的接口，结合程序编写，对公开数据中的任务超市位置进行可视化展示，见图 6-8。

在这一公开数据中，有部分任务没有完成（835 个任务完成了 522 个），根据任务的完成程度和用户的位置信息，查找任务没完成的可能原因，并进行可视化展现。

在图 6-9 中，·表示成员的分布，▲表示定价较高的任务（先根据任务完成情况确定了一个定义定价高低的阈值），·表示定价较低的任务，明显发现，会员密度和任务标价成反比，符合前面给出的定价模型的基本判断。

单独考虑那些未被用户选择完成的众包任务，在图 6-10 中，·仍然表示成员分布，★表示未完成的任务，○标记已完成的任务，直观上很难发现他们之间有什么明显的关联。

将已有的任务数据对前面建立的定价模型进行多元回归，得到拟合后的方程为：

$$P_i = -0.089\rho_i - 0.001E_i + 16.052D_i + 80.060 \tag{6-11}$$

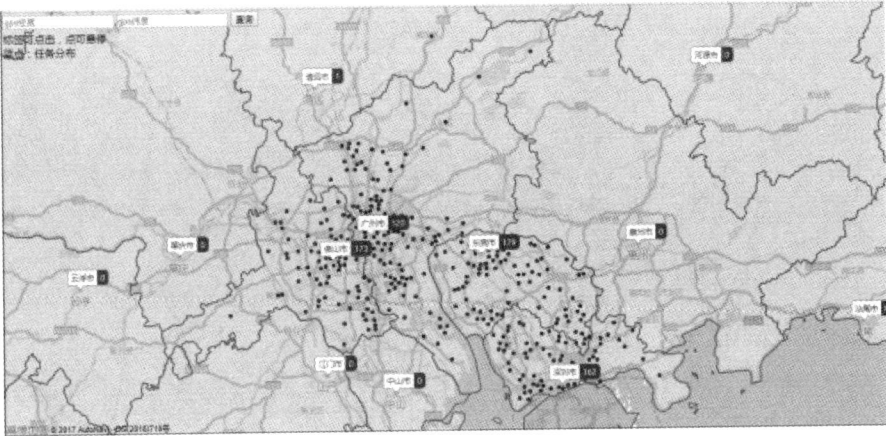

图 6-8　数据集中任务点分布（按照高德地图坐标呈现）

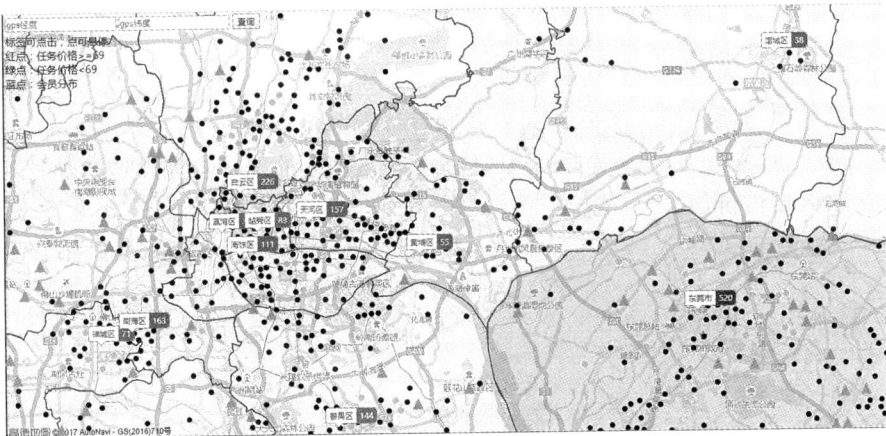

注：“•”表示成员的分布，“▲”表示定价较高的任务，“•”表示定价较低的任务。

图 6-9　按照定价分类和成员分布展现的可视化效果

观察拟合后的方程发现，任务定价与地区经济水平成反比，同时距离的系数太小，这明显是不合理的，考虑到地区收入差距，适当调整系数和常量得到以下定价方程：

$$P_i = -0.089\rho_i + 0.00603E_i + 166.5D_i + 36.66 \qquad (6-12)$$

由于这一完成率背后的众包定价方案未知，需要尝试自己给出一个定价方案，使得完成率会优于这一完成率，即表示我们设计的定价方案是可行的。成功率直接与任务是否被接收相关，建立以下评价模型：

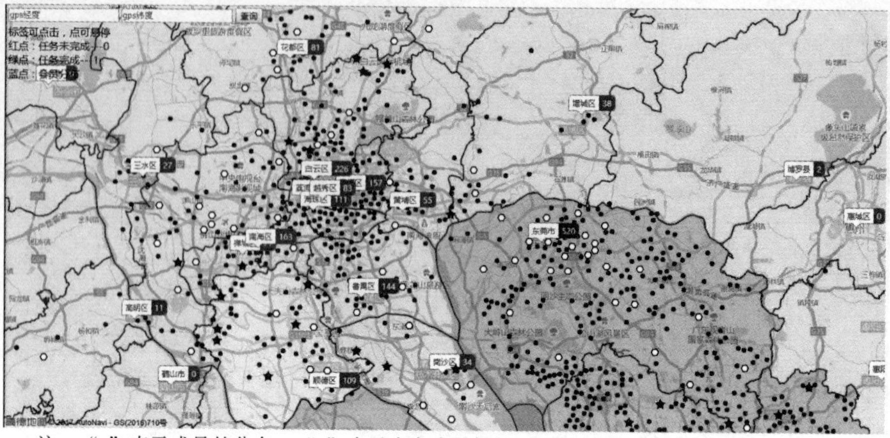

注："●"表示成员的分布，"★"表示未完成的任务，"○"表示已完成的任务。

图 6-10 按照任务是否完成和成员分布展现的可视化效果

$$U_i = \alpha_1 E_i + \alpha_2 D_i + \alpha_3 \rho_i + \alpha_4 P_i \qquad (6-13)$$

其中，U_i 表示任务是否被接收，取值为 0 时表示未完成，取值为 1 代表已完成。U_i 与地区经济水平（E）、接收者最短距离（D）、用户密度（ρ）以及任务定价（P）有关。考虑到用户对收益和成本的感知与当地收入水平有关，引入单位价值 p_i 这一概念：

$$p_i = \frac{P_i}{E_i} \qquad (6-14)$$

则改进后的模型为：

$$U_i = \alpha_1 p_i + \alpha_2 D_i + \alpha_3 \rho_i \qquad (6-15)$$

将 SPSS 中 Logistic 二元回归生成的系数（见表 6-2 和表 6-3）代入模型，即：

$$U_i = 566.463 p_i + 10.935 D_i + 0.000388 \rho_i - 5.963 \qquad (6-16)$$

利用前面构建评价模型评价新的定价方案是否将目标 η_s 优化，同时维持了总预算 C 的稳定。分别用模型（6-15）和模型（6-12）带代入评价模型（6-13），得到新的定价模型下众包任务的成功完成率为 89.8%（750/835），比原始定价成功率 62.5%（522/835）提高了 27.3%，众包任务完成率 η_s 得到较大提高。同时，计算新的定价策略下的任务完成花费的总成本 C = 59962.96，与原预算数据 C = 57707.5 相比只多出了 3.91%，说明本书构建的定价方案只需要稍微增加投入，就能提高众包任务的完成率，提高纠偏信息的生产量。应该注意到，新的定价策略除了考虑众包任务与用户的距离外，还考虑了不同区域众包定价跟该区域的经济发展水平相关，这对于非常规突发事件情形下那些跨区域不实信息传播事件的干预非常重要。

表6-2　分类表a

观察值			预测值		
			任务执行情况		正确百分比
			0.0	1.0	
步骤1	任务执行情况	0.0	197	116	62.9
		1.0	116	409	77.8
	整体百分比				72.2

注：a：分割值为0.500。

表6-3　方程式中的变数

		B	S.E.	Wald	df	显著性	Exp（B）
步骤1a	配额总数	0.000	0.000	0.831	1	0.362	1.000
	单位价值	566.463	54.929	106.353	1	0.000	1.028E+246
	预计距离	10.935	9.744	1.259	1	0.262	56120.950
	常数	−5.963	0.635	88.080	1	0.000	0.003

注：a：步骤1上输入的变数：配额总数、单位价值、预计距离。

（三）考虑多任务联合打包的众包定价方案

上述的定价方案仍然有较大的改进空间，比如在实际情况下，多个任务可能位置比较集中，如果将这些相对集中的任务联合在一起打包发布，既可能会提高众包任务的完成速度和用户的积极性，也可能会降低任务完成的总成本。对于这类问题，可以采用基于聚类算法的打包模型和基于贪心算法的打包模型进行处理。下面分别采用这两种方法进行激励定价方案的优化，并比较两个方案的优劣。

1. 改进模型一：基于聚类算法的打包模型

聚类的思想是按照物以类聚的思路将总体中特征最相似的个体聚合成一体，在本书的打包任务中，可以参照分层聚类的方法设计算法，不断遍历任务点，求得所有任务点两两比较的最小距离。当最小距离大于所设定阈值时，说明聚类后的点间隔都较远，不应再打包；当最小距离小于阈值，说明还有任务点待打包，选择最小距离对应的两点间的中心作为新的任务点。不断循环此过程，完成对所有任务的打包。算法的思路如图 6-11 所示。

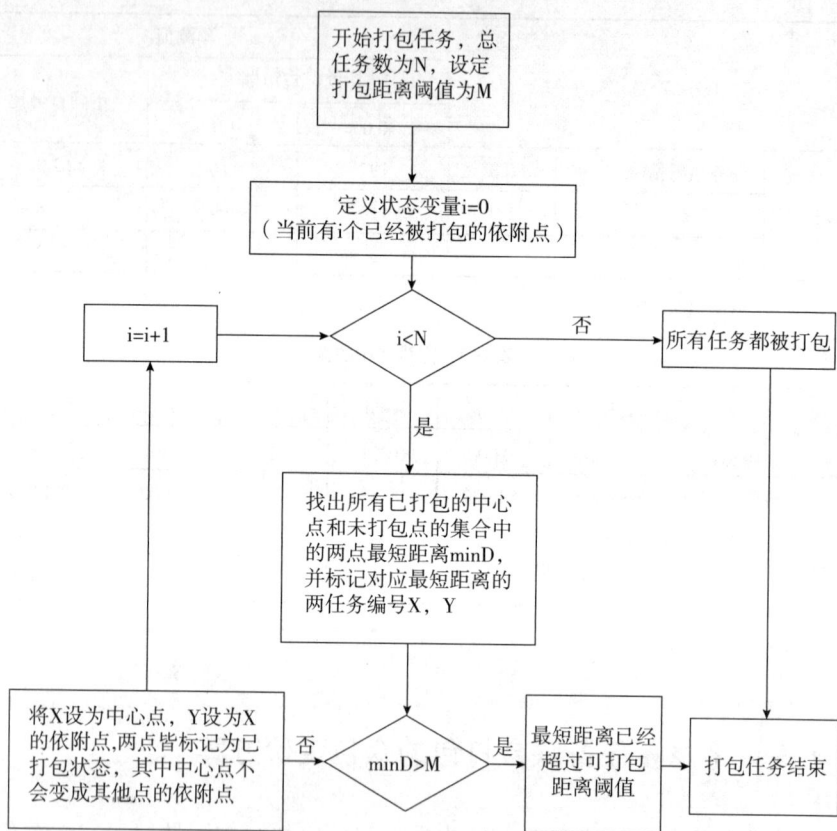

图 6-11　聚类算法流程

2. 改进模型二：基于贪心算法的打包模型

贪心算法是一种在每一步选择中都采取在当前状态下最优的选择，从而希望得到结果是最优的算法。根据这一思想，设计贪心算法的打包方案思路，如图 6-12 所示。

仍然借用上一问题的数据集（数据来源：http：//www. mcm. edu. cn/），分别进行 MATLAB 编程求解（具体程序见附录一和附录二），并比较两种方案的优劣。

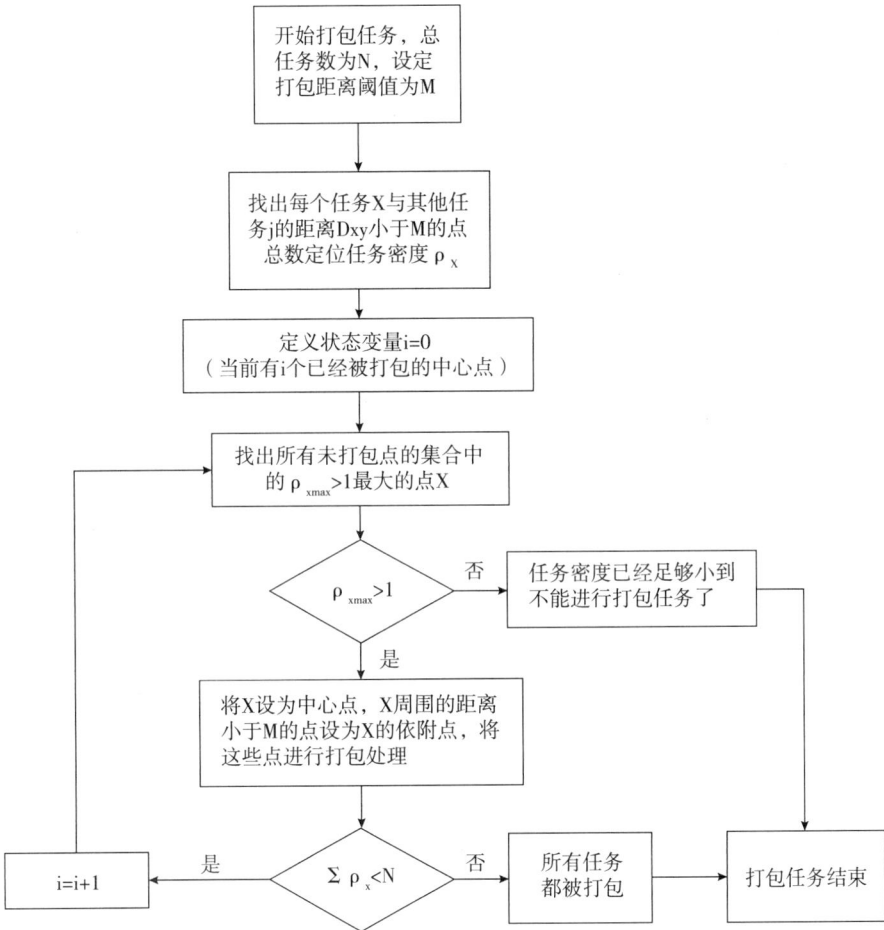

图6-12　贪心算法流程

将任务打包再进行众包的根本想法是通过打包方案提升用户完成打包任务的意愿值，从而可以在保持用户抢包意愿的情况下尽量降低任务价格，实现减少众包成本的目的。或者说，在同一成本约束下，通过提高意愿值，提高任务的完成度，增加纠偏信息的生产量，提升群体干预的效果。所以，打包方案应该考虑用户选择倾向，将一个打包任务的任务数控制在一个合理范围内，在合理区间中分析对比两种模型的效果。

表6-4和表6-5分别为两种不同算法打包点总数的频率分布，可以看

出，打包任务数主要分布在 2 到 5 之间。

表 6-4 聚类模型打包结果频数统计
打包点总数

		次数	百分比	有效百分比	累积百分比
有效	1	45	13.1	13.1	13.1
	2	168	49.0	49.0	62.1
	3	85	24.8	24.8	86.9
	4	30	8.7	8.7	95.6
	5	12	3.5	3.5	99.1
	6	2	0.6	0.6	99.7
	7	1	0.3	0.3	100.0
	总计	343	100.0	100.0	

表 6-5 贪心算法频数分布
依附点总数——优化后

		次数	百分比	有效百分比	累积百分比
有效	1	125	43.3	43.3	43.3
	2	41	14.2	14.2	57.4
	3	31	10.7	10.7	68.2
	4	20	6.9	6.9	75.1
	5	16	5.5	5.5	80.6
	6	17	5.9	5.9	86.5
	7	39	13.5	13.5	100.0
	总计	289	100.0	100.0	

通过画出两模型结果的直方图（见图 6-13），可以发现两种打包方案的差别，基于聚类算法的打包方法在 [2, 4] 区间集中分布；而基于贪心算法的打包模型在 [2, 7] 区间的边缘频数较高，这比较违反常识（用户要么选择特别少的任务一起打包，要么选择特别多的任务一起打包，这不大合乎情

理）。因此，针对这一任务提供的数据集，可以认为打包模型一优于打包模型二，仅考虑选择基于聚类算法的模型作为任务打包模型，并在此基础上考虑修改之前的定价模型。

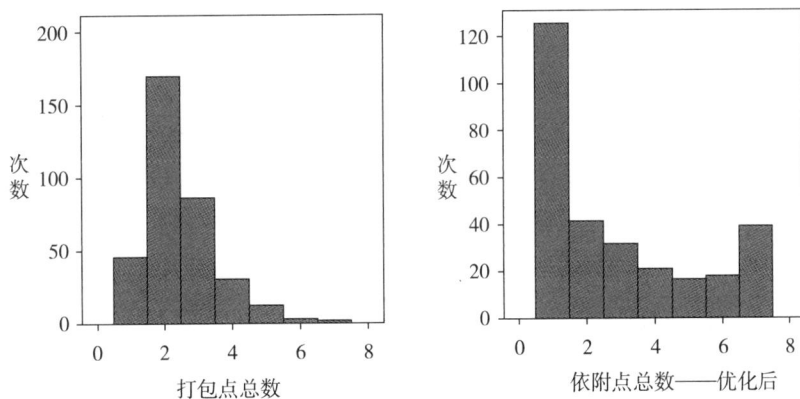

图 6-13 频数分布直方图比较（左为聚类算法，右为贪心算法）

利用已得出的评价模型对打包后的任务完成情况进行评价，将打包任务的价格用子任务的平均价格代替，既有成本不变的情况下，结果预测任务完成数为 559 个，大于真实完成的 522 个，说明通过本打包定价模型制定的"打包后进行众包"的方案可以提高任务的完成率，增加纠偏信息的生产量，并最终提高群体干预的效果。

此部分仅用一个案例来讨论群体干预中竞赛型众包中的众包定价方案，由于在群体干预的众包方法中激励问题和众包方案是核心问题，所以其具有一定的代表性。

四、基于意识网模型的群体干预协作型 众包过程模拟

本章通过对各种众包方式生产纠偏信息的模拟，讨论了群体干预的众包方式对不实信息的干预效果，以及竞赛型众包中的激励方案的制定，但目前对社会化媒体用户应对不实信息传播微观、细节层面的研究还比较缺乏，导

致用户群体间的协作关系及其复杂作用的演变过程还未得到较好的刻画，使管理者难以更好地利用用户的群体力量去应对社会化媒体不实信息的传播。下面将引入意识网模型（Awareness net model），讨论群体用户中不同类型的用户（第五章第三部分讨论过的群体分类）如何借助社会化媒体平台的功能，用自己的用户行为进行群体动态协作，实现对不实信息的群体干预。

意识网模型最早由 Farhad Daneshgar 提出，后被广泛地应用于消费者协作联盟、电子商务管理、合作管理、虚拟团队协作等方面的研究。意识网模型由角色、任务、角色工具和任务工具等一系列可以相互协作和共享需求的元素构成，绘制的意识网模型图通过分析各个角色所处的意识层次，判断各个角色所拥有的协作意识。其共有 5 个具有累积特性的意识层次，即位于较高层次的意识层会包含较低层次的意识层所具有的智慧，并具有更强的协作意识，会更多考虑群体而非个体的利益。

考虑到意识网模型能够刻画不同参与者利用各自的信息和特长协作完成某一任务的群体协作过程，这与本书需要刻画的社会化媒体用户通过群体协作以应对不实信息传播的要求吻合。下面将以上海市迎 2015 年新年活动中外滩广场踩踏事件为例，借助意识网模型，分析微博这一社会化媒体平台中不同类别用户在应对社会化媒体不实信息传播过程中的作用和协作过程。

（一）意识网模型构建

2014 年 12 月 31 日 23 时 35 分许，上海市外滩不幸发生踩踏事件，造成 36 人死亡，49 人受伤。此次非常规突发事件中社会化媒体展示了其强有力的信息传播和共享优势，但也传播了较多的不实信息，根据讨论热度，本书选取"踩踏事故是由于有人抛撒美金导致的"这一话题信息，并借助新浪微博这一社会化媒体平台为研究载体，讨论社会化媒体用户群体参与传播和应对不实信息的意识协作行为，并由此构建意识网模型。

上海外滩广场发生踩踏事件后，新浪新闻等媒体的报道称"外滩 18 号大楼当时有人抛撒美金，引起很多人争抢，进而导致踩踏事故"。相关信息被不断转发、评论，新浪网的官方微博转发量一度达到 12 万次，造成不良影响。同时也有很多用户对这一消息表示质疑，有的则直接举证反驳。随着舆情的不断发酵，辟谣平台、新浪官方微博等组织和网络大 V 不断查证质疑，真相逐渐清晰。2015 年 1 月 1 日晚 22 时 10 分，上海市公安局官方微博"@警民直通车—上海"发布消息称这是一条虚假信息，并详细介绍了关于这一事件的真实情形，此后该不实信息引发的舆论逐渐平息。围绕这一过程，绘制意识网模型，如图 6-14 所示。

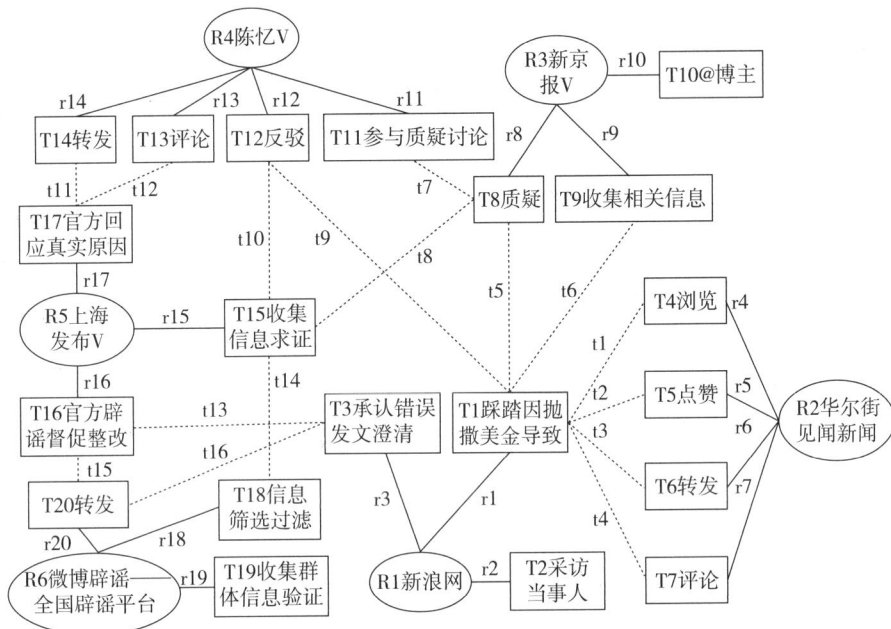

图 6-14 新浪微博外滩踩踏事件群体协作过程的意识网模型

图 6-14 中共有 R1～R6 六个角色，根据本书的界定和分类，R1 "新浪网"、R2 "华尔街见闻新闻" 属于不实信息的生产者和转发者；R3 "新京报 V" 承担传统媒体把关人角色；R4 "陈忆 V" 代表举证、反驳和质疑的用户群体；R5 和 R6 则分别代表政府权威部门信息发布平台和社会化辟谣平台。根据前文讨论的社会化媒体用户的信息行为，具体到新浪微博，其信息行为功能可以细分为 11 个，即内容生成与处理：添加、评论；内容分类与序化：标签、列表、喜欢、点赞；内容传播与个人管理：收藏、转发、分享、链接、关注用户。根据用户的这些信息行为，设置了对应的任务 T1～T20、角色工具 r1～r20，以及任务工具 t1～t16。

角色 R1 是不实信息的发布者，角色 R2 是不实信息的传播者，在接收到角色 R1 分享的信息之后进行转发传播，执行了 r4～r7 四个角色工具，并进一步产生 t1～t4 四个任务工具，这两次任务过程扩大了不实信息的传播范围；角色 R3 和角色 R4 对不实信息进行了反驳、质疑和举证，加速了事实的澄清, 抑制了虚假信息的进一步传播; 角色 R5 和角色 R6 是最终的虚假信息终结者。不同的角色在不同的意识层次, 借助角色工具和任务工具相互协作, 共同完成群体干预不实信息传播的过程。

(二) 意识网模型图层次分析

先分析第一类角色。R1 "新浪网" 为此不实信息的发布者, 其发布信息时不知晓其他参与者对信息的判断, 仅根据自己的意识判断发布该消息, 处在意识网的最底层——0 层意识。R2 "华尔街见闻新闻" 执行了r4~r7 四个角色工具, 并进一步产生 t1~t4 四个任务工具, 将 R1 "新浪网" 的微博通过浏览、点赞、评论、转发等信息行为, 促成 R1 升级为 1 层意识, 如图 6-15 所示。

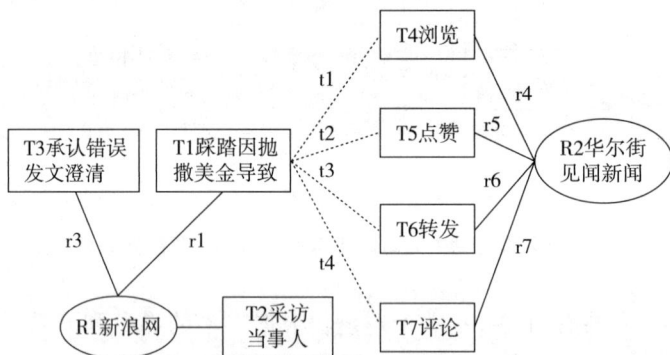

图 6-15　1 层意识网模型

第二类角色 R3 "新京报 V" 和 R4 "陈忆 V" 是不实信息传播中的有力干预者, 并促使 R1 达到 2 层意识。这类用户群体通过独立查证和群体互动收集了更多相关真实信息, 并不断通过平台进行质疑和反驳, 如图 6-16 所示。

在 2 层意识基础上, R1 与 R2、R3 不断协作, 积累了更多的相关信息, 逐渐意识到自己发布的信息为虚假信息, 达到 3 层意识。随着舆情的不断发展, 具有较高意识层次的群体 R6 和 R5 集中群体智慧, 并通过官方辟谣等方式将群体智慧更好地展现给其他用户, 最终实现了对虚假信息的抑制和真实信息的传播, 达到 4 层意识, 完成了通过群体协作干预不实信息传播的目标。

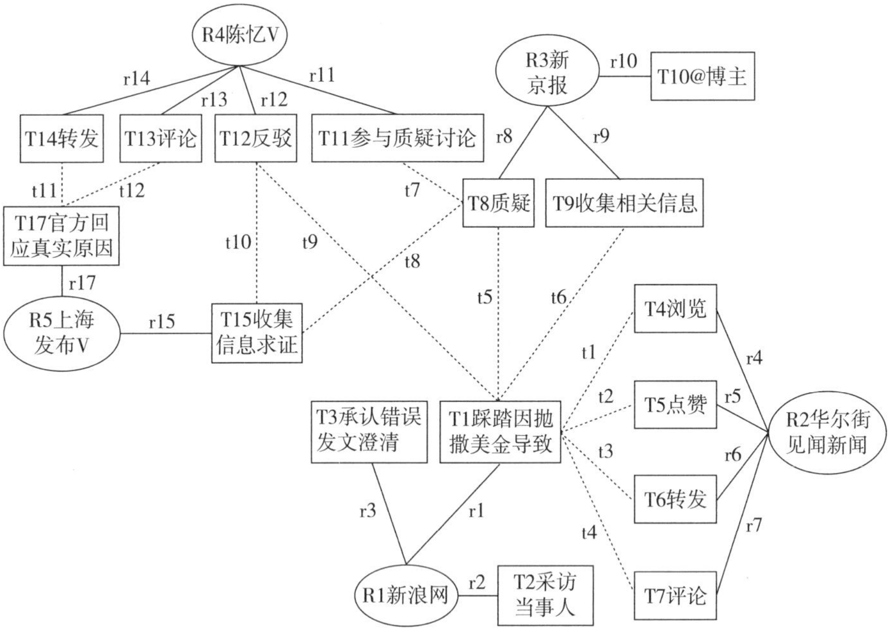

图 6-16　R1 "新浪网" 的 2 层意识网模型

（三）结果分析及策略建议

本部分研究得到的第一个结论：社会化媒体用户群体的每一类角色都会在应对不实信息过程中发挥重要作用，且他们承担的角色在这一过程中会发生动态变化。虽然政府机关发布的权威信息对不实信息的最终消亡起了很重要的作用，但在此案例中，官方微博发布针对该信息的权威说明时，离事件的发生已超过 20 个小时，有研究表明，虚假信息的传播有一个最佳干预期，当传播广度到达一定程度时，权威信息的干预就会错过最佳干预期。因此，模型中的 R3、R4 和 R6 为权威信息的干预积累了 "群体智慧"，减少了不实信息的传播范围，并降低了干预成本。另外，R1 和 R2 看上去是不实信息的发布者和传播者，但在不实信息应对和突发事件应急中也有其应有的作用。突发事件发生时，当公众都非常渴求相关事件信息时，不实信息的传播能一定程度上缓解公众的焦虑心理。而随着时间的推移，R1 和 R2 也会上升到较高意识层次，如转发公众的举证证据、转发质疑，对不实信息的最终澄清起到了积极作用。

本部分研究得到的第二个结论：在应对社会化媒体不实信息传播的过程中，要努力提高各类用户的意识层次，并促进低层次用户角色的转换。

一是提高用户辨别能力和批判性思维能力，减少虚假信息生产并提高虚假信息的识别率。有研究表明，虚假信息具有一定的特征，如基于用户的特征、基于来源的特征和基于内容的特征等，建议社会化媒体平台在显著的位置提供识别虚假信息的知识。社会化媒体的一个重要功能是能够收集和展示群体观点，而个体可以从群体观点中学习并获取其不了解的知识，群体的观点能通过聚合机制和序化机制得以展现。社会化媒体平台更好地展现群体的观点，也有利于个体更好地学习并提升对不实信息的判断能力。

二是提升社会化媒体用户"举证、反驳和质疑"的参与意愿。影响用户参与抑制不实信息传播意愿的因素很多，包括平台易用性、自我发展需求、声誉需求、利他主义、社会交往需求等。建议社会化媒体平台提供激励机制（如新浪微博的"打赏"机制），降低用户真实信息的搜寻成本，加快信息举证的速度等，让用户更加愿意和容易及时求证、质疑和反驳不实信息。

三是建议社会化媒体平台提供更好的服务，让传统媒体更好地承担"把关人"的角色。谷歌的新闻实验室就是一个非常好的借鉴案例，谷歌新闻实验室通过提供开放的数据、便捷的搜索与核验工具以及一系列创新性新闻项目等，帮助传统媒体更好地应对以群体参与和目击媒体为标志的信息传播新模式，更好地承担"鉴定者"和"聪明的聚合者"角色，如谷歌实验室提供反向图片搜索以有效检验社会化媒体上流传的图片是否为原创图片。

四是加快权威信息发布平台辟谣信息的传播速度，扩大权威信息影响范围等。在很多社会化媒体平台中，一则消息只能出现"关注"人的评论（如微博），但由于一个人的社交圈具有同质性，这减小了其在自己社交圈中发现反对意见的概率。因此，应鼓励用户更多地"关注"权威用户。社会化媒体中有影响力的权威用户"关注者"会比较多，针对每一话题的评论也会很多，导致一些重要的信息容易被忽略，影响权威信息的传播。建议社会化媒体平台更好地使用社会化媒体的聚类机制和序化机制，对内容相似的评论进行聚类，将重要的、有价值的信息排在显著位置。

本部分研究得到的第三个结论：社会化辟谣平台应发挥系统整体的作用以促进用户更好地进行群体协作。社会化辟谣平台是应对不实信息传播的关键角色，其作为最高意识层次的代表，可以更加充分地利用群体智慧，成为调动其他各类用户群体参与应对不实信息传播的"发动机"。但在本案例中，社会化辟谣平台还没有达到理想的情景，其更多地是作为群体中的一部分，而不是从系统整体的高度去促进群体智慧的形成。

本章小结

本章讨论了群体干预模式的最后一个要素——"How"的问题，即群体干预是如何实现的。本章借助了商业领域提出的众包方法来讨论这一重要问题，提出了协作型、独立型和竞赛型众包方法，并讨论了不同的众包形式对纠偏信息生产的影响。特别地，本章以一个竞赛型众包的应用为案例，具体地讨论如何制定激励方案，激励社会化媒体平台用户及时，快速生成纠偏内容。本章最后还基于意识网模型，模拟了用户如何借助社会化媒体平台功能和利用自身的信息行为进行协作，并实现对不实信息传播的群体干预。

需要说明的是，群体干预模式的具体应用蕴含了大量的研究问题，本章研究的两个案例在竞争型众包中讨论激励问题，在协作型众包中讨论群体中五类人群的协作问题，但这仅仅是个开始，在群体干预模式的具体应用方面还有大量的后续问题值得研究。

第七章

群体非理性因素对群体干预效果的影响研究

前文提到过，虽然群体智慧能帮助实现对不实信息传播的干预，但群体互动不一定总是能产生群体智慧。社会化媒体不实信息传播事件中用户的持续互动，很容易产生信息追随、从众、群体极化等现象。由于社会化媒体的开放性和匿名性等特点，海量信息层出不穷，用户的信息处理和判别能力有限，形成一种非理性的群体无意识模式，更加不利于不实信息传播的干预和应对。

对于非理性的群体无意识模式对不实信息传播的影响，目前大部分的研究属于介绍和解读性的研究，对于具体影响方式和影响程度方面的解释性的实证研究还比较缺乏，本章将部分地弥补这一研究的不足。

一、研究设计

（一）社会化媒体不实信息传播中的群体非理性因素

1. 群体迷思和群体极化

群体迷思（Group Think）是指群体中的成员为了求得群体意见的一致性，而放弃原有观点的趋向。在突发事件中，对于突如其来的事件，一般用户缺乏判断真假的能力，在不得不做出判断时会参考群体的意见，而形成一种信息追随（Informational Cascade）现象（也有学者将 Informational Cascade 翻译成"信息瀑布"等，本书认为翻译成"信息追随"更符合本书的研究情境），用户的信息追随又容易造成信息行为上的从众，最终导致群体迷思。

在社会化媒体不实信息传播的初始阶段，信息追随现象最为明显。研究表明，信息来源可靠性会影响社会化媒体用户群体的不实信息传播行为，但是由于社会化媒体平台的匿名性使用户难以识别不实信息发布者的身份，因此大多数用户必须通过观察他人的态度或行为来进行判断，从而导致信息追随现象，该现象在社会化媒体平台上很常见，如用户通过查看销售历史和其他客户的评论来进行在线购买行为。而从众现象是导致社会化媒体不实信息迅速扩散的一个重要影响因素，相关研究表明，如果用户处于相同的社交网络群体中，则该用户群体对不实信息的观点一致并且会得到加强，因为用户对不实信息传播事件的思考会受到群体成员的影响，导致群体对不实信息事件持有一致的观点。由于在线社区的匿名性，用户更愿意通过观察他人的行为来决定自身的行为，当越来越多的人倾向于相信不实信息事件时，用户可能会追随该行为，使得用户群体的观点越来越一致，这种"羊群效应"是信息追随现象的反映。

群体极化（Group Polarization）是比群体迷思更为严重的认知偏差，它会使群体向着更加极端的方向偏移。社会化媒体用户一般对某一特定不实信息事件持有支持、反对或中立的观点，而用户群体之间的互动反过来会持续影响群体成员对不实信息的观点，用户群体观点互动会导致群体成员加强他们的初始态度，并且比成员的初始倾向更加极端。社会化媒体平台由于其开放性与匿名性，更容易导致群体极化。

2. "回音室效应"

"回音室效应"（Echo-effects）本质上即个人总是倾向于接受协调性的信息而避免那些会带来不协调认知的信息，使信息或想法在一个封闭的小圈子里得到加强，从而扭曲对一般共性的认识。在社会化媒体环境中，经过一个自我选择的过程他们会在同一个论坛相遇，关于不实信息事件的讨论，发布者拒绝接收来自于其他用户的质疑和讨论，坚持自己的想法和判断，而不实信息事件相关信息经过持有相同观念的用户的转发扩散，造成一种信息和观念得到认可的假象，进一步强化了发布者的这种认识，好似回音室里的回音让发言者自以为声音得到了放大，从而达成极端的群体共识。"回音室效应"在于它能在群体内部形成强而有力的意见声音，这样即使少数人拥有不同的意见也会出于孤立恐惧的本能而选择缄默，即"沉默的螺旋"现象。

在非常规突发事件中，社会化媒体的用户群体往往由普通用户因某个热点事件而短暂、临时地集合起来，这样的群体成员往往本身就具备高于常人的热情，同时，没有了家庭、时空、地域的限制，他们仅仅基于相似的趣缘走在一起，同质信息在彼此间流传频度相当大。在封闭的"回音室"里，信息在复制的过程中还要受到再传播者的加工，这样原本的信息就会受到具有极化倾向的再传播者的情感态度、价值倾向等的影响。在微博、知乎等社会化媒体平台上，"再传播者"的个数往往十分巨大，从而加剧了群体迷思和群体极化这些群体非理性无意识的信息传播现象。

（二）研究变量定义

用户群体对社会化媒体平台中的不实信息进行持续评论、点赞和转发等行为促进了不实信息的扩散，并且增加了参与互动的用户数量。此时，用户既接触到了不实信息，也可以接收到其他用户的相关观点，在一定程度上会受到不同观点的影响。然而，社会化媒体用户的持续讨论所产生的大量相似的新观点吸引了新用户的参与和评论，并且这可能导致更多用户相信该观点。随着时间的推移，用户对不实信息事件的态度将会朝着支持或反对的一方演化。因此，社会化媒体用户群体互动会产生群体迷思、群体极化和"回音室效应"等现象。群体互动的数量和群体观点是否一致性是刻画这些现象的非常好的指标，下面用这两个关键指标来分析群体非理性因素对不实信息传播的影响。

本小节对研究中变量的定义进行说明，包括不实信息传播意向、不实信息用户信任、不实信息用户信任转变、群体观点数量、群体赞成观点数量、群体赞成观点一致性。各变量的定义如表7-1所示。

表7-1 各变量的定义

变量	定义
不实信息传播意向	指社会化媒体用户传播不实信息传播事件的意愿，是决定个体实际行为最直接、最主要的因素
不实信息用户信任	社会化媒体用户互动过程中产生的信任，是用户以感知为基础，对不实信息传播事件所持有的一种积极的心理期望
不实信息用户信任转变	由于各种因素激励用户从不信任转变为信任或更大程度上信任不实信息
群体观点数量	社会化媒体用户群体对某不实信息传播事件所产生的观点的数量

变量	定义
群体赞成观点数量	社会化媒体用户群体对某不实信息传播事件所产生的赞成观点的数量
群体赞成观点一致性	社会化媒体用户对某不实信息传播事件持赞成与反对观点的比例，比例越大，群体赞成观点越一致

二、研究设计

(一) 研究假设

1. 用户信任的相关假设

不实信息传播过程中的信息追随现象是用户的学习过程，在这个过程中用户会观察群体观点互动情况和群体观点的一致性，然后会参考群体观点而不考虑自身情况，如在互联网上，软件下载量排名和用户评论会影响用户的后续选择和决定。首先，用户评论一致性可以调节好评数量与潜在用户购买决策之间的正向关系，对于好评一致性更高的产品而言，该正向关系会更显著。在不实信息传播事件的相关讨论中，用户关注的都是与该事件相关的观点，而大量的用户观点意味着不实信息影响范围大，可能使部分用户对该不实信息传播事件产生信任的态度。相比之下，只有少量的用户观点说明该事件并没有被广泛关注，其真实性可能会受到影响。其次，相比用户群体对事件的观点大多不一致的情况，如果有强烈一致的观点信任该不实信息传播事件，群体互动过程中的追随现象将会使更多的用户信任该事件。最后，群体观点的一致性增强了群体观点数量对用户信任不实信息的正向影响，群体观点的一致性起到了调节作用，即当群体观点数量越多且观点一致时，用户更有可能遵循群体的观点并将参与该群体互动；相反，当群体中大部分成员持有不同观点可能会使用户难以判断不实信息传播事件的真实性，因此用户对不实信息传播事件并不会形成信任的态度。基于此，本书提出以下假设：

H1：群体观点数量正向影响用户对不实信息传播事件的信任。

H2：群体赞成观点一致性正向影响用户对该不实信息传播事件的信任。

H3：不实信息传播事件中群体赞成观点越一致，群体赞成观点数量对用户信任的正向影响越大。

2. 用户信任转变的相关假设

根据说服性论据理论，用户群体互动会导致群体成员改变其现有的观点，即他人的观点可能会导致个人根据群体互动的强度和方向改变其观点，由于社会化媒体的匿名性，许多用户乐于分享自身的意见，并提出新颖和有说服力的观点，这些行为极易导致群体极化现象。有研究发现，在社会化媒体群体互动中，群体极化现象比在面对面互动下更强烈，群体互动的影响可以使个人跟随群体的讨论，还可引导其依照群体的价值观进行思考并做出决定。而匿名情况下群体互动对其他成员产生了更强大的影响力，因而容易使群体观点极化，随着群体观点的数量不断增加和群体观点一致性不断增强，用户对不实信息的态度也变得极端化。当用户群体观点一致时，原本不信任不实信息传播事件的用户转变态度且开始信任该事件，同时原本信任不实信息传播事件的用户更加坚定自己的态度。对于第一类用户来说，当他们接收到新闻事件时并不信任该事件，但是由于群体中赞成该事件的用户大量高度一致的观点为他们提供了一个新的视角，使他们再次思考其原始态度，以便成为该群体的一员，用户态度要从不信任转变为信任，需要通过更全面和系统的信息处理来重新思考自身的想法。对于第二类用户来说，他们在群体观点的影响下更加坚定了自己的态度。为了实现态度增强，用户需要足够的信息来支持或确认其原始观点，因此不需要参与信息处理来改变其观点，群体极化现象得到加强。

本书认为，首先，当来自其他用户的赞成观点数量较多时，用户更有可能信任该事件以加入该群体，群体中赞成观点的数量越多，用户越可能转变其初始态度，甚至从不信任转变为信任。其次，群体中赞成观点越一致（在整个群体互动中存在较少的反对观点），用户越容易转变原始不信任态度从而确认其赞成观点，因为反对观点的影响很小，当大多数用户对不实信息传播事件持赞成观点时，会导致更多用户增强其对不实信息的信任态度，群体极化现象更加明显。对于一开始并不完全信任该事件的用户来说，群体一致的赞成观点会导致其重新考虑原始态度，并且可能在考虑群体观点后改变个人原始不信任态度；对于最初信任该事件的用户来说，更加一致的群体观点是证实自身初始态度的有效依据。在这两种情况下，更多的用户群体赞成不实信息传播事件都可能导致成员对事件态度的改变。最后，群体观点的一致性可以加强群体观点数量对用户态度转变的影响，从而更加信任不实信息。当群体中有大量赞成不实信息的观点时，成员对不实信息的可信度就会增加，从而激励其从信任转变为更大程度上的信任。因此，本书提出以下假设：

H4：群体赞成观点数量正向影响用户对该不实信息传播事件的信任转变。

H5：群体赞成观点一致性正向影响用户对该不实信息传播事件的信任转变。

H6：不实信息传播事件中群体赞成观点越一致，群体赞成观点数量对用户信任转变的正向影响越大。

3. 用户传播意向的相关假设

根据 Ajzen 的计划行为理论，并结合本书的研究情境，行为态度指社会化媒体用户对在突发事件中传播不实信息这一行为正面或负面的总体评价。Chang、Chen 和 Taneja 等研究发现，行为态度显著影响人们在社会化媒体上采取特定行动的意愿。那么可以认为，社会化媒体用户对传播不实信息的态度越正面、越积极，就越愿意在突发事件中传播该不实信息。Wrightsman 提出，信任是指个人受到他人的诚意与善良的影响而表现出一种普遍的信念，有助于产生积极的态度，先前的研究也认为积极的态度直接影响行为意向，并且已有研究表明，用户信任对不实信息传播有重要作用。用户更容易传播他们认为是真实的消息，而不是他们认为的虚假信息。当用户对不实信息传播事件的信任态度很强烈时，则其更加倾向于传播该事件从而寻求专家或同行的确认。信任态度对传播负面不实信息的影响比对传播正面不实信息的影响更大，这与本书的观点是一致的。此外，如果用户对不实信息的初始不信任态度被群体的赞成观点所改变，那么用户对不实信息的信任态度就会变得更强烈，并且会增强传播该事件的倾向。因此，本书提出以下假设：

H7：用户对不实信息传播事件的信任正向影响其传播意向。

H8：用户对不实信息传播事件的信任转变正向影响其传播意向。

本书认为，群体观点对不实信息用户信任有影响，而用户信任又会影响其不实信息传播意向，故分别将群体观点数量、群体观点一致性、用户信任和信任转变作为自变量，以用户不实信息传播意向为因变量，来构建研究模型，同时考察群体观点一致性对此模型的调节作用。

基于以上假设，本部分的研究构架如图 7-1 所示。

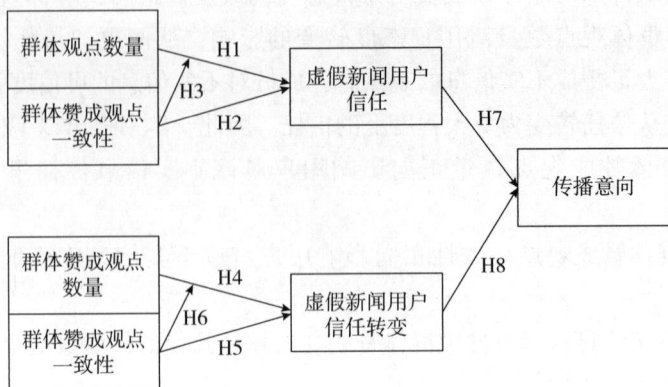

图 7-1　研究构架

（二）材料选取与变量测量

1. 实验材料的选取

本章将地震中的"地震云"不实信息传播事件（在第二章已有介绍）及其相关观点作为实验一至实验三的刺激物。实验一和实验二的四组实验材料分别为群体赞成观点数量多且赞成观点一致性强的不实信息传播事件、群体赞成观点数量少且赞成观点一致性强的不实信息传播事件、群体赞成观点数量多且赞成观点一致性弱的不实信息传播事件和群体赞成观点数量少且赞成观点一致性弱的不实信息传播事件，实验三的两组实验材料分别为社会化媒体平台上的不实信息以及包含大量不同观点的相同不实信息传播事件。

2. 变量的测量

（1）群体观点数量和群体观点一致性的测量。不实信息传播事件群体观点数量与观点一致性的测量是仿照德尔菲调查法来进行的。在接触社会化媒体时间达 5 年以上且每天使用社会化媒体的时间在 2 小时以上的在校大学生中，选择 50 名本科生和研究生，进行来回三次的调查，采取的沟通方式分别为电子邮件和微信。将不实信息传播事件观点数量操纵为多和少两个水平，用户对事件持支持与反对观点的比例作为观点一致性程度的度量，将观点一致性操纵为高和低两个水平，最终取 50 名同学三次调查结果的平均值，得到以下数据（见表 7-2）。

表7-2　群体观点数量与观点一致性测量结果

观点数量	结果	观点一致性	结果
多	40 个以上	高	5 : 5
少	10 个以内	低	9 : 1

　　根据表7-2中的调查数据，在实验中设定对不实信息传播事件的群体观点多的数量为40以上，少的为10以内；支持观点与不支持观点的比例为5：5 表示群体观点一致性弱，而9：1 则表示群体观点一致性强。

　　（2）不实信息用户信任、用户信任转变及传播意向的测量。本章通过查阅文献，在综合借鉴前人研究的基础上，设计了测量各个变量的问卷。本章对用户信任参考了 Bordia 的测量维度和方法，并综合本研究的特点对其进行了适度的改变。用户信任量表共有 3 个题项，以李克特 7 级量表来测量不实信息用户的信任度，原量表信效度良好，内部一致性系数为 0.883。为测量用户信任转变的值，用户信任量表的三个项目需测量两次，分别为在只接触不实信息、包含有大量观点的不实信息情境下，第二次与第一次测量的信任差值为用户信任转变的度量。第一次和第二次预测中的内部一致性系数分别为 0.91 和 0.95，信度系数较好，符合进一步统计分析要求。

　　同样地，对用户传播意向的测量参考了华盛的测量维度和方法，并综合本研究的特点对其进行了适度的修正。量表共有 3 个题项，包括：①在合适的社会化媒体平台上，我会把该事件信息的内容粘贴上去；②与朋友聊到该事件时，我会传播该事件信息；③在相关社会化媒体平台上，我会以留言的形式表述该事件信息。以李克特 7 级量表来测量用户不实信息传播意向，原量表信效度良好，内部一致性系数为 0.90。对预测样本的分析表明，量表重测的内部一致性系数（Cronbach's α）值为 0.812，信度系数较好，符合进一步统计分析要求。

三、实验实施

（一）实验设计

实验一：群体观点数量与群体赞成观点一致性对不实信息用户信任的

影响。

实验一采用 2（群体观点数量：多、少）×2（群体赞成观点一致性：强、弱）被试间设计，因变量为不实信息的用户信任。在实验中，四组被试者将阅读不同的文字材料，旨在为被试者创造不同的实验场景，让四组被试者在不同的自变量范围下完成问卷。随机挑选在校大学生共计 119 人，随机分配至 4 个组，每组人数及男女比例尽量均等。被试者以前均未参加过此类实验。

实验二：群体赞成观点数量与赞成观点一致性对不实信息用户信任转变的影响。实验二采用 2（群体赞成观点数量：多、少）×2（群体赞成观点一致性：强、弱）被试间设计，因变量为不实信息的用户信任转变。在实验中，四组被试者将阅读不同的文字材料，旨在为被试者创造不同的实验场景，让四组被试者在不同的自变量范围下完成问卷。随机挑选在校大学生共计 119 人，随机分配至 4 个组，每组人数及男女比例尽量均等。被试者以前均未参加过此类实验。

实验三：用户信任和用户信任转变对用户传播意向的影响。在实验三中，被试者将阅读两组不同的文字材料，旨在为被试者创造不同的实验场景，让被试者在不同的自变量范围下完成问卷。随机挑选在校大学生共计 119 人，随机分配至两个组，男女比例尽量均等。被试者以前均未参加过此类实验。

三个实验均以问卷的形式通过纸笔测验完成。实验由三部分组成，开始时对问卷进行简要的解释说明，第一部分是干预材料，通过指导语"以下图片信息来自社会化媒体平台，且被很多社会化媒体用户关注讨论，但其内容真实性尚未经证实。假设你在社会化媒体平台上阅读到此信息，请按照自己的真实项目回答后续问题"来模拟被试者在网络中接收到不实信息的情境。第二部分是人口学信息和社会化媒体平台使用情况调查。第三部分是对各变量的测量，每个实验共发送问卷 125 份，剔除填写无效的问卷 6 份，总共回收有效问卷 119 份，问卷回收有效率为 95.2%。

（二）结果分析

1. 人口学变量对用户传播意向的影响

首先，我们对样本的基本状况进行分析和说明。通过对本实验中的 119 个有效样本进行统计分析，得出样本的人口性别、年级、学历以及每天上网时间和使用互联网时间的基本状况，结果如表 7-3 所示。

表 7-3　样本的描述性统计分析

	类别	数量（人）	比例（%）
性别	男	198	48.53
	女	210	51.47
年龄	18 岁及以下	42	10.29
	19~25 岁	123	30.15
	26~35 岁	159	38.97
	36~45 岁	66	16.18
	46 岁及以上	18	4.41
每天使用社会化媒体的时间	20 分钟以下	97	23.77
	20 分钟~2 小时	168	41.18
	2~5 小时	143	35.05

由表 7-3 可知，调查对象中男女性别比例接近 1：1；在年龄分布上，26~35 岁的人占 38.97%，其次是 19~25 岁的用户，占 30.15%，可见社会化媒体的用户以青年群体为主，呈现出年轻化的趋势；从用户对社会化媒体的使用频率来看，41.18% 的用户每天会使用微博等社交网站，另外有 35.05% 的用户每周会访问 11 次以上，说明用户黏性较强。

其次，为了检查人口特征变量（性别、年龄、使用社会化媒体频率）是否对用户传播意向存在影响，采用单因素方差分析进行检验，结果如表 7-4 所示。

表 7-4　人口特征变量对用户不实信息传播意向的影响

	类别	M	F	P
性别	男	20.50	1.176	0.280
	女	21.55		
年龄	18 岁及以下	21.26	1.116	0.346
	19~25 岁	20.56		
	26~35 岁	22.48		
	36~45 岁	20.71		
	46 岁及以上	20.00		

续表

	类别	M	F	P
每天使用社会化媒体时间	20分钟以下	0	0.030	0.993
	20分钟~2小时	21.16		
	2~5小时	21.08		
	5小时以上	21.38		

由表7-4可以得出，人口特征变量（性别、年龄、每天使用社会化媒体时间）对用户传播意向的影响无显著差异。

2. 实验一

（1）自变量的操纵检验。首先被试者在问卷中分别回答"在该不实信息传播事件的相关观点中，你记住多少个"（1=1~10，2=11~20，3=21~30，4=31~40，5=41~50，6=51~60，7=60以上），"用户认为该新闻事件为真的概率有多大"（1表示非常低，7表示非常高）两个操纵检验问题。数据收集完毕后，采用独立样本t检验对被试者的群体观点数量与观点一致性操纵进行检验，多数量组和少数量组显示出了显著差异（p<0.001），强一致性和弱一致性组显示出了显著差异（p<0.001），其中多数量组被试者感知的群体观点数量（M=3.66）显著大于少数量组被试者感知的群体观点数量（M=1.89），强一致性组被试者感知的一致性水平（M=4.31）显著高于弱一致性组被试者感知的一致性水平（M=2.99）。通过以上数据可知，实验一中群体观点数量与群体观点一致性的操纵分别让两组被试者出现了显著性差异。

（2）主效应——群体观点数量与群体赞成观点一致性对用户信任的影响。为检验不同的群体观点数量、赞成观点一致性程度对不实信息用户信任的影响程度，以群体观点数量、群体赞成观点一致性为自变量，以不实信息用户信任为因变量进行双因素方差分析，结果如表7-5所示。

表7-5　群体观点数量和观点一致性对用户信任的影响

因变量：用户信任

源	Ⅲ型平方和	df	均方	F	Sig.
模型	1940.974[a]	4	485.243	218.813	0.000
群体观点数量	15.081	1	15.081	6.801	0.010

续表

源	Ⅲ型平方和	df	均方	F	Sig.
群体赞成观点一致性	53.839	1	53.839	24.278	0.000
群体观点数量×群体赞成观点一致性	15.473	1	15.473	6.977	0.009
误差	255.026	115	2.218		
总计	2196.000	119			

注：a：$R^2 = 0.884$（调整 $R^2 = 0.880$）。

由表7-5可以得出，群体观点数量的主效应显著，说明不同的群体观点数量对用户信任有显著影响，表明群体观点数量也在一定程度上有助于用户不实信息初始信任的形成；群体赞成观点一致性的主效应显著，在信息追随现象中，群体赞成观点一致性对用户初始信任的影响显著，具体表现为群体赞成观点一致性程度越高，用户信任程度越高；群体赞成观点数量与群体赞成观点一致性的交互效应显著，$F = 6.977$，$p < 0.01$。因此，H1 和 H2 获得验证。

（3）调节效应——群体赞成观点一致性在观点数量对用户信任影响过程中的调节作用。为了进一步验证调节效应，本章对两者的交互效应进行简单效应检验，发现当群体赞成观点一致性强时，群体观点数量的主效应显著，$F = 7.63$，$p < 0.05$，群体观点数量越多，不实信息用户信任的程度越大；当群体赞成观点一致性弱时，群体观点数量的主效应不显著。图7-2直观地显示了该结果，在群体观点数量对用户信任的影响过程中，群体赞成观点一致性具有显著的正向调节作用。因此，H3 获得验证。

3. 实验二

（1）主效应——群体赞成观点数量与群体赞成观点一致性对用户信任转变的影响。为检验不同的群体赞成观点数量、群体赞成观点一致性对不实信息用户信任转变的影响程度，以群体赞成观点数量、群体赞成观点一致性为自变量，以不实信息用户信任转变为因变量进行双因素方差分析，结果如表7-6所示。

用户信任的估算边际均值

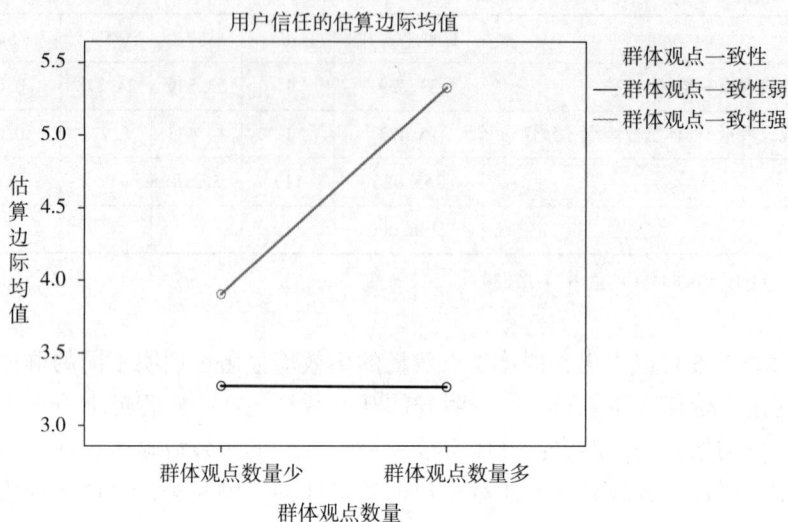

图7-2　群体赞成观点一致性的调节效应检验

表7-6　群体观点数量和观点一致性对用户信任转变的影响

因变量：用户信任转变

源	Ⅲ型平方和	df	均方	F	Sig.
模型	73.418[a]	4	18.355	20.577	0.000
群体观点数量	0.511	1	0.511	0.573	0.451
群体观点一致性	35.839	1	35.839	40.178	0.000
群体观点数量×群体观点一致性	8.533	1	8.533	9.567	0.002
误差	102.582	115	0.892		
总计	176.000	119			

注：a：$R^2 = 0.417$（调整 $R^2 = 0.397$）。

由表7-6中可以得出，群体赞成观点数量的主效应不显著，说明不同的群体赞成观点数量对用户信任转变无显著影响；群体赞成观点一致性的主效应显著，群体赞成观点一致性对用户信任转变的影响最为显著，具体表现为群体赞成观点一致性程度越高，用户信任转变程度越高。因此，H4未得到验证，H5获得验证。

（2）调节效应——群体赞成观点一致性在群体赞成观点数量对用户信任

转变影响过程中的调节作用。当群体赞成观点一致性强时，群体赞成观点数量的主效应显著，F=7.86，p<0.01，群体赞成观点数量越多，不实信息用户信任转变的程度越大；当群体赞成观点一致性弱时，群体赞成观点数量的主效应不显著（见图7-3）。在群体赞成观点数量对用户信任转变的影响过程中，群体赞成观点一致性具有显著的正向调节作用。因此，H6获得验证。

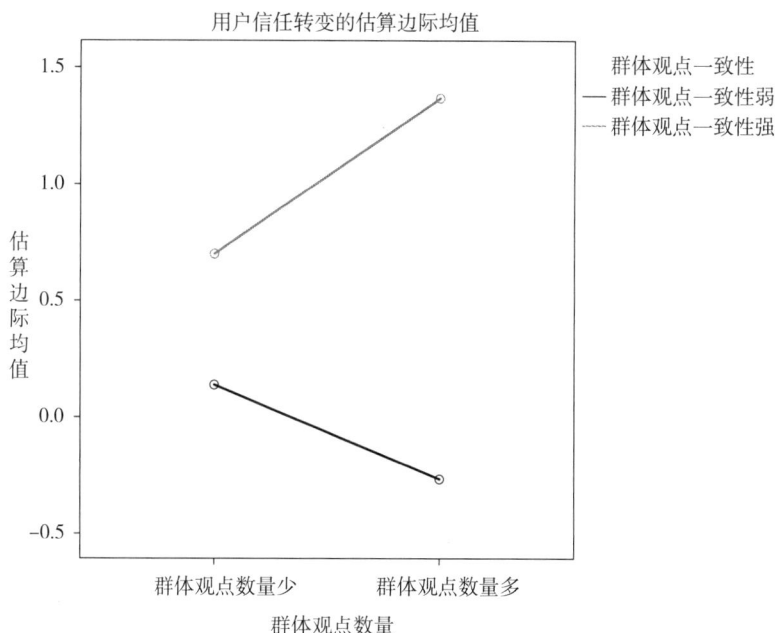

图7-3　群体赞成观点一致性的调节效应检验

4. 实验三

为检验用户信任、用户信任转变对用户不实信息传播意向的影响程度，以用户信任、信任转变为自变量，以用户不实信息传播意向为因变量进行回归分析予以验证，结果如表7-7~表7-9所示。

表7-7中，R是用来衡量估计的模型对观测值的拟合程度，其值越接近1说明模型越好，调整 R^2 为0.925，表示自变量一共可以解释因变量92.5%的变化。表7-8为方差分析结果，主要看F和Sig.两个值，是对整个回归方程的总体检验。由表7-9可知，t检验Sig.值均小于0.05，说明自变量对因变量具有显著影响；标准系数表示影响程度的大小，可见用户信任对用户传播意向的影响程度相比用户信任转变更大。因此，H7和H8获得验证。

表 7-7　模型汇总

模型	R	R^2	调整 R^2	标准估计的误差
1	0.963	0.927	0.925	0.441

注：预测变量：（常量），用户信任转变，用户信任。

表 7-8　方差分析结果

模型		平方和	df	均方	F	Sig.
1	回归	285.424	2	142.712	733.841	0.000
	残差	22.559	116	0.194		
	总计	307.983	118			

注：预测变量：（常量），用户信任转变，用户信任；因变量：传播意向。

表 7-9　系数

模型		非标准化系数		标准系数	t	Sig.
		B	标准误差	试用版		
1	（常量）	0.929	0.108		8.618	0.000
	用户信任	0.924	0.024	0.970	38.162	0.000
	用户信任转变	0.091	0.037	0.063	2.473	0.015

注：因变量：传播意向。

（三）策略建议

综上所述，研究发现，群体观点数量与群体观点一致性对用户信任和信任转变具有显著的影响。群体观点数量和群体赞成观点一致性均与用户信任呈正相关，群体赞成观点一致性与信任转变呈正相关，而群体观点数量对用户信任转变并没有显著影响，意味着用户群体观点的数量可能不足以改变成员关于不实信息的态度，但是互动观点的内容（观点一致性）将决定其态度转变。当群体赞成观点一致性程度较高时，群体观点数量与不实信息传播事件用户信任以及用户信任转变具有显著的正相关关系。同时，用户信任和群体观点导致的信任转变均正向影响用户传播不实信息的意向。群体赞成观点数量对用户信任转变并没有显著影响。也就是说，用户群体赞成观点的数量并不能改变成员对不实信息不信任的态度，而用户群体对不实信息的赞成观点一致性才可能影响其态度的转变。研究结果显示了用户群体的观点数量和观点一致性对用户信任或信任转变的影响以及用户信任对不实信息传播意向的影响。根据以上结论，提出以下建议：

首先，努力使群体智慧的效能实现。探索在应对社会化媒体不实信息中更好地利用群体智慧的途径，结合 Dawn Gregg 的研究，社会化媒体平台要加强七个方面的工作：特定的任务描述、关键信息的获取和分享、用户价值增值、信息的汇聚、用户间信息的交流与互动、设备与技术支持以及平台的持续优化。特别地，根据 Anna 等的研究，群体智慧分为无意识和有意识两类，有意识形成的群体智慧的质量较高。因此，建议社会化媒体平台根据决策对象的选择形成与之匹配的群体协作方式，如对于一些不易获取的举证信息，其可以应用社会化众包中的合作型众包和竞赛型众包，通过选择有意识参与的用户提供高水平的群体智慧，在用户群体中实现协作、竞争，加速可信信息的生成。

其次，调节不实信息讨论的群体用户规模。考虑到群体迷思和群体极化等问题会导致群体智慧的质量下降，很多研究讨论了自组织的分权化管理、确定恰当的群体规模等方法。一些学者认为，群体规模与群体智慧正相关，认为规模较大的群体解决问题的能力将更强；还有一些学者认为，群体规模与群体智慧质量之间的关系是动态的，群体规模与群体决策质量之间呈曲线关系。结合到本章的研究结果，群体观点交互的数量会显著影响成员对事件的态度，通过减少群体观点的数量，便能减轻用户对不实信息的信任态度。尤其是在社会化媒体平台中，管理者应积极参与有关信息的讨论，并与用户互动以解决他们的问题和疑问，随着用户的疑虑消失，当不实信息出现时，社会化媒体用户参与群体讨论的积极性降低，从而减少群体观点影响其他用户态度的可能性。

最后，确保群体观点多样性，减少观点一致的用户群体数量。由本章的研究结果可知，用户群体对不实信息持高度一致赞成的观点可以增强群体观点数量对用户信任的影响，使更多的用户信任不实信息或改变其态度来信任该信息。管理者应该着重关注被具有高度一致观点的用户群体讨论的社会化媒体不实信息，该不实信息已经极其广泛地传播并被大多数用户所信任，容易产生群体极化反应。在以往的研究中，鼓励管理者及时澄清事实真相，但在非常规突发事件中，管理者在很短的时间内也无法确认事实的真相，而社会化媒体平台的运营者可以为事件提供更多的观点，并更多、更快地推送给用户，促使用户接触到不同类型的观点，促进其产生批判性思考，防止群体迷思、群体极化等现象的发生。

本章小结

本章的内容主要是基于非理性群体互动模式下，重点讨论社会化媒体用户群体观点对不实信息传播事件用户信任、信任转变的影响以及用户信任和信任转变对不实信息传播意向的影响。通过将社会化媒体不实信息特点（群体观点数量和群体观点一致性）与用户态度和行为意向（用户信任、信任转变和传播意向）联系起来，了解到非理性群体互动模式下，用户群体观点如何影响用户的不实信息传播意向，结果表明，群体互动过程中的追随和极化现象可以同时发生并且相互加强作用。本部分的讨论对本书提出的群体干预模式是一个很好的补充，可以帮助我们避免群体的非理性因素，提升群体智慧的质量，更好地利用群体的力量干预不实信息的传播。

第八章

结语与研究展望

本章总结研究的主要成果和创新之处，同时讨论研究存在的不足及未来的研究展望。

一、研究总结

本书主要完成了四个研究任务：①在非常规突发事件背景下，深入讨论了利用社会化媒体用户的群体力量和群体智慧干预不实信息传播的必要性和有效性问题。②发掘和验证社会化媒体用户群体中蕴含的应对不实信息传播的"基因"，提炼出解决这一复杂问题的有一定规律性的有效方法，即群体干预模式，并深入理解其运作方式。③构建了一个"3W1H"的分析框架，从四个不同角度（Who，Why，What，How）深入理解群体干预模式，同时从这四个角度探讨提升群体干预模式效能的思路、策略和方法。④群体非理性因素对群体干预效果的负面影响及应对思路。

不实信息不一定是虚假信息或谣言，其可能是真实信息或包含一定的真实信息，考虑到非常规突发事件发生后，公众会非常渴求相关事件的消息，这些未经证实信息的传播在一定程度上能缓解公众的焦虑心理。本书把群体干预的目标定义为"应对"或"干预"不实信息的传播，而不是"阻止""抑制"或"消灭"不实信息的传播，有两层含义：一是让"不实信息"中的真实信息部分变得更加清晰，并努力使其广泛传播；二是抑制"不实信息"中的虚假信息，尽可能快速降低其传播的广度和深度。

不实信息的传播受多种因素的影响，但在非常规突发事件中，由于受到决策时间短、心理恐慌等压力的影响，其传播机制受群体理性意识和个性心理特征差异因素的影响比受其他因素的影响大，因此，提升公众理性意识或

— 173 —

应用集群意识加大对个性心理的诱导，是应对非常规突发事件中不实信息传播的更好思路。实验模拟表明，在判断信息真实性和决定是否转发这条信息两个方面，不管这些信息是真实的、虚假的还是有争议的，群体意见都会对个体产生很大的影响。

基于此，本书定义的不实信息群体干预模式为：基于群体智慧思想，依靠社会化媒体用户的群体互动，充分利用、挖掘和优化社会化媒体平台已有功能及机制，借助众包方法，通过单干、协作和竞争的形式，实现对不实信息的快速举证、纠偏、反驳和质疑，并将由此形成的群体智慧对其他群体成员进行有效展示，使纠偏信息广泛传播，虚假信息得到抑制。

群体干预模式的具体目标任务包括三个互为关联的方面：一是快速生成纠偏信息，即针对不实信息的及时举证或反驳；二是积极地评价，这个评价是很广义的，包括质疑、反驳、转发及带着评价的转发、点赞、投票等；三是将前两个方式形成的群体智慧充分展现给个体用户，即更好地分享。借鉴麻省理工学院 Malone 等提出的众包系统应用的四个基础性问题（Who，Why，What，How）研究框架，本书对群体干预模式涉及的四个要素进行深入讨论：谁执行干预任务？他们为什么会执行？任务的执行成果是什么？任务是怎么被执行的？

生产内容类干预任务（生产纠偏信息）具有一定的创造性，相对来说，执行该类任务的用户较少，仅靠他们实现社会化媒体不实信息的群体干预效果有限。判断评价类的任务一般不需要群体干预的参与者提供资质证明，对参与者参与的门槛要求相对较低，任务往往容易被重复实现。社会化媒体平台提供了很多功能和机制，用户可以对某一信息进行"判断评价"（如表示对某一信息的质疑或部分事实反驳），或者是行为决策（如转发、不转发，或进行质疑评论后转发），这些方式也可以很好地应对社会化媒体不实信息传播，且这类人群基数大。本书根据不同的群体干预角色的分工，将社会化媒体用户群体分成了五类，在讨论了激励不同群体参与干预不实信息传播的因素和策略后，提出了采用基于社会化媒体平台既有功能的众包方法具体实现不实信息的群体干预，而众包方法又可以分为独立型、竞赛型和协作型三类，在不同的情形下科学选择这三种不同的类型实施群体干预，会产生较好的干预效果。

在对群体干预模式四个不同角度深入分析的过程中，本书也讨论了更好实施群体干预的策略和建议，包括：①努力提高社会化媒体用户群体中各类用户的意识层次，并促进低层次用户角色的转换，利用社会化媒体平台的聚合机制和序化机制更好地展现群体观点，提高用户辨别能力和批判性思维能力，减少虚假信息生产并提高虚假信息识别率；②提供激励机制（如新浪微博的"打赏"机制），降低用户真实信息的搜寻成本，加快信息举证的速度，提升社会化媒体用户"举证、反驳和质疑"的参与意愿；③通过提供开放的数据、便捷的搜索与核验工具以及一系列创新性新闻项目等，帮助传统媒体更好地应对以群体参与和目击媒体为标志的信息传播新模式，更好地承担"鉴定者"和"聪明的聚合者"的角色，做好不实信息"把关人"；④通过强化社会化媒体平台的一些功能和机制，如"关注""聚合"和"序化"，提升群体干预的效果。

本书还基于实证研究，讨论了群体非理性因素对不实信息传播的影响，如群体迷思、群体极化和"回音室效应"。建议社会化媒体平台应从系统整体的高度思考从而促进用户更好地进行群体协作以实现群体干预不实信息传播的目标：①努力使群体智慧的效能实现，探索更好地利用群体智慧的途径，加强以下七个方面的工作：特定的任务描述、关键信息的获取和分享、用户价值增值、信息的汇聚、用户间信息的交流与互动、设备与技术支持以及平台的持续优化。②加强对群体智慧的质量控制，应对"群体迷思"和"群体极化"等问题导致群体智慧的质量下降对群体干预效果的不利影响，如调节某一不实信息传播事件的参与互动的群体规模、减少群体讨论观点一致性。根据决策对象的选择形成与之匹配的群体干预方式，如对于一些不易获取的举证信息，采用合作型众包和竞赛型众包，通过选择有意识参与的用户提供高水平的群体智慧等。

本书的研究成果有一定的学术价值和应用价值，主要体现在：提升社会化媒体信息质量和应对社会化媒体虚假信息泛滥是近年来热门研究话题，不同研究者针对不同研究对象（如谣言、不实信息、虚假新闻等），基于不同视角（技术视角、管理视角等），采用不同方法进行了大量研究。本书在非常规突发事件的背景下，有别于前人大多把公众当成信息传播的被动角色的研究，强调政府、应急机构、社会化媒体平台有所作为，将社会化媒体用户作为应对不实信息传播的主动角色和重要力量，提出基于群体智慧和众包方法的群体干预模式，丰富了非常规突发事件应急、社会化媒体信息传播、群决策等领域的相关研究成果，并一定程度上弥补了前人研究的不足。

本书基于群体干预模式，面向政府管理机构、社会化应急机构、社会化媒体平台和一般社会化媒体用户，提出了很多可操作的具体策略和建议，对提升非常规突发事件中的社会化媒体的信息质量、节约管理和干预成本、提升公众社会化媒体使用满意度等方面有较好的应用价值和社会效益。

本书在以下四个方面有所创新：

第一，前人关于不实信息和谣言传播的研究大多是个体视角的，本书基于群体的视角，将以互联网和社会化媒体平台为主要载体的不实信息传播视为被大量用户在群体互动中不断作用的动态过程，继而讨论在这一动态作用过程中的干预策略，拓展了不实信息和谣言传播的研究视野。

第二，本书针对非常规突发事件中社会化媒体信息量大、对应急时效性要求高等特点，通过引入众包理念，将激励、竞争和协作因素融入群体的质疑辨伪，使社会化媒体用户利用群体智慧在应对不实信息传播方面得到更好的应用，理念上有一定的创新。

第三，在应对不实信息传播的研究领域，虽然公众参与、群体智慧、怀疑机制、众包方法等作为重要元素被很多研究积极讨论应用，但较少有对这些元素系统整体的思考。本书提出了一个"3W1H"的分析框架，整合以上元素深入讨论了群体干预模式的四个核心问题：谁执行干预任务？他们为什么会执行？任务的执行结果是什么？任务是如何被执行的？同时，本书还讨论了群体非理性因素对群体干预模式的影响和应对策略。本书在研究思路和研究方法方面部分弥补了前人研究的不足。

第四，本书基于社会化媒体，以群体视角来讨论不实信息的传播问题，在研究方法上有一定的融合创新，如验证群体互动对不实信息传播影响的实验设计、群体在不实信息传播过程中作用效果的各种模拟仿真、基于群体分类统计的应对不实信息传播用户信息行为分析、群体互动数量及观点一致性对不实信息传播的影响试验等。

二、研究展望

本书在非常规突发事件的背景下，将社会化媒体用户作为应对不实信息传播的主动角色和重要力量，系统整体地提出和深入讨论基于群体智慧和众包方法的群体干预模式，通过引入众包理念，将激励、竞争和协作因素融入群体的质疑辨伪，使社会化媒体用户利用群体智慧在应对不实信息传播方面得到更好的应用，理念上有一定的创新，丰富了非常规突发事件应急、社会化媒体信息传播、群决策等领域的相关研究成果，并一定程度上弥补了前人研究的不足。但本书还存在研究不足和尚需未来继续深入研究的问题，主要表现在以下几个方面：

第一，社会化媒体有很多不同的类型，包含了社交网络、博客、维基、播客、论坛、内容社区和微博等基本形态，其功能特点和运行机制有很大的不同，但在本书提出的群体干预模式中，虽然讨论了如何利用群体不同的功能特点帮助用户参与群体干预，但没有讨论不同类型的社会化媒体平台的群体干预模式可能的差异；同理，不实信息传播涉及不同领域，如自然灾害、商业、恐怖主义、科学、健康、娱乐，本书只考虑了非常规突发事件情形下的情景，没有考虑不同类型的不实信息进行群体干预时可能的不同情形，如有研究显示，虚假的政治类不实信息比其他类型的不实信息传播得更快。

第二，注意到社会化媒体平台并不是一个闭环的系统，在非常规突发事件中，其与传统媒体、真实社会网络以及不同的社会化媒体平台之间都有信息的交互和相互的影响，即本书构建的群体干预模式实际上可能受到传统媒体和真实社会网络的影响，本书虽然部分地考虑到了这种影响，如在社会化媒体用户群体中考虑到了传统媒体在不实信息传播过程中"把关人"的作用，同时也考虑到了现实的决策环境中政府机构、社会化媒体平台和一般用户的博弈问题，但没有考虑到传统媒体、真实社会网络在传播不实信息过程中与社会化媒体传播不实信息过程的相互影响。

第三，在线虚假信息的传播问题仍然是一个处在研究中的前沿领域，这一研究领域目前还存在大量的重要基础问题没有得到根本性解决，如在线真实信息和虚假信息传播方式有何不同？人们判断真假信息的哪些因素能解释这些差异？而且前人在这一领域的一些重要的研究结论还在逐渐被纠正，甚至被完全推翻。在这一情形下，本书的研究成果随着人们对这一研究领域认识的加深而不断得到拓展和优化。

第四，本书提出的群体干预模式需要社会化媒体的相关功能支持，社会化媒体平台目前现有的功能在实现不实信息传播干预上有很大的作用，但具体到干预不实信息传播这个目标，这些功能还有很多需要提升和优化的空间。例如，2016 年末，Facebook 为了应对虚假新闻泛滥的问题，在其平台上增加了"争议（Disputed）标签"功能，用于标记被用户认为是不准确的新闻。另外，社会化媒体平台有些已有的功能还可以更好地挖掘其在应对不实信息传播方面的潜力。因此，这类问题的研究也是一个非常重要的领域。

参考文献

[1] Abbasi M A, Liu H. Measuring User Credibility in Social Media [C] // International Conference on Social Computing, Springer Berlin Heidelberg, 2013: 441-448.

[2] Adam Acar, Yuya Muraki. Twitter for Crisis Communication: Lessons Learned from Japan's Tsunami Disaster [J]. International Journal of Web Based Communities, 2011, 7 (3): 392-402.

[3] A J Kimmel, R Keefer. Psychological Correlates of The transmission and Acceptance of Rumors About AIDS [J]. J. Appl. Soc. Psychol, 1991 (21): 1608 -1628.

[4] Ajzen I. The Theory of Planned Behavior [J]. Research in Nursing & Health, 2012, 14 (2): 137-144.

[5] Alton Y K Chua, Snehasish Banerjee. Intentions to Trust and Share Online Health Rumors: An Experiment with Medical Professionals [J]. Computers in Human Behavior, 2018 (87): 1-9.

[6] Anna De Liddo, Ágnes Sándor, Simon Buckingham Shum. Contested Collective Intelligence: Rationale, Technologies, and a Human – Machine Annotation Study [J]. Computer Supported Cooperative Work, 2012, 21 (4): 417-448.

[7] Antony Mayfield. What is Social Media [EB/OL]. http: //www. icrossing. co. Uk /fieadmin / /uploads /eBooks /What _ is _ social _media_ Nov_ 2007. Pdf.

[8] Arkaitz Zubiaga, Ahmet Aker, Kalina Bontcheva, Maria Liakata, Rob Procter. Detection and Resolution of Rumours in Social Media: A Survey [J]. ACM Computing Surveys, 2018, 51 (2): 1-37.

[9] Arkaitz Zubiaga, Elena Kochkina, Maria Liakata, Rob Procter, Michal Lukasik. Stance Classification in Rumours as a Sequential Task Exploiting the Tree-

structure of Social Media Conversations [R]. In Proceedings of the 26th International Conference on Computational Linguistics, 2016.

[10] Arkaitz Zubiaga, Maria Liakata, Rob Procter, Geraldine Wong Sak Hoi, and Peter Tolmie. Analysing How People Orient to and Spread Rumours in Social Media by Looking at Conversational Threads [J]. PLoS ONE, 2016, 3 (11): 1-29.

[11] Ayeh J K, Au N, Law R. Predicting the Intention to Use Consumer-generated Media for Travel Planning [J]. Tourism Management, 2013 (35): 132-143.

[12] Azjen I. The Theory of Planned Behavior [J]. Health Psychology Official Journal of the Division of Health Psychology American Psychological Association, 1991, 21 (2): 194-201.

[13] Baker R K, White K M. Predicting Adolescents' Use of Social Networking Sitesfrom an Extended Theory of Planned Behaviour Perspective [J]. Computers in Human Behavior, 2010, 26 (6): 1591-1597.

[14] Bandura A. Behavioral Modification through Modeling Procedures [A] // Research in Behavior Modification [M]. New York: Holt, Rinehart & Winston, 1965: 310-340.

[15] Bansal H S, Voyer P A. Word-of-Mouth Processes within a Services Purchase Decision Context [J]. Journal of Service Research, 2000, 3 (2): 166-177.

[16] Bass F M. A New Product Growth for Model Consumer Durables [J]. Management Science, 1969, 15 (1): 215 - 227.

[17] B C Tan, K K Wei, R T Watson, D L Clapper, E R Mclean. Computer-mediated Communication and Majority Influence: Assessing the Impact in An Individualistic and A Collectivistic Culture [J]. Manage. Sci., 1998 (44): 1263-1278.

[18] Berger J, Milkman K. What Makes Online Content Viral [J]. Journal of Marketing Research, 2012 (49): 192-205.

[19] Berners-Lee T, Hall W, et al. A Framework for web Science [J]. Foundations and Trends in Web Science, 2006, 1 (1): 3.

[20] B Gaver, H Martin. Alternatives: Exploring Information Appliances through Conceptual Design Proposals [C] //SIGCHI conference. Proceedings of the SIGCHI conference on Human Factors in Computing Systems. NewYork: ACM, 2000: 209-216.

［21］ Bharati P, Zhang W, Chaudhury A. Better Knowledge with Social Media Exploring the Roles of Social Capital and Organizational Knowledge Management ［J］. Journal of Knowledge Management, 2015 （3）: 456-475.

［22］ Bonabeau E, Dorigo M, Theraulaz G. Swarm Intelligence: Fromnatural to Artificial Systems ［M］. New York: Oxford University Press, 1999: 40-58.

［23］ Bordia P, Difonzo N, Haines R, et al. Rumors Denials as Persuasive Messages: Effects of Personal Relevance, Source, and Message Characteristics ［J］. Journal of Applied Social Psychology, 2010, 35 （6）: 1301-1331.

［24］ Bordia P, Difonzo N. Problem Solving in Social Interactions on the Internet: Rumor As Social Cognition ［J］. Social Psychology Quarterly, 2004, 67 （1）: 33-49.

［25］ Bordia P, Rosnow R L. Rumor Rest Stops on the Information Highway Transmission Patterns in a Computer-Mediated Rumor Chain ［J］. Human Communication Research, 2010, 25 （2）: 163-179.

［26］ Butler B S. Membership Size, Communication Activity, and Sustainability: A Resource Based Model of Online Social Structures ［R］. Information Systems Research, 2001, 12 （4）: 346-362.

［27］ Cao Q, Lu Y, Dong D, et al. The Roles of Bridging and Bonding in Social Media Communities ［J］. Journal of the American Society for Information Science and Technology, 2013, 64 （8）: 1671-1681.

［28］ Carlos Castillo, Marcelo Mendoza, and Barbara Poblete. Predicting information Credibility in Timesensitive Social Media ［J］. Internet Research, 2013, 23 （5）: 560-588.

［29］ Castillo C, Mendoza M, Poblete B. Predicting Information Credibility in Time-sensitive Social Media ［J］. Internet Research, 2013, 23 （5）: 560-588.

［30］ Cha M, Haddadi H, Benevenuto F, et al. Measuring User Influence in Twitter: The Million Follower Fallacy ［C］ // International Conference on Weblogs and Social Media, Icwsm 2010, Washington, Dc, Usa, May. DBLP, 2010.

［31］ Chen-Wei Chang, Gina Masullo Chen. College Students' Disclosure of Location-related Information on Facebook ［J］. Computers in Human Behavior, 2014 （35）: 33-38.

［32］ Chen Y F. Herd Behavior in Purchasing Books Online ［J］. Computers in Human Behavior, 2008, 24 (5): 1977-1992.

[33] Cialdini R B, Goldstein N J. Social Influence: Compliance and Conformity [J]. Annual Review of Psychology, 2004 (55): 591-621.

[34] C J Walker, C A Beckerle. The Effect of Anxiety on Rumor Transmission [J]. J. Soc Behav. Pers, 1987 (2): 353-360.

[35] Coser Lewis. The Function of Conflict [M]. London: Free Press, 1956.

[36] Costa P T. Normal Personality Assessment in Clinical Practice: The NEO Personality Inventory [J]. Psychological Assessment, 1992, 4 (1): 5-13.

[37] Courneya K S, Bobick T M, Schinke R J. Does the Theory of Planned Behavior Mediate the Relation between Personality and Exercise Behavior? [J]. Basic Appl SocPsychol, 2001, 21 (4): 317-324.

[38] C R Sunstein. On Rumors How Falsehoods Spread, Why We Believe Them, What Can Be Done [M]. New York: Farrar, Straus and Giroux, 2009.

[39] C R Sunstein. Republic. com, Princeton University Press, Princeton, 2002 ss, Princeton, 2002.

[40] Dan E M. Rumor: An Examination of Some Stereotypes [J]. Symbolic Interaction, 2011, 28 (4): 505-519.

[41] Dawn Gregg. Designing for Collective Intelligence [J]. Communications of the Acm, 2010, 53 (4): 134-138.

[42] D Godes, D Mayzlin, Y Chen, etal. The Firm's Management of Social Interactions [J]. Market. Lett, 2005 (16): 415-428.

[43] Difonzo N, Bordia P. Rumor Psychology: Social and Organizational Approaches [J]. American Psychological Association, 2006, 50 (2): 315-332.

[44] Difonzo N, Bourgeois M J, Suls J, et al. Rumor Clustering, Consensus, and Polarization: Dynamic Social Impact and Self-organization of Hearsay [J]. Journal of Experimental Social Psychology, 2013, 49 (3): 378-399.

[45] Difonzo N, Suls J, Beckstead J W, et al. Network Structure Moderates Intergroup Differentiation of Stereotyped Rumors [J]. Social Cognition, 2014, 32 (5): 409-448.

[46] Dixon B E Towards E-government 2.0: An Assessment of Where E-government 2.0 is and Where it is Headed [J]. Public Administration & Management, 2010: 15 (2).

[47] Dorigo M, Gambardella L M. Ant Colonies for the Travelingsalesman

Problem [J]. BioSystems, 1991, 43 (2): 73-81.

[48] Emerson R M. Social Exchange Theory [J]. Annual Review of Sociology, 1976 (2): 335-362.

[49] Eunsun Lee, Jungsun Ahn, Yeo Jung Kim. Personality Traits and Self-presentationat Facebook [J]. Personality and Individual Differences, 2014, 69 (8): 132-139.

[50] Facione P A. Critical thinking: A Statement of Expert Consensus for Purposes of Educational Assessment and Instruction [M]. Millbrae, CA: The California Academic Press, 1990.

[51] Farhad Daneshgar. A Wareness Net: An Integrated Modeling Language for Knowledge Sharing Requirements in Collaborative Process [J]. Journal of Conceptual Modeling, 2004, 33 (5): 12-23.

[52] Farhad Daneshgar , Laor Boongasame. A Collaborative Platform for Buyer Coalition: Introducing the Awareness-based Buyer Coalition (ABC) System [J]. Information Systems Frontiers , 2013, 15 (1): 89-98.

[53] F D Davis, R P Bagozzi, P R Warshaw. User Acceptance of Computer Technology: A Comparison of Two Theoretical Model [J]. Management Science, 1989, 35 (8): 982-1003.

[54] Festinger L. A Theory of Social Comparison Processes [J]. Human relations, 1954, 7 (2): 117-140.

[55] Flanagin A J, Metzger M J. Internet User In Contemporary Media Environment [J]. Human Communication Research, 2001, 27 (1): 153-181.

[56] Fujio Toriumi, Takeshi Sakaki, Kosuke Shinoda, Kazuhiro Kazama, Satoshi Kurihara, Itsuki Noda. Information Sharing on Twitter During the 2011 Catastrophic Earthquake [A]. www ' 13 Companion Proceedings of the 22nd international conference on World Wide Web companion, 2013: 1025-1028.

[57] Fu X C, Small M, Walker D M, et al. Epidemic Dynamics on Scale-Free Networkswith Piecewise Linear Infectivity and Immunization [J]. Physical Review E, 2008, 77 (3): 036113-1-8.

[58] Gallupe R B. Electronic Brainstorming and Group Size [J]. Academy of Management Journal, 1992 (35) : 350-369.

[59] Gang Liang, Wenbo He, Chun Xu, Liangyin Chen, and Jinquan Zeng. Rumor Identification in Microblogging. Systems Based on Users Behavior [J].

IEEE Transactions on Computational Social Systems , 2015, 2 (3): 99-108.

［60］ Godes D, Mayzlin D, Chen Y, et al. The Firm's Management of Social Interactions ［J］. Marketing Letters, 2005, 16 (3-4): 415-428.

［61］ Gosling S D, Augustine A A, Vazire S, et al. Manifestations of Personality Inonline Social Networks: Self-reported Facebook-related Behaviors and Observable Profile Information ［J］. Cyberpsychology Behavior & Social Networking, 2011, 14 (9): 483-488.

［62］ Graham M W, Avery E J, Park S. The Role of Social Media in Local Government Crisis Communications ［J］. Public Relations Review, 2015, 41 (3): 386-394.

［63］ Guoyong Cai, Hao Wu, and Rui Lv. Rumors Detection in Chinese via Crowd Responses ［C］// Advances in Social Networks Analysis and Mining (ASONAM), 2014 IEEE/ACM International Conference on. IEEE, 2014: 912-917.

［64］ Gustave Le Bon. The Crowd: A study of the Popular Mind ［M］. New York: Macmillan, 1896.

［65］ Heylighen F. Collective Intelligence and Its Implementation on the Web: Algorithms to Develop a Collective Mental Map ［J］. Computational & Mathematical Organization Theory, 1999, 5 (3): 253-280.

［66］ He Z, Cai Z, Wang X. Modeling Propagation Dynamics and Developing Optimized Countermeasures for Rumor Spreading in Online Social Networks ［C］//Distributed Computing Systems (ICDCS), 2015 IEEE 35th International Conference on IEEE, 2015: 205-214.

［67］ Huang J H, Chen Y F. Herding in Online Product Choice ［J］. Psychology & Marketing, 2006, 23 (5): 413-428.

［68］ Huang J Y, Jin X G. Preventing Rumor Spreading on Small-world Networks ［J］. Journal of Systems Science and Complexity, 2011, 24 (3): 449-456.

［69］ Huaye Li and Yasuaki Sakamoto. Computing the Veracity of Information through Crowds: A Method for Reducing the Spread of False Messages on Social Media ［R］. In System Sciences (HICSS), 2015 48th Hawaii International Conference on. IEEE, 2003-2012.

［70］ Huaye Li, Yasuaki Sakamoto. Social Impacts in Social Media: An Examination of Perceived Truthfulness and Sharing of Information ［J］. Computers in

Human Behavior, 2014 (41): 278-287.

[71] Hughes A L, Sutton J. Collective Intelligence in Disaster: Examination of the Phenomenon in the Aftermath of the 2007 Virginia Tech Shooting [A]. Proceedings of the 5th International ISCRAM Conference. Washington, DC, 2008.

[72] Huth A, Wissel C. The Simulation of the Movement of Fish Schools [J]. Journal of the oretical biology, 1992, 156 (3): 365-385.

[73] Iglesias-Pradas S, Angel Hernández-García, Fernández-Cardador P. Social Factor Influences on Corporate Wiki Acceptance and Use [J]. Journal of Business Research, 2015 (7): 29-233.

[74] Islam A K M N. Investigating E-learning System Usage Outcomes in the University Context [J]. Computers & Education, 2013 (69): 387-399.

[75] J H Huang, Y F Chen. Herding in Online Product Choice [J]. Psychol. Market, 2006 (2): 413-428.

[76] Jin-Liang Wang, Linda A Jackson, Da-Jun Zhang, Zhi-Qiang Su. The Relationshipsamong the Big Five Personality Factors, Self-esteem, Narcissism, and Sensation-seeking to Chinese University Students' Uses of Social Networking Sites (SNSs) [J]. Computers in Human Behavior, 2012, 28 (6): 78-85.

[77] J L Esposito. Subjective Factors and Romor Transmission: A Field Investigationof the Influence of Anxiety, Importance, and Belief on Rumormongering [D]. Temple University, 1987.

[78] Jr J K B, Crino M D. Effects of Initial Tendency and Real Risk on Choice Shift [J]. Organizational Behavior & Human Decision Processes, 1992, 53 (1): 14-34.

[79] Jr P T C, Mccrae R R. Four Ways Five Factors are Basic [J]. Personality & Individual Differences, 1992, 13 (6): 653-665.

[80] Juan Li, Qingrui Li, Chao Liu, Samee Ullah Khan, Nasir Ghani. Community-based Collaborative Information System for Emergency Management [J]. Computers & Operations Research, 2014 (42): 116-124.

[81] Kankanhalli A, Tan B C Y, Wei K K. Contributing Knowledge to Electronic Knowledge Repositories: An Impirical Investigation [J]. MIS Quarterly, 2005, 29 (1): 113-143.

[82] Kaplan C A. Collective Intelligence: A New Approach to Stock Price Forecasting [C] //Proc of the 2001 IEEE Int Conf on Systems, Man and Cybernet-

ics, Piscataway, NJ: IEEE, 2001: 2893-2898.

[83] Karin Weller. Trying to Understand Social Media Users and Usage [J]. Online Information Review, 2016, 40 (2): 256-264.

[84] Kate Starbird, Jim Maddock, Mania Orand, Peg Achterman, Robert M Mason. Rumors, False Flags, and Digital Vigilantes: Misinformation on twitter after the 2013 boston marathon bombing [R]. iConference 2014 Proceedings, 2014.

[85] Kentle R L. Adjectives, Phrases, and Sentences: Intracorrelation of Three Five-factor Personality Inventories [J]. Psychological Reports, 2002, 91 (3 Pt 2): 11-51.

[86] Khan S A, Liang Y, School S. An Empirical Study of Perceived Factors Affecting Customer Satisfaction to Repurchase intention in Online Stores in China [J]. Journalof Service Science and Management, 2015, 8 (3): 291-305.

[87] Kim Y, Sohn D, Choi S M. Cultural Difference in Motivations for Using Social Network Sites: A Comparative Study of American and Korean College Students [J]. Computers in Human Behavior, 2011, 27 (1): 365-372.

[88] K M Sheldon, A J Elliot, Y Kim, et al. What is Satisfying about Satisfying Events? Testing 10 Candidate Psychological Needs [J]. Journal of Personality And Social Psychology, 2001, 80 (2): 325.

[89] Knapp R H. A Psychology of Rumor [J]. Public Opinion Quarterly, 1944, 8 (1): 22-37.

[90] Krause J, Ruxton G D, Krause S. Swarm Intelligence in Animals and Humans [J]. Trends in Ecology & Evolution, 2010, 25 (1): 28-34.

[91] Krause S, James R, Faria J J, et al. Swarm Intelligence in Humans: Diversity can Trump Ability [J]. Animal Behaviour, 2011, 81 (5): 941-948.

[92] Laor Boongasame, Punnarumol Temdee, Farhad Daneshgar: Forming Buyer Coalition Scheme with Connection of a Coalition Leader [J]. JTAER, 2012, 7 (1): 111-122.

[93] Lazarsfeld P F, Berelson B, Gaudet H. The People's Choice: How the Voter Makes up His Mind in a Presidential Campaign [M]. New York: Columbia University Press, 1948.

[94] Lee H, Kim J, Kim J. Determinants of Success for Application Service

Provider: An Empirical Test in Small Businesses [J]. International Journal of Human-Computer Studies, 2007, 65 (9): 796-815.

[95] Leimeister J M. Collective Intelligence [J]. Computational Intelligence Magazine IEEE, 2010, 2 (4): 245-248.

[96] Leung L. Impacts of Net-generation Attributes, Seductive Properties of the Internet, and Gratification-obtained on Internet Use [J]. Telematics and Informatics, 2003, 20 (2): 107-129.

[97] Lewandowsky S, Ecker U K H, Seifert C M, et al. Misinformation and Its Correction Continued Influence and Successful Debiasing [J]. Psychological Science in the Public Interest, 2012, 13 (3): 106-131.

[98] Li H, Sakamoto Y. Social Impacts in Social Media: An Examination of Perceived Truthfulness and Sharing of Information [J]. Computers in Human Behavior, 2014 (41): 278-287.

[100] Liming Zhao, Jianli Yin, Yao Song. An Exploration of Rumor Combating Behavior on Social Media in the Context of Social Crises [J]. Computers in Human Behavior, 2016 (58): 25-36.

[101] Liu B F, Jin Y, et al. The Tendency to Tell: Understanding Publics' Communicative Response to Crisis Information Form and Source [J]. 2013, 25 (1): 51-67.

[102] Liu Z H, Lai Y C, Ye N. Propagation and Immunization of Infection on General Networks with both Homogeneous and Heterogeneous Components [J]. Physical Review E, 2003, 67 (3): 031911.

[103] Mackie D, Cooper J. Attitude Polarization: Effects of Group Membership [J]. Journal of Personality & Social Psychology, 1984, 46 (3): 575-585.

[104] Madar N, Kalisky T, Cohen R, et al. Immunization and Epidenmic Dynamics in Complex Networks [J]. European Physical Journal B, 2004, 38 (2): 269-276.

[105] Malone T, Laubacher R, Dellarocas C. Harnessing Crowds: Mapping the Genome of Collective Intelligence [J]. MIT Sloan School of Management, 2009, 1 (2): 1-3.

[106] Malone T W, Laubacher R, Dellarocas C. The Collective Intelligence Genome [J]. IEEE Engineering Management Review, 2010, 38 (3): 38-43.

[107] Malone T W, Laubacher R, Dellarocas C. The Collective Intelligence

Genome [J]. MIT Sloan management review, 2010, 51 (3): 21-31.

[108] Marett K, Joshi K D. The Decision to Share Information and Rumors: Examining the Role of Motivation in An Online Discussion Forum [J]. Nuclear Physics A, 2009, 24 (1): 47-68.

[109] Marianne E Jaeger, Susan Anthony, and Ralph L Rosnow. Who Hears What from Whom and with What Effect A Study of Rumor [J]. Personality and Social Psychology Bulletin, 1980, 6 (13): 473-478.

[110] Mark V Pezzo, Jason W Beckstead. A Multilevel Analysis of Rumor Transmission: Effects of Anxiety and Belief in Two Field Experiments [J]. Basic & Applied Social Psychology, 2006, 28 (1): 91-100.

[111] Mcknight D H, Chervany N L. What Trust Means in E-Commerce Customer Relationships: An Interdisciplinary Conceptual Typology [M]. M. E. Sharpe, Inc., 2001.

[112] McPherson M, Smith-Lovin L, Cook J M. Birds of a Feather: Homophily in Social Networks [J]. Annual review of sociology, 2001, 27 (1): 415-444.

[113] M E Jaeger, S Anthony, R L Rosnow. Who Hears What from Whom and With What Effect: A Study of Rumor [J]. Pers. Soc. Psychol. Bull, 1980 (6): 473-478.

[114] Mendoza M, Poblete B, Castillo C. Twitter Under Crisis: Can We Trust What We RT? [C] //Proceedings of the First Workshop on Social Media analytics. ACM, 2010: 71-79.

[115] Moore K, Mcelroy J C. The Influence of Personality on Facebook Usage, Wall Postings, and Regret [J]. Computers in Human Behavior, 2012, 28 (1): 267-274.

[116] Morris M R, Counts S, Roseway A, et al. Tweeting is Believing? Understanding Microblog Credibility Perceptions [C] // ACM 2012 Conference on Computer Supported Cooperative Work. ACM, 2013: 441-450.

[117] Moscovici S, Zavalloni M. The Group as A Polarizer of Attitudes [J]. Journal of Personality and Social Psychology, 1969 (12): 125-135.

[118] M Pezzo, J Beckstead. A Multilevel Analysis of Rumor Transmission: Effects of Anxiety and Belief in Two Field Experiments. Basic Appl [J]. Soc. Psychol, 2006 (28): 91-100.

[119] N DiFonzo, M J Bourgeois, J M Suls, et al. Rumor Clustering, Con-

sensus, and Polarization Dynamic Social Impact Information & Management and Self-organization of Hearsay [J]. J. Exp. Soc. Psychol, 2013 (49): 378-399.

[120] N DiFonzo, P Bordia. Rumor Psychology: Social and Organizational Approach American Psychological Association [M]. Washengton, DC, 2007.

[121] Oberlander J, Nowson S. Whose Thumb is it Anyway?: Classifying Author Personality from Weblog Text [C] // Coling/acl on Main Conference Poster Sessions. Association for Computational Linguistics, 2006: 627-634.

[122] Oeldorf-Hirsch A, Sundar S S. Posting, Commenting, and Tagging: Effects of Sharing News Stories on Facebook [J]. Computers in Human Behavior, 2015 (44): 240-249.

[123] Ozturk P, Li H, Sakamoto Y. Combating Rumor Spread on Social Media: The Effectiveness of Refutation and Warning [C] //System Sciences (HICSS), 2015 48th Hawaii International Conference on. IEEE, 2015: 2406-2414.

[124] P Bordia, N DiFonzo. Problem Solving in Social Interactions on the Internet: Rumor as Social Cognition [J]. Soc. Psychol. Q, 2004 (67): 33-49.

[125] P Bordia, R Rosnow. Rumor Rest Stops on the Information Highway Transmission Patterns in a Computer-mediated Rumor Chain [J]. Hum. Commun. Res, 1998 (25): 163-179.

[126] Pentina I, Basmanova O, Zhang L. A Cross-national Study of Twitter Users' Motivations and Continuance Intentions [J]. Journal of Marketing Communications, 2016, 22 (1): 36-55.

[127] Petty R E, Cacioppo J T. Communication and Persuasion: Centraland Peripheral Routes to Attitude Change [M]. New York: Springer-Verlag, 1986: 10-49.

[128] R H Turner, L M Killian. Collective Behavior (4th edn) [M]. Prentice Hall, Englewood Cliffs, 1993.

[129] Rimmerman Arie, Chen Ariel. Applicability of the Theory of Planned Behavior in Predicting Supportive Behaviors by Parents and Adult Siblings of Immediate Relatives with Intellectual Disability [J]. International Journal of Rehabilitation Research, 2012, 18 (4): 173-178.

[130] R L Rosnow. Inside Rumor a Personal Journey [J]. Am. Psychol, 1991 (46): 484-496.

[131] R L Rosnow, J L Esposito, L Gibney. Factors influencing Rumor

Spreading: Replication and Extension [J]. Lang. Commun, 1988 (8): 29-42.

[132] Rob Procter, Farida Vis, and Alex Voss. 2013b. Reading the Riots on Twitter: Methodological Innovation for the Analysis of Big Data [J]. International Journal of social research methodology, 2013, 16 (3): 197-214.

[133] Rosnow R L, Fine G A. Rumor and Gossip: The Social Psychology of Hearsay [M]. New York: Elsevier North-Holland, 1976.

[134] Rosnow R L. Inside Rumor: A Personal Journey [J]. American Psychologist, 1991, 46 (5): 484-496.

[135] Sakaki T, Okazaki M, Matsuo Y. Earthquake Shakes Twitter Users: Real-time Event Detection by Social Sensors [A]. Proceedings of the19th International Conference on World Wide Web [C]. New York: ACM, 2010: 851-860.

[136] S C Pendleton. Rumor Research Revisited and Expanded [J]. Lang. Commun, 1998 (18): 69-86.

[137] She L, Sheng Z. The SIR Epidemic Mode - based Analysis on the Group Behavior under the Situation of Unconventional Accident [J]. Journal of Intelligence, 2011, 30 (5): 14-17.

[138] Sia C, Tan Y, Wei K. Group Polarization and Computer Mediated Communications: Effects of Communication Cues, Social Presence and Anonymity [J]. Information Systems Research, 2002, 13 (1): 70-90.

[139] Simon T, Goldberg A, Adini B. Socializing in Emergencies—A Review of the Use of Social Media in Emergency Situations [J]. International Journal of Information Management, 2015, 35 (5): 609-619.

[140] Singh A, Singh Y N. Nonlinear Spread of Rumor and Inoculation Strategies in Thenodes with Degree Dependent Tie Strength in Complex Networks [J]. Acta Physica Polonica B, 2013 (44): 5-28.

[141] Smith J B. Collective Intelligence in Computer - Based Collaboration [M]. L. Erlbaum Associates Inc., 1994.

[142] Spence P R, Lachlan K A, Rainear A M. Social Media and Crisis Research: Data Collection and Directions [J]. Computers in Human Behavior, 2016 (54): 667-672.

[143] Starbird K, Maddock J, Orand M, et al. Rumors, False Flags, and Digital Vigilantes: Misinformation on Twitter after the 2013 Boston Marathon Bombing [C]. Proceedings of iConference 2014. Urbana-Champaign: IDEALS, 2014:

654-622.

[144] Steiner I D. Group Process and Productivity [M]. New York, Academic Press, NY, 1972: 50-70.

[145] Stoner A F A Comparison of Individual and Group Decisions Involving Risk [R]. Massachusetts Institute of Technology, 1961: 5-26.

[146] Subhagata Chattopadhyay, Farhad Daneshgar: An Awareness Net Collaborative Model for Schizophrenia Management [J]. IJAIP, 2013, 5 (3): 217-232.

[147] Sunstein C R. On Rumors: How Falsehoods Spread, Why We Believe Them, What Can Be Done [M]. Penguin, 2014.

[148] Sunstein C R. The Law of Group Polarization [J]. Journal of Political Philosophy, 2002, 10 (2): 175-195.

[149] Surowiecki J. The Wisdom of Crowds: Why the Many are Smarter than theFew [M]. New York: Little Brown, 2004: 10-20.

[150] Sweeney J C, Soutar G N. Consumer Perceived Value: The Development of a Multiple Item Scale [J]. Journalof retailing, 2001, 77 (2): 203-220.

[151] Tanaka Y, Sakamoto Y, Matsuka T. Toward a Social-technological System that Inactivates False Rumors through the Critical Thinking of Crowds [C] //System Sciences (HICSS), 2013 46th Hawaii International Conference on IEEE, 2013: 649-658.

[152] Tanaka Y, Sakamoto Y, Matsuka T. Toward a Social-technological System that inActivates False Rumors through the Critical Thinking of Crowds [C] //System Sciences (HICSS), 2013 46th Hawaii International Conference on. IEEE, 2013: 649-658.

[153] Tanaka Y, Sakamoto Y. Toward a Social-technological System that Inactivates false Rumors through the Critical Thinking of Crowds [J]. In Proceedings of the 46th Hawaii International Conference on System Sciences, 2013: 649-658.

[154] Tanaka Y, Sakamoto Y. Toward a Social-technological System that Inactivates False Rumors Through the Critical Thinking of Crowds [J]. In Proceedings of the 46th Hawaii International Conference on System Sciences, 2013: 649-658.

[155] Taneja A, Vitrano J, Gengo N J. Rationality-based Beliefs Affecting Individual's Attitude and Intention to Use Privacy Controls on Facebook: An empirical investigation [J]. Computers in Human Behavior, 2014 (38): 159-173.

［156］Taylor M，Wells G，Howell G，Raphael B. The Role of Social Media Aspsychological First Aid as a Support to Community Resilience Building ［J］. TheAustralian Journal of Emergency Management，2012，27（1）：20–26.

［157］Tian R Y，Zhang X F，Liu Y J. SSIC Model：A Multi–layer Model for Intervention of Online Rumors Spreading ［J］. Physica A：Statistical Mechanics and its Applications，2015，427：181–191.

［158］Viktor Slavkovikj，Steven Verstockt. Review of Wildfire Detection Using Social Media ［J］. Fire Safety Journal ，2014（68）：109–118.

［159］Vladimir G Ivancevic，Darry J Reid，Eugene V Aidman. Crowd Behavior Dynamics：Entropic Path – integral Model ［J］. Nonlinear dynamics，2010，59（2）：351–373.

［160］Vosoughi S，Roy D，Aral S. The Spread of true and False News Online ［J］. Science，2018，359（6380）：1146–1151.

［161］Wang A H. Do Not Follow Me：Spam Detection in Twitter ［C］//Proceedings of the International Conference on Security and Cryptography. Athens：SciTePress，2010：142–151.

［162］Wasko M M，Faraj S. Why Should We Share? Examining Social Capital and Knowledge Contribution In Electronic Networks of Practice ［J］. MIS Quarterly，2005，29（1）：35–57.

［163］Wen–Yi H，Liang C. The Influence of Source Credibility，User's Affection and Involvement on College Student's Belief toward Internet Rumors ［J］. Journal of Educational Media & Library Sciences，2007（1）：99–120.

［164］Wu–Chih Hu. Deriving Collective Intelligence from Reviews on the Social Webusing a Supervised Learning Approach ［J］. Expert Systems with Applications，2011，38（10）：13149–13157.

［165］W Y Hsu，C Liang. The Influence of Source Credibility，User's Affection and Involvement on College Student's Belief toward Internet Rumors ［J］. J. Educ. Media Library Sci，2007（45）：99–120.

［166］Yao E，Fang R，Dineen B R，et al. Effects of Customer Feedback level and（in）Consistency on New Product Acceptance in the Click–and–mortar Context ［J］. Journal of Business Research，2009，62（12）：1281–1288.

［167］Y F Chen. Herd Behavior in Purchasing Books Online ［J］. Comput. Hum. Behav，2008（24）：1977–1992.

[168] Young Ae Kim, M A Ahmad. Trust, Distrust and Lack of Confidence of Users in Online Social Media-sharing Communities [J]. Knowledge-Based Systems, 2012 (37): 438-450.

[169] Zhang Z L, Zhang Z Q. An Interplay Model for Rumor Spreading and Emergency Development [J]. Physica A: Statistical Mechanics and its Applications, 2009, 338 (19): 4159-4166.

[170] Zhao L, Qiu X. Rumor Spreading Model Considering Forgetting and Remembering Mechanisms in Inhomogeneous Networks [J]. Physica A: Statistical Mechanics and its Applications, 2013, 392 (4): 987-994.

[171] Zhao L, Wang Q, Cheng J, et al. Rumor Spreading Model with Consideration of Forgetting Mechanism: A Case of Online Blogging Live Journal [J]. Physica A: Statistical Mechanics and its Applications, 2011, 390 (13): 2619-2625.

[172] Zhao L, Yin J, Song Y. An Exploration of Rumor Combating Behavior on Social Media in the Context of Social Crises [M]. Elsevier Science Publishers B. V, 2016: 213-217.

[173] Zheng Y M, Zhao K X, Stylianou A. The Impacts of Information Quality and System Quality On Users's Continuance Intention in Information Exchange Virtua Communities: An Empirical Investigation [J]. Decision Support Systes, 2013 (56): 513-524.

[174] Zhuang J, Wang B. Rumor Response, Debunking Response, and Decision Makings of Misinformed Twitter Users during Disasters [J]. Natural Hazards, 2018 (3): 1-18.

[175] Zoghbi S, Farnadi G, Moens M F, et al. How Well do Your Facebook Status Updates Express Your Personality? [J]. 2013, 21 (10): 58-64.

[176] Zook M, Graham M, Shelton T, Gorman S. Volunteered Geographicinformation and Crowdsourcing Disaster Relief: A Case Study of the Haitianearthquake [J]. World Medical & Health Policy, 2010, 2 (3): 7-33.

[177] 昂娟, 俞欣. 网络谣言传播分析及治理对策研究——以前两期《微博辟谣月度工作报告》为例 [J]. 山东农业工程学院学报, 2016, 33 (9): 86-91.

[178] 白红义, 江海伦, 陈斌. 2017 年虚假新闻研究报告 [J]. 新闻记者, 2018 (1): 21-31.

[179] 包亚兄. 突发事件中"专家型中小 V"的舆论影响探究 [J]. 新

闻研究导刊，2016，7（13）：2-3.

[180] 常桂林，毕强，费陆陆. 微信平台（公众号）用户持续使用意愿分析——基于期望确认模型与媒介系统依赖理论［J］. 图书馆学研究，2017（22）：85-92.

[181] 巢乃鹏，薛莹，姚倩. 功能满足、心理满足、主观规范：新媒体持续使用意向研究——以中国3G业务的持续使用为例［J］. 新闻大学，2014（5）：125-131.

[182] 陈娟，刘燕平，邓胜利. 政务微博辟谣信息传播效果的影响因素研究［J］. 情报科学，2018（1）：51-57.

[183] 陈艳红，宗乾进，袁勤俭. 基于意识层次的微博不实信息治理研究——以新浪微博为例［J］. 情报杂志，2014（1）：135-139.

[184] 戴维·波普诺. 赴会学［M］. 库强等译. 北京：中国人民大学出版社，1999.

[185] 邓胜利，付少雄. 社交媒体附加信息对用户信任与分享健康类谣言的影响分析［J］. 情报科学，2018，36（3）：51-57.

[186] 顾亦然，夏玲玲. 在线社会网络中谣言的传播与抑制［J］. 物理学报，2012，61（23）：544-550.

[187] 国家自然科学基金委员会. "非常规突发事件应急管理研究"重大研究计划［EB/OL］. http：//www. nsfc. gov. cn/nsfc/cen/yjjlmew/menu-11-5，html，2015-1-8.

[188] 国务院. 国家突发公共事件总体应急预案［EB/OL］. http：//bmg5. gov. cn/gate/bmg5/www. gov. cn/yjgl/2006-01/08/content_21048. htm［2015-1-8］.

[189] 胡泳. 新词探讨：回音室效应［J］. 新闻与传播研究，2015，22（6）：109-115.

[190] 胡珍苗，程岩，崔华玉. 在线内容用户服务升级意愿研究：基于增值体验的心理惯性视角［J］. 管理评论，2016，28（11）：116-128.

[191] 华盛. 网络谣言传播的影响因素研究［D］. 浙江师范大学，2013.

[192] 黄柏淅，朱小栋. 移动社交类APP用户持续使用意愿的影响因素研究［J］. 现代情报，2016，36（12）：57-64.

[193] 黄劲松，王俊燕. 新产品扩散的二元影响实证研究［J］. 广义虚拟经济研究，2014，5（4）：70-76.

[194] 黄敏学，王峰，谢亭亭. 口碑传播研究综述及其在网络环境下的

研究初探 [J]. 管理学报, 2010, 7 (1): 138-146.

[195] 黄晓斌. Web2. 0环境下群体智慧的实现问题 [J]. 图书情报知识, 2011, 6 (5): 43-45.

[196] 黄雅兰, 陈昌凤. "目击媒体"革新新闻生产与把关人角色——以谷歌新闻实验室为例 [J]. 新闻记者, 2016 (1): 42-49.

[197] 黄雅兰, 陈昌凤. "目击媒体"革新新闻生产与把关人角色——以谷歌新闻实验室为例 [J]. 新闻记者, 2016 (1): 44-51.

[198] 霍良安. 突发事件发生后不实信息的传播问题研究 [D]. 上海交通大学, 2012.

[199] 蒋宇澄, 谢广岭, 周荣庭. 我国科普网站用户使用意愿的理论模型建构 [J]. 科学与社会, 2017, 7 (2): 99, 100-117.

[200] 兰·费雪. 完美的群体 [M]. 北京: 中信出版社, 2013: 6-15.

[201] 李枫林, 魏蕾如. 社会化媒体用户行为的信息聚合机制研究 [J]. 图书馆学研究, 2017 (5): 52-57.

[202] 李建标, 王鹏程, 巨龙. 信息瀑布——序贯决策中行为匹配的实验研究 [J]. 管理评论, 2015, 27 (10): 84-94.

[203] 李良荣, 袁鸣徽. 中国新闻传媒业的新生态、新业态 [J]. 新闻大学, 2017 (3): 1-7, 146.

[204] 李武, 胡泊, 季丹. 电子书阅读客户端的用户使用意愿研究——基于UTAUT和VAM理论视角 [J]. 图书馆论坛, 2018, 38 (4): 103-110.

[205] 李玉峰, 吕巍, 柏佳洁. 不同购物环境下消费者享乐主义/功利主义态度测评 [J]. 管理科学, 2008 (1): 58-64.

[206] 刘景景, 申曙. 微博谣言的成因及"自净"机制 [J]. 新闻世界, 2012 (7): 167-168.

[207] 刘樑, 史浩, 何婧等. 非常规突发事件在线信息处理及其演化传播规律研究综述 [J]. 电子科技大学学报 (社会科学版), 2013 (2): 17-21.

[208] 刘鲁川, 孙凯. 享乐型信息系统用户采纳的理论模型及实证检验 [J]. 计算机应用, 2011, 31 (11): 3120-3125.

[209] 刘星宏, 张海峰, 秦晓卫等. 加权短信网络上的谣言传播行为研究 [J]. 中国科学技术大学学报, 2012, 42 (5): 423-430.

[210] 刘云霄. 微博自净功能的局限性及影响因素——以新浪微博为例 [J]. 新闻世界, 2013 (3): 93-94.

[211] 鲁松涛, 金胜真. 基于计划行为理论的人格与锻炼行为关系——

元分析回顾与路径模型的验证［J］. 体育科技，2016，37（5）：47-51.

［212］吕传笑，栾晓峰. 个体行为与群体行为的互动分析［J］. 山东农业工程学院学报，2005，21（5）：87-88.

［213］罗杰，戴晓阳. 中文形容词大五人格量表的初步编制Ⅰ：理论框架与测验信度［J］. 中国临床心理学杂志，2015，23（3）：381-385.

［214］马尔科姆·格拉德威尔，钱清. 引爆点［M］. 北京：中信出版社，2009.

［215］马庆国，王小毅. 非常规突发事件中影响当事人状态的要素分析与数理描述［J］. 管理工程学报，2009，23（3）：126-130.

［216］邱皓政. 量化研究与统计分析（第一版）［M］. 四川：重庆大学出版社，2013：280-284.

［217］曲霏，张慧颖. 关系型虚拟社区用户持续使用意向的影响机制研究——人际信任的调节作用［J］. 情报学报，2016，35（4）：415-424.

［218］沙振权，蒋雨薇，温飞. 虚拟品牌社区体验对社区成员品牌认同影响的实证研究［J］. 管理评论，2010，22（12）：79-88.

［219］孙建军，李君君. 基于TAM/TTF整合的电子商务用户接受模型［J］. 图书情报工作，2010，54（20）：119-123.

［220］孙晓雅，陈娟娟. 服务型政府知识共享影响因素的理论研究——基于自我决定理论［J］. 情报科学，2016（6）：26-30，46.

［221］唐梦斐，王建成. 突发事件中政务微博辟谣效果研究——基于"上海外滩踩踏事件"的案例分析［J］. 情报杂志，2015（8）：98-103.

［222］童程芹. 社交网络中用户转发行为的影响机制研究［D］. 浙江工商大学，2014.

［223］涂迪思. 基于计划行为理论的人格特质对社会责任消费意向的影响研究［D］. 杭州电子科技大学，2014.

［224］汪明远，赵学锋. 消费者调节定向和从众行为对移动优惠券使用意愿的影响研究［J］. 管理学报，2015，12（7）：1045-1050.

［225］汪小帆，李翔，陈关荣. 复杂网络理论及其应用［M］. 北京：清华大学出版社，2006.

［226］王长春，陈超. 基于复杂网络的谣言传播模型［J］. 系统工程理论与实践，2012，32（1）：203-210.

［227］王国华，王戈，杨腾飞等. 网络辟谣平台的运行及效果研究［J］. 情报杂志，2014（9）：100-105+134.

[228] 王国华, 王戈, 杨腾飞, 钟声扬. 网络辟谣平台的运行及效果研究 [J]. 情报杂志, 2014, 33 (9): 100-105, 134.

[229] 王国华, 王丽丽, 王雅蕾. 基于新浪平台的微博辟谣主体与方式研究 [J]. 电子政务, 2013 (9).

[230] 王洪伟, 郭恺强, 杜战其. 用户通过点评网站获取评论信息的使用意愿影响因素研究 [J]. 情报科学, 2015, 33 (12): 27-33.

[231] 王丽丽. 基于新浪平台的微博辟谣研究 [D]. 华中科技大学, 2013.

[232] 王晓华, 严丽娜. 决定受众选择互联网的因素研究——对权衡需求理论的再检验 [J]. 国际新闻界, 2007 (3): 50-53.

[233] 王筱莉, 赵来军. 社会网络中具有怀疑机制的谣言传播模型 [J]. 上海理工大学学报, 2012, 34 (5): 424-428.

[234] 魏群义, 姚媛, 李艺亭. 微信图书馆用户使用意愿影响因素实证研究 [J]. 图书情报工作, 2018, 62 (5): 68-75.

[235] 吴幸泽. 基于感知风险和感知利益的转基因技术接受度模型研究 [D]. 中国科学技术大学, 2014.

[236] 夏志杰, 王筱莉, 王冰冰. 突发事件中公众社会化媒体使用意愿的影响因素研究 [J]. 情报学报, 2015, 34 (3): 313-323.

[237] 杨波. 手机银行顾客满意度影响因素研究 [D]. 暨南大学, 2013.

[238] 杨帆, 郭平, 马龙邦, 李建霖. 群落网络中谣言传播仿真与分析 [J]. 后勤工程学院学报, 2012, 28 (6): 85-89.

[239] 杨小朋, 何跃. 腾讯微博用户的特征分析 [J]. 情报杂志, 2012, 31 (3): 84-87.

[240] 于建伟. 基于社交网络的人格分析与预测 [J]. 现代计算机 (专业版), 2018 (4): 29-34.

[241] 约翰·霍兰. 涌现: 从混淹到有序 [M]. 陈禹等译. 上海: 上海世纪出版集团, 2006.

[242] 翟玥, 夏志杰, 王筱莉, 罗梦莹, 何音. 突发事件中公众参与应对社会化媒体不实信息的意愿研究 [J]. 情报杂志, 2016, 35 (9): 104-110.

[243] 詹姆斯·马奇. 决策是如何产生的 [M]. 北京: 机械工业出版社, 2013: 411-415.

[244] 张芳, 司光亚, 罗批. 基于博弈理论的人际谣言传播仿真模型研究 [J]. 系统仿真学报, 2011, 23 (9): 1772-1775.

［245］张会平，郭昕昊，郭宁. 突发事件中网络谣言识别行为意向的影响因素研究［J］. 现代情报，2017，37（7）：60-65.

［246］张凌. 虚拟团队中设计协作信息系统的新方法——以国美电器客户服务部为例［J］. 图书情报工作，2012，55（22）：105-113.

［247］张敏，杨吕乐. 图书馆服务功能 IT 消费化的使用意愿及影响因素分析［J］. 图书馆学研究，2016（22）：49-57.

［248］张嵩，吴剑云，姜雪. 问答类社区用户持续知识贡献模型构建［J］. 计算机集成制造系统，2015，21（10）：2777-2786.

［249］张艳红. 基于意识层次的微博不实信息治理研究——以新浪微博为例［J］. 情报杂志，2014，33（1）：135-141.

［250］赵宜萱，白晓明，赵曙明. 员工利他主义对团队凝聚力的影响研究［J］. 管理学报，2014，11（11）：1631-1638.

［251］赵宇翔，朱庆华. 博客接受模型：影响用户接受和更新博客的实证研究［J］. 情报理论与实践，2009，32（4）：44-50.

［252］郑万松，孙晓琳，王刊良. 基于社会资本和计划行为理论的知识共享影响因素研究［J］. 西安交通大学学报（社会科学版），2014，34（1）：43-48.

［253］宗乾进. 社会化媒体在地震灾害中的应用——一个国外研究文献的综述［J］. 情报杂志，2014（9）：83-88.

附　录

附录一　基于聚类算法打包模型运算程序

确定打包的点，使用命令 united = United（order（这是附件一的 GPS 纬度，经度），阈值）；调用

```
function [output_args] = United (order , minDistant)
    format long;
    order (:, 3) = 0;
    for x = 1: length (order) −1

        minD = 10000000000000000;

        mini = 1;

        minj = 1;

        for i = 1: length (order)

            if order (i, 3) <= 0

                for j = i+1: length (order)

                    if order (j, 3) == 0
```

```
                    if sqrt ( (order (i, 1) -order (j, 1) ) ^2+ (or-
der (i, 2) -order (j, 2) ) ^2) <minD
                                    mini = i;
                                    minj = j;

                        minD = sqrt ( (order (i, 1) -order (j, 1) )
^2+ (order (i, 2) -order (j, 2) ) ^2);
                    end
                end
            end
        end
      end
    output_ args = order;

    order (mini, 3) = -1;

    order (minj, 3) = mini;
    if minD>minDistant
        break;
    end
  end
end
end
```

附录二　基于贪心算法打包模型运算程序

count 总和大于 7 就不进入循环使用命令 united = TanxinLimit（order（这是数据集中的 GPS 纬度，经度），阈值）；调用

```
function [output_ args] = TanxinLimit (order , radius)
    format long;
    order (:, 3) = 0;
```

```
for z=1: length (order)
    maxI=0;
    maxX=1;
    for i=1: length (order)
        count=0;
        if order (i, 3) ==0
            for j=1: length (order)
                if order (j, 3) ==0
                    d=sqrt ( (order (i, 1) -order (j, 1) ) ^2+
(order (i, 2) -order (j, 2) ) ^2);
                    if d<radius
                        count=count+1;
                    end
                end
            end
            if count>maxX && count<=7
                maxI=i;
                maxX=count;
            end
        end
    end

    if maxX>1
        order (maxI, 3) =-1;
        for j=1: length (order)
            d=sqrt ( (order (maxI, 1) -order (j, 1) ) ^2+ (order
(maxI, 2) -order (j, 2) ) ^2);
            if d<radius && order (j, 3) ==0
                order (j, 3) =maxI;
            end
        end
    else
        break;
```

```
        end
end

output_ args = order;

end
```